会计名家培养工程学术成果库——**研究报告**系列丛书

# 综合收益信息
# 运用与列报

## Application and Display
## of Comprehensive Income

杨有红 ◎ 著

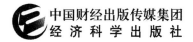

中国财经出版传媒集团
经济科学出版社

**图书在版编目（CIP）数据**

综合收益信息运用与列报 / 杨有红著 . —北京：
经济科学出版社，2020.6
（会计名家培养工程学术成果库 . 研究报告系列丛书）
ISBN 978 - 7 - 5218 - 1599 - 3

Ⅰ . ①综…　Ⅱ . ①杨…　Ⅲ . ①收益—会计报表—研究
Ⅵ. ①F231. 5

中国版本图书馆 CIP 数据核字（2020）第 088614 号

责任编辑：庞丽佳
责任校对：隗立娜
封面设计：秦聪聪　王　颖
责任印制：王世伟

**综合收益信息运用与列报**

杨有红　著

经济科学出版社出版、发行　新华书店经销
社址：北京市海淀区阜成路甲 28 号　邮编：100142
总编部电话：010 - 88191217　发行部电话：010 - 88191522
网址：www. cfeac. com
电子邮箱：cfeac@ cfemg. cn
天猫网店：经济科学出版社旗舰店
网址：http：//jjkxcbs. tmall. com
北京季蜂印刷有限公司印装
710 × 1000　16 开　19.75 印张　330 000 字
2020 年 9 月第 1 版　2020 年 9 月第 1 次印刷
ISBN 978 - 7 - 5218 - 1599 - 3　定价：58. 00 元
（图书出现印装问题，本社负责调换。电话：010 - 88191510）
（版权所有　侵权必究　举报电话：010 - 88191661
QQ：2242791300　营销中心电话：010 - 88191537
电子邮箱：dbts@ esp. com. cn）

# 出版说明

为贯彻国家人才战略，根据《会计行业中长期人才发展规划（2010～2020年）》（财会〔2010〕19号），财政部于2013年启动"会计名家培养工程"，着力打造一批造诣精深、成就突出，在国内外享有较高声誉的会计名家，推动我国会计人才队伍整体发展。按照财政部《关于印发会计名家培养工程实施方案的通知》（财会〔2013〕14号）要求，受财政部委托，中国会计学会负责会计名家培养工程的具体组织实施。

会计人才特别是以会计名家为代表的会计领军人才是我国人才队伍的重要组成部分，是维护市场经济秩序、推动科学发展、促进社会和谐的重要力量。习近平总书记强调，"人才是衡量一个国家综合国力的重要指标""要把人才工作抓好，让人才事业兴旺起来，国家发展靠人才，民族振兴靠人才""发展是第一要务，人才是第一资源，创新是第一动力"。在财政部党组正确领导、有关各方的大力支持下，中国会计学会根据《会计名家培养工程实施方案》，组织会计名家培养工程入选者开展持续的学术研究，进行学术思想梳理，组建研究团队，参与国际交流合作，以实际行动引领会计科研教育和人才培养，取得了显著成绩，也形成了系列研究成果。

为了更好地整理和宣传会计名家的专项科研成果和学术思想，

中国会计学会组织编委会出版《会计名家培养工程学术成果库》，包括两个系列丛书和一个数字支持平台：研究报告系列丛书和学术总结系列丛书及名家讲座等音像资料数字支持平台。

1．研究报告系列丛书，主要为会计名家专项课题研究成果，反映了会计名家对当前会计改革与发展中的重大理论问题和现实问题的研究成果，旨在为改进我国会计实务提供政策参考，为后续会计理论研究提供有益借鉴。

2．学术总结系列丛书，主要包括会计名家学术思想梳理，教学、科研及社会服务情况总结，旨在展示会计名家的学术思想、主要观点和学术贡献，总结会计行业的优良传统，培育良好的会计文化，发挥会计名家的引领作用。

3．数字支持平台，即将会计名家讲座等音像资料以二维码形式嵌入学术总结系列丛书中，读者可通过手机扫码收看。

《会计名家培养工程学术成果库》的出版，得到了中国财经出版传媒集团的大力支持。希望本书在宣传会计名家理论与思想的同时，能够促进学术理念在传承中创新、在创新中发展，产出更多扎根中国、面向世界、融通中外、拥抱未来的研究，推动我国会计理论和会计教育持续繁荣发展。

会计名家培养工程学术成果库编委会

2018 年 7 月

# 前　言

　　为满足投资者对信息的需求，近年来，监管机构、会计准则制定机构以及相关组织在信息透明度方面作出了不懈的努力：一是完善财务报告系统；二是开发综合报告体系。综合收益问题的研究与列报探索就是在完善财务报告系统方面所采取的重要举措。财务报告系统的进化历程是外界环境的不断变化持续倒逼人类认知演化和其系统内部不断完善的过程。最直接的外界环境包括经济类型与发展水平、国家管理经济的方式以及信息技术的发展状况。综合收益概念的产生并得到逐渐广泛的运用是人类针对币值波动、交易和事项复杂化而完善会计系统的成果。

　　综合收益的运用对传统会计理论和实务的影响具有颠覆性。收益不再被认为是收支配比的结果，而被视为财富的增加；收益也不再强调已实现性，而强调对财富的拥有；收益的计量方法不只是采用历史成本计量属性和收入费用观，公允价值计量属性和资产负债观运用范围越来越广。认识上述影响是人们对会计系统认知的巨大进步，但与真正实现上述转变相比却仅仅是一小步。认识综合收益的重要性并在财务报告中披露、表内列报，到全面解决综合收益的确认和计量还有相当长的一段路要走。在本课题研究过程中，我们尝试性地提出了理论界和准则制定机构应该通过系统性的研究，构建综合收益概念框架，最终构建综合收益确认、计量和列报的系统方案，并在此基础上修订现行会计准则。但是，由于受知识深度、广度以及时间阅历的限制，我们无力就上述问题提出系统方案。本课题的研究重点在于通过规范研究和实证研究相结合的方法，研究综合收益的概念、构成、信息质量特征、信息对外部使用者和内部管理者的有用性等问题，从而提出完善综合收益报表的改进方案和今后相当长时间内需研究的问题以及相关的政策建议。

本课题成果是近年来我和我的研究生们共同努力的结果。无论是博士生还是硕士生，他们中的相当一部分近年来都围绕着综合收益相关问题进行研究，其中有些同学还将综合收益作为毕业论文的选题，他们的研究丰富了本课题的研究成果。在与同学们共同讨论以及指导他们选题、文献收集、研究设计的过程中，我自己也从中学到了不少的知识，年轻人活跃的思维和创造力仿佛把我带回了青年时代。在课题研究过程中，我校商学院会计系、财务系的老师们也给予了很大的帮助。针对课题研究方案，王斌、毛新述、何玉润教授以及朱伟化、刘婷副教授都提了宝贵的意见。本课题初稿形成以后，毛新述、张伟华两位同仁提出了很好的修改意见，张伟华老师还对综合收益信息运用于业绩评价问题进行了修改。

最后，衷心感谢财政部、中国会计学会对本课题研究过程、成果鉴定、著作出版方面给予的持续性指导和大力支持，感谢鉴定专家给予的肯定和提出的详细修改意见。

杨有红

2020 年 4 月

目 录

# 第1章

### 导　论

## 1.1　研究背景与意义

### 1.1.1　研究背景

最早提出综合收益概念的准则制定机构是美国财务会计准则委员会（FASB）。1980 年 12 月，FASB 在《财务会计概念公告第 3 号——企业财务报表的要素》（SFAC3）中，将综合收益定义为"除了所有者投入的资本和收回的资本之外，企业的所有者权益在经营或其他事项中变动的结果。"1985 年 12 月，FASB 发布的《财务会计概念公告第 6 号——财务报表的要素》（SFAC6）替代了 SFAC3[①]。SFAC6 对综合收益进行了概念定义："会计主体在报告期内除去业主投资和分派业主款以外的交易、事项和情况所产生的一切权益（净资产）的变动"。SFAC3 和 SFAC6 都认为综合收益由收入、费用、计入损益的利得和损失构成，但都没有清晰地区分收入和利得的差别，以及费用和损失的差别。在此基础上，FASB 于 1997 年 6 月发布的《财务会计准则第 130号——报告综合收益》（SFAS130），规定了综合收益的列报方式。国际会计准则理事会（IASB）和各国准则制定机构对综合收益的披露与报告方式进行了长期不懈地探索。综合收益从表外披露转化为表内列报，表内列报中又从最初

---

[①]　美国财务会计准则委员会（FASB）1980 年 12 月在《财务会计概念公告第 3 号——企业财务报表的要素》（SFAC3）中对综合收益进行了定义，但 SFAC3 于 1985 年 12 月被 FASB 发布的《财务会计概念公告第 6 号——财务报表的要素》（SFAC6）所代替。基于上述原因，本章及以后章节的论述中都采用美国财务会计准则委员会（FASB）1985 年首次在《财务会计概念公告第 6 号——财务报表要素》（SFAC6）中定义综合收益的概念。

的在所有者权益变动表中列报变成允许在收益表中列报综合收益的所有项目或者编制单独的综合收益表反映综合收益的所有项目。我国财政部 2009 年颁布的《企业会计准则解释第 3 号》要求企业在利润表中列报综合收益项目，2014 年以准则方式规定综合收益的列报内容和列报方式并于 2018 年进行了进一步的改进。但是，我们梳理综合收益的理论研究成果以及各准则制定机构不断修改的综合收益列报与披露规定后，发现综合收益列报与信息运用中存在着许多困惑。主要体现在：

（1）理论认知与准则实务差距为何如此之大？FASB 的 SFAC6 认为综合收益由收入、费用、利得、损失构成，但是，综合收益的报告则采取了"净利润＋其他综合收益＝综合收益"的方式。IASB 和各国会计准则制定机构虽然没有将综合收益作为独立的会计要素，但在其有关综合收益列报的准则中，也采取了"净利润＋其他综合收益＝综合收益"的方式列报。目前的会计准则并未规范综合收益的确认与计量，在综合收益的两大部分构成中，准则对净利润确认与计量的规范是比较完善的，但对其他综合收益没有给出明确的、具有说服力的定义，也未规范其确认与计量，而只是对已出现的其他综合收益具体项目规范了其在报表中的列示和表外的信息披露。理论认识与具体准则实务为何差距如此之大？

（2）列报方式频繁改变的意图是什么？与净利润相比，综合收益是否更具有价值相关性、可持续性以及预测价值，实证研究的结论不一，但大部分实证研究的结论是净利润的价值相关性、可持续性以及预测价值都高于综合收益。那么，这些年来，准则制定机构义无反顾地将其他综合收益从在附注中披露转到表内列报进而又将其他综合收益的列报位置从所有者权益变动表转移至利润表或综合收益表，从而在利润表或综合收益表中列示综合收益的全部项目，这么做的意图何在？

（3）综合收益信息的有用性体现在哪里？除净利润以外的综合收益信息从表外附注披露转到表内列报、从所有者权益变动表列报转为在利润表或综合收益表列报，意味着其在财务预测、决策、控制和业绩评价中有着重要的作用，但从已有文献和会计实务看，人们至今尚未将综合收益信息运用于财务预测、决策、控制和业绩评价之中。

（4）报告方式的变化是否符合成本效益法则？详细列报综合收益信息大

大地增加了财务报告的编制成本，如果财务报告使用者未能从中获取有助于决策和评价的信息，则这种报告方式是不符合成本效益法则的。

上述困惑若得不到合理的理论诠释，既无助于准则制定机构进一步完善综合收益相关理论，也无助于实践中对综合收益信息的挖掘与运用。试图对上述问题作出回答构成本课题的研究背景。

### 1.1.2 研究目的

（1）剖析当前理论认识与具体准则实务产生差距的原因，梳理综合收益披露和列报的演变历程，厘清理论上应该如何做与实践中目前只能如何做的关系，在研究综合收益本质的基础上，探讨综合收益信息在决策与业绩评价中的应用，探索综合收益确认、计量、报告的最佳路径，为完善与综合收益相关的具体准则提供理论支持。

（2）从价值相关性和预测价值两个角度研究综合收益信息的有用性以及综合收益信息的作用方式，分析综合收益的运用领域，为综合收益概念框架的构建、综合收益报告体系以及与综合收益相关的具体准则的完善提供理论支持。

（3）为综合收益相关准则的完善提供建议。主要包括：作为报表项目列报的其他综合收益项目认定标准及与净收益项目的划分标准，可重分类进损益的其他综合收益与不可重分类进损益的其他综合收益的分类标准，综合收益的报告及报告改进后财务报表对应关系的调整。

（4）为财务报告使用者运用综合收益信息提供指导。打破综合收益信息只在报表中列报而未在财务管理中得到真正运用的局面，分析综合收益及其项目构成应用于不同领域的可行性，探求综合收益信息运用于企业估值与投资决策、经营业绩评价的路径和方法。

## 1.2 研究内容、研究框架与研究方法

### 1.2.1 研究内容

本书由 10 章构成。

第 1 章，导论。主要论述本书的研究背景、研究意义、研究内容、研究方法和报告框架。

第2章，综合收益的起源与概念界定。主要以财务会计目标与计量模式变革为主线，探究综合收益的起源、综合收益的盈余性质、综合收益概念的界定、综合收益对于高质量会计准则的作用以及综合收益信息的作用。

第3章，综合收益研究进展与不足。本章从准则制定机构和学术界两个维度综述综合收益的研究历程，剖析准则制定机构研究综合收益的视角、综合收益相关准则的持续修订历程以及学术界研究综合收益的视角、观点和主流的研究结论，评析两类研究主体的已有成果，提出目前尚待解决的问题和存在的困惑，从而找出本书研究的切入点。

第4章，综合收益信息的投资决策有用性。本章采用实证研究方法，研究综合收益信息的价值相关性、综合收益信息的预测能力，从而判断综合收益是否比净利润更有信息含量、更能实现财务会计决策有用的目标。

第5章，综合收益信息的信贷决策有用性。本章采用实证研究方法，研究其他综合收益波动性能否向债权投资者传递企业信用风险的信息，从而判断综合收益信息是否能够服务于债权人的信贷决策。

第6章，综合收益、盈余透明度与信息分析成本。本章采用实证研究方法，研究完整披露综合收益信息后，是否显著提高了盈余透明度、降低了信息分析成本，会计信息的使用者能否从综合收益信息中挑选出更全面的具有价值相关性和预测价值的信息。

第7章，综合收益运用于业绩评价。本章采用实证研究与案例研究相结合的方法分析、比较综合收益在业绩评价中的应用，探求综合收益信息在评价企业经营业绩方面的作用，使综合收益信息能够更好地实现财务会计服务于解决委托代理问题的目标。

第8章，综合收益概念框架研究。在研究综合收益信息列报变化历程、综合收益信息有用性和透明度的基础上，本章试图通过构建综合收益概念框架的方式对综合收益的定义、构成、确认、计量、报告等内容进行理论探讨，为综合收益信息的表内列示、表外披露以及信息运用等问题的进一步研究提供理论认知。

第9章，综合收益报告体系。梳理 IASB、FASB 和我国综合收益报告体系演进，探究综合收益报告体系变革的导向与意图，分析现有综合收益报告体系中报表体系的逻辑关系，提出改进资产负债表、利润表、现金流量表和所有者权益变动表的具体措施。

第 10 章，结论及对策建议。

## 1.2.2　研究框架

本书在回顾和评价学术界综合收益研究视角及观点和主流研究结论的同时，梳理了自综合收益概念提出以后，准则制定机构对综合收益认知的变化以及综合收益信息表外披露和表内列示的变化，并分析了综合收益的研究进展和不足。在此基础上，我们研究综合收益信息对投资者和债权人的决策有用性、综合收益是否能提高信息透明度和降低信息分析成本、综合收益信息在业绩评价中的运用是否强于传统的净利润以及综合收益信息作用的实现方式，为综合收益概念框架构建提供认知基础，为综合收益信息列报提供指导。针对综合收益列报这一准则制定者和实务工作者关心的核心问题，论述综合收益的报告体系并提出综合收益列报的改进方法。最后是结论与建议。研究框架如图 1.1 所示。

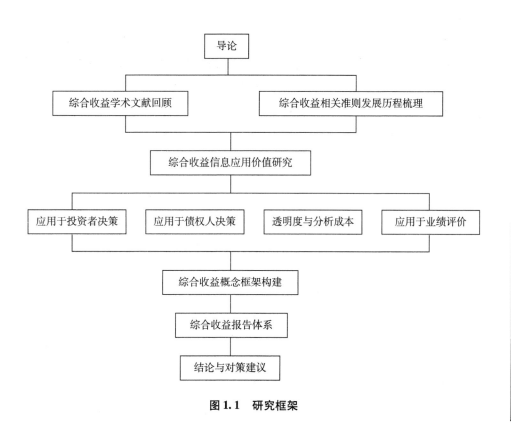

**图 1.1　研究框架**

### 1.2.3 研究方法

本书采用文献研究、实证研究、案例研究、规范研究相结合的方法。

（1）文献研究。本书通过文献研究，梳理综合收益的起源、人们对其本质和作用的认知发展历程；同时，研究有关会计准则制定机构制定、更新涉及综合收益的征求意见稿、概念框架、会计准则、准则应用指南等文献，把握准则制定机构在此问题上的原则立场、准则制定的意图及其变迁。

（2）实证研究。本书采用实证研究的方法对综合收益信息的表内列示与表外披露是否提高了信息对股权投资者和债权投资者的决策有用性，是否提高了信息的透明度、降低了报表使用者的信息分析成本等问题进行了研究，为综合收益报告体系的完善提供数据支持。

（3）案例研究。本书采用案例分析的方法对以净利润指标为主的业绩评价模式的缺陷进行了分析，并在此基础上探讨构建以综合收益为基础的业绩评价指标体系。

（4）规范研究。本书对综合收益概念框架的构建、综合收益信息对业绩评价的作用、综合收益报告信息对现有财务报告体系勾稽关系的影响、财务报告体系勾稽关系的重构以及财务报告体系的完善等研究则采用规范研究的方法，通过归纳、概括、演绎形成相关结论。当然，在规范研究过程中，也穿插采用了案例研究与数据分析，从而为研究结论提供有力支撑。

# 第2章

## 综合收益的起源与概念界定

会计基本概念研究是 IASB 和 FASB 在各自概念框架建设（conceptual framework）中从未停止的常规性议程。在 2018 年初，国际会计准则委员会重新颁布的概念框架聚焦了全球IFRS实施和趋同国家的视线。其中，综合收益（comprehensive income）概念的阐述和解释成为不同修订版本和多轮意见反馈的核心。综合收益的概念最早在 1940 年由佩顿和利特尔顿（Paton and Little-ton）教授提出，他们认为随着经济活动的复杂化，净利润的概念过于狭隘，建议另设综合收益概念，将资产负债的变动纳入其中（包括非经常性和异常事项），从而衔接财务状况表与损益表之间的勾稽关系。在之后的 40 年间，相关争议层出不穷。直到 1985 年，FASB 首次在 SFAC6 中定义了综合收益概念，认为综合收益是指除业主资本投入和业主派得以外，剩余所有权益变动的结果。在此之后，有关综合收益披露的响声越来越高。在利润表中进一步详细披露综合收益盈余信息的要求则是国际层面近几年间达成的共识。理论界对综合收益信息的有用性进行了长期不懈的研究，但对于综合收益的有用性是否强于净利润一直没有统一的结论。本章以综合收益起源与本质作为切入点，通过辨析综合收益的历史渊源，梳理综合收益发展的内在逻辑，为后续章节提供理论支撑。

## 2.1 综合收益的起源及在准则中的运用

### 2.1.1 起源与准则运用问题研究的必要性

决策有用论会计目标推动了资产负债观收益计量模式的运用，深化了人们对收益的认知，更加强调会计收益应当以经济学收益作为确认基础。由此，综合收益概念应运而生。国内外理论界学者以及 IASB 与 FASB 在综合收益理论研究与准则制定实践过程中普遍围绕以下几个问题展开广泛讨论：（1）传统净利润与综合收益的差异与界定方式。学术界普遍关注两者的内在实质以及在预测未来现金流中的差异；而实务领域则侧重于综合收益实际应用必要性的研究。虽然许多学者从盈余信息的价值相关性、持续性和盈利预测能力等外部特征出发，对净利润和综合收益的差异进行了比较，但对解决理论与实践之间差距的贡献是极其有限的。（2）准则制定机构重视损益结转的信息增量价值，却鲜有探讨综合收益损益结转的合理性与理论依据的来源。（3）重视综合收益盈余信息在财务报告体系中的列报研究，却忽视了综合收益盈余信息内部具体项目之间的勾稽关系，对本质与概念等相关问题的探索少有涉及。为此，我们认为要解决半个世纪以来有关综合收益盈余信息的遗留问题，必须从综合收益起源和内涵出发，探寻综合收益与净利润产生的理论基础，重新构建适宜现代会计体系下的盈余理念与内涵，从概念界定的理论层面来解决问题。

首先，资产负债观理念直接催生了综合收益的兴起。在 FASB 的 SFAC6 中，综合收益的定义首次得到明确："会计主体在报告期内除业主投资和分派业主款以外的交易、事项和情况所产生的一切权益（净资产）的变动。"从该定义里可以发现，现代会计计量核算理念的落脚点是净资产的变动。因此，综合收益的出现使得财务报表之间的勾稽关系更加清晰，对于会计主体的业绩评价也更加全面。在总括收益观（All-inclusive Income）的指引下，综合收益终于挤入最高会计理念层面。准则制定者开始真正地将综合收益有关确认、计量和报告的理念付诸行动。

其次，综合收益概念的落地还得益于传统计量属性与方式的变革。综合收益概念中区分了已实现损益与未实现损益等概念，而传统的计量属性无法可靠地对未实现损益进行确认、计量与报告，充其量是通过表外附注进行披露。但会计实务的挑战和人们的认知深化催生了公允价值计量属性的运用，从而让未实现损益在会计核算中有了基础。

### 2.1.2 综合收益的起源

15 世纪以来，所有者与管理者的逐渐分离形成了委托代理关系。企业管理者被要求定期向企业所有者报告其受托责任的完成情况，这就使管理者更加关注每一期间的经营成果，并形成了会计目标中的"受托责任观"。尤其在20世纪80年代之后，资本市场的高速发展进一步加剧了股权分散与两权分离的程度。在这一阶段，所有者不再强调资本的保值和增值，而是更加重视其在资本市场上的风险和报酬。因此，当所有者不满意经营者的业绩时，就能够出售其拥有的股权，而不是按传统的方式去更换经营者。正是这种所有者退出机制的成熟，"决策有用观"会计目标油然而生，"资产负债观"盈余计量理念得到了理解和支持，从资产负债整体价值变动视角来考虑和理解企业经营业绩的变动。

具体而言，作为两种截然不同的收益计量模式，资产负债观和收入费用观各有侧重。首先，资产负债观下的盈余收益概念体现了现代经济学理念下的"财富净增加"。但长期以来，收入费用观却主导着国际会计领域的话语权，认为收入费用观虽为满足收支配比产生了一些性质不明的递延费用和递延贷项，但没有影响收益的真实性和可验证性，且便于出资者考察受托人责任履行情况。

但是，随着通货膨胀、物价的波动以及金融创新与衍生工具的大量运用，人们逐渐认识到，收入费用观下不明的递延费用和递延贷项使得收益失去其客观性。资产负债观则更加强调资产负债变化的结果，将收益与资产变化结果联系起来。收益来源于资产的增值，企业净资产的增加意味着收益的获取。这种计量模式下的收益是真实的经济收益。具体而言，资产负债观下的收益可以分为两部分（哈里·I. 沃尔克等著，2010）：一是传统收入费用观下已实现的损益；二是因公允价值变动导致的未实现损益，即当前准则作为其他综合收益列报的部分。

收入费用观与资产负债观收益确认及结果比较如表2.1所示。

表2.1　　　　　　　　　　不同收益计量属性下的收益认知

| 项目 | 收益确认方式 | 收益确认产物 | 收益本质 |
|---|---|---|---|
| 收入费用观 | 直接从收入和费用的角度来确认与计量企业收益，认为收益是收入与费用相配比的结果 | 净利润 | 会计收益 |
| 资产负债观 | 资产负债观强调资产、负债的定义、确认和计量。根据资产负债变化的结果确认收益 | 综合收益 | 经济学全面收益 |

因此，随着"决策有用观"与"资产负债观"逐渐在会计理论中占据主导地位，对经济学全面收益中未实现损益的计量也被纳入了准则制定的议事日程之中。在这一背景下，有两个因素起到了决定性推动作用，促使综合收益理论开始逐渐落地：（1）资本市场的定价变动。资产负债观和收入费用观下的差别源于资本市场定价的实时变动。没有价格波动，持有资产和负债就不会产生持有利得或损失，收益只产生于交易和收支配比事项，不存在着未实现损益。而价格波动拓宽了收益渠道，除交易和收支配比事项外，收益还来源于资产负债的持有损益，导致净收益以外的未实现损益。（2）公允价值计量。尽管市场从历史成本属性的报表中提取信息的能力很强，但历史成本属性的收益信息缺乏及时性，导致会计信息价值相关性降低。引入公允价值计量是资产负债观下合乎逻辑的选择，在不动摇历史成本计量属性前提下，保证资产负债观在会计实践中的顺利实现。随着公允价值计量被广泛引入企业的日常会计核算过程，综合收益与净收益之间的差异也开始不断扩大。人们从认识到未实现损益到将未实现损益作为有用信息纳入会计系统经历了漫长的时间。只有人们认识到了它的作用并有能力获取准确信息，才能够将其纳入会计系统。

### 2.1.3　综合收益在准则中的运用

自 1930 年以来，会计报告中的"总括收益观"（或"综合收益观"）与"本期营业观"成为会计职业界最前沿的争论焦点（Dan Dhaliwal et al.，1999）。综合收益与净利润概念之间的差异，以及收益列报是否应该包括"与公司经营无关的市场状况变化产生的项目"等成为会计实务界与理论界讨论的核心问题，人们对总括收益观的认识是随着人们对会计目标认识的深化以及影响收益的交易与事项的全面化而逐步深化的。尤其是考虑到处于统治地位的历史成本计量背景，总括收益观中未实现损益的计量是一个渐进性的发展过程，包括是否需要将已确认的未实现损益纳入一切收入、费用、利得和损失范围内。同时公允价值计量属性的植入，也催生了企业如何对持有资产负债账面价值与公允价值未实现损益列报的需求。比较典型的学术界代表分为两类：一是以丹达利瓦尔等（Dan Dhaliwal et al.，1999）为代表，认为目前综合收益项目都属于总括损益观下的损益项目；二是以丹尼斯·钱伯斯等（Dennis Chambers et al.，2007）为代表，认为总括收益观下的收益不等于综合收益，总括收益观的损益应该满足"已实现剩余关系"。在此基础上,我们认为,从总括收益观的产生历程看,应将所有的收入、费用、利得和损失纳入收益概念之中,以区别只包括日常收入、费用的本期营业观。将已确认未实现的利得与损失包括在收益之内符合总括收益观的初衷和按此观点设计收益的意图。

### 2.1.3.1 净利润与综合收益的差异

现行综合收益按照会计要素的类型划分,可以将其分为收入、费用、利得、损失四个构成要素。但是,将收入减去费用与收益等同、利得减去损失与其他综合收益等同起来并不容易。这是因为:(1)尽管收入和支出是由公司的主要或核心业务运营产生的,损益是由意外或非日常交易或事件引起的,但是某些损益可以被视为"营业"损益,它们可能与业务活动(SFAC6)密切相关。因此,核心收益应为与"业务"相关的收入、支出、损益。我国《企业会计准则——基本准则》第 37 条提出:"利润包括收入净额减去支出以及直接计入当期利润的损益等。"(2)决策相关性对综合收益分类的要求。在资产和负债的角度下,对于由公允价值计量产生的公允价值变动,有两种可供选择的会计处理方法:一是全部计入净利润(所谓的净盈余会计),二是依据管理意图分别计入净利润和综合收益。但是,尽管使用净收益会计可以减少管理层通过利润损失影响收益的酌处权,但这会使收益信息的相关性降低(Brad A. Badertscher et al.,2014)。基于以上两个考虑,以净利润加其他综合收益的形式呈列综合收益是一个明智的选择。目前无须严格按照收入、费用、利得、损失四整块内容列示综合收益。正如 FASB 的 SFAC6 所言:"收入、费用、利得、损失等,可以用各种不同的方法组织起来,从而获得组合内容不同的反映企业业绩的各种指标。"长期的理论研究和实践经验表明,资本市场对收入的各个组成部分赋予不同的权重,综合收益报告应根据所传递的不同信息内容来区分收入的构成。实际上,由净利润和其他综合收益组成的综合收益报告提醒大家注意不同类型的信息,并采用不同的评估方法(Tomas J linsmeier et al.,1997)。

### 2.1.3.2 综合收益的列报

1. 资产负债观下的报表逻辑

按照决策有用论,投资者所需的信息是关于经济资源、资源要求权以及经济资源、资源要求权变动的信息。资产负债表肩负这一重任。在企业所有资产负债均按公允价值计量的前提条件下,投资者可以直接从资产负债表中获取公司的价值信息，收益表中没有信息内容。当然，这只是在理想条件下进行的核算。当非理想状态变为正常状态时，会出现连续的异常收益（实际收益与预期收益之差），并且需要不断修正异常收益。因此，在这一现实差异背景下，利润表就十分重要。他们间的逻辑关系如图 2.1 所示：

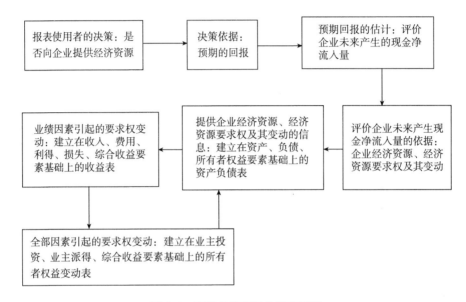

**图 2.1　资产负债观下的报表逻辑**

上面的逻辑表明，只有将综合收益用作绩效的衡量标准，并且财务报表能够反映公司所有经济资源，有关经济资源要求权以及要求权变化的信息才是全面、可靠的，才能满足报表使用者评价企业未来现金净流量的业绩信息需求。

2. 资产负债观要求综合收益全部信息在表内列示

在传统的历史成本计量属性下，会计处理不存在未实现损益确认的问题，因此无须在综合收益表中列出。但是，随着人们对现代会计理念下资产和负债概念的认识达成共识，必须在表中确认已确认的未实现损益。到底确认什么会计要素，收入或所有者权益？还尚未达成任何协议。有学者认为，只有在资产和负债角度采用综合收益的概念，才能保证综合收益的综合属性并在收益表中列出。理论界、会计职业组织和报表使用者对总括收益观的认同推动了综合收益由表外披露转向表内列报、由作为所有者权益项目列报转向作为收益项目列报。考虑到所有收入信息（已实现或未实现）对于专业分析师或非专业投资者客观地评估可信赖资源的管理和使用都很重要，可以帮助预测和确定企业的未来现金流量及时间分布和不确定性。美国财务报告准则第 130 号"报告全面收益"（SFAS130）明确指出，诸如投资者管理和研究协会（AIMR）之类的组织长期以来一直不懈地建议收益呈报采用全面的收入概念，反对净收益以外的综合收益项目直接在所有者权益中报告。

从各国准则和国际准则的嬗变进程，不难看出总括收益观的概念逐渐成为主流。在 FASB 的财务会计概念 1 号"企业编写财务报告的目的"中，"综合收益"和"收益"具有相同的含义；而在财务会计概念 3 号中，综合收益用作会计要素，与收入不同（SFAS130）。英国会计准则委员会 1992 年财务报告准则第 3 号"企业财务业绩报告"（FRS3）明确提出了"确认已确认损益总额表"，"已确认损益"一词基本相同于"综合收益"。FASB（1997）颁布的 SFAS 130 正式要求报告实体必须以其他方式在表中列示综合收益。国际会计准则理事会于 2007 年 9 月发布的《国际会计准则第 1 号——财务报表的呈报》要求"损益及综合收益"项目必须在一个或两个报表中列示，但不允许这些项目列在权益变动表中。IASB 的《财务会计概念框架》（2010 年）和 FASB 的《财务会计概念公告》第 18 段都明确指出，用扣除直接从投资者和债权人获取额外资源以外的经济资源及其要求权变化来反映报告主体财务业绩的信息，有助于评价主体过去和未来产生现金净流量的能力。该信息反映了报告实体增加其可用经济资源的程度，进而反映了该实体通过其运营产生净现金流入的能力。国际会计准则理事会于 2010 年发布的"综合收益项目列报"建议取消综合收益列报的自主选项，并要求在一份报表中连续列报收入和综合收益。

## 2.2 综合收益的概念

作为"决策有用观"会计目标与"资产负债观"计量模式变革下的产物，综合收益引发了学术界与实务界对综合收益本质的广泛争论。但是，出于理论研究与准则制定的异质性需求，学术界与实务界开始走上了对于综合收益本质研究的不同道路。学术研究重点关注综合收益盈余本质的解答，将综合收益视为传统盈余与收支配比观下损益的拓展；而准则制定机构则更加强调不同盈余信息对于信息使用者的决策需求，按照盈余信息含量来定义综合收益及其内部盈余等级划分。但是，不同的研究视角加深了我们对于综合收益盈余本质的认知，推动了综合收益的多元化研究，最终实现了对综合收益的深度理解。

### 2.2.1 综合收益的概念界定：理论视角

学者们曾试图对综合收益、净利润以及其他综合收益概念作出界定：

第一种做法是以资产负债观为基础从净资产变动的角度认识综合收益。这种做法将综合收益作为一个整体概念来认识，并认为综合收益由收入、费用、利得和损失四个要素构成。FASB（1985）财务会计概念公告第 6 号（SFAC 6）对综合收益的定义体现了这一做法。这种对综合收益本质的认知理论上讲是最科学的。因为，以公允价值计量的资产负债表，计量金额准确，此种状态下的收益是最具有价值相关性的，资产负债表也能准确反映出企业的真实价值。但是，全面基于资产负债观，将企业的所有资产和负债纳入资产负债表，并以公允价值准确计量，在清晰界定收入、费用、利得和损失的基础上确认和计量综合收益的条件目前远未成熟。

第二种做法是在传统净利润基础上以其他综合收益外在特征作为切入点定义其他综合收益，最后定义综合收益。这种方法的基本思想是通过明确界定净利润和其他综合收益来确定综合收益。由于第一种路径的条件目前不具备，许多会计理论界学者试图从经济活动的外在特征方面着手，诸如已实现的交易活动、非经常性、非运营、计量不确定性、持续时间和管理可控性等特征来区分净利润和其他综合收益，从而达到明确界定综合收益的目的。但是，从会计学界对盈余的认知历程看，通过明确辨析净利润和其他综合收益的方式界定综合收益，其难度不亚于第一种路径。因此，国际会计准则理事会在 2013 年的审核意见草案中明确拒绝了该定义，并且对这一外部功能作为区别手段的适用性和不足之处进行了一一的解释（Para. 8. 37）。

第三种做法是在传统净利润基础上界定其他综合收益已有项目，从而界定综合收益。这种做法的基本思路是，通过净利润加其他综合收益已有项目的方式确定综合收益。从理论上看，会计界对净利润的争议远远小于其他综合收益，净利润的构成经过几百年的争议已经基本达成了共识，而其他综合收益则是公允价值计量属性引入后的产物，还存在许多变数。当然，上述途径需要对收入、费用、利得和损失作进一步区别，并追溯至日常和非日常交易活动的内容。由于这种做法是基于目前准则制定者及会计实务工作者对其他综合收益的已有认知和现实操作可行性列举其他综合收益，所以遇到了很多来自实务界的反对。林恩和菲利浦（Lynn & Philip，2012）就试图从案例研究中提炼收入、费用、利得和损失内在含义，甚至提出从会计要素重新架构入手解决损益概念发展中遗留的逻辑问题。

综合收益三种界定方式及其优劣势比较如表2.2所示。

表 2.2                     不同概念界定途径及比较

| 概念界定途径 | 优势 | 缺陷 |
| --- | --- | --- |
| 内在本质 | 真正体现综合收益的本质属性，从最高层次上解决净利润和其他综合收益的归属问题，使会计学的收益概念与经济学保持高度的一致 | 资产负债观与公允价值计量不具备充分运用的条件下，完全基于收入、费用、利得、损失界定综合收益不具备可操作性，无法指导具体的会计实践 |
| 外在特征 | 以实现与否、非经常性、非营运、计量不确定性、期限长短以及管理层可控性作为标准 | 无法清晰、准确地对净利润和其他综合收益作出区分，会导致更多的争议和混乱 |
| 列举描述 | 符合财务报告目标和相关原则，直观、便利，操作性较强 | 主观性较高，净利润和其他综合收益区分标准仅为盈余信息的来源重要性等级 |

### 2.2.2 综合收益概念界定：准则制定者视角

通过以上关于综合收益来源的研究，我们发现综合收益代替净利润是现代经济活动发展背景下的内在要求。综合收益作为传统损益（净利润）的延伸，弥补了资产负债表与利润表之间勾稽关系不清的缺陷。从一定程度上讲，净利润和综合收益有着类似的来源，客观上需要将综合收益视为一个整体去进一步探讨综合收益的本质内容。但是，理论研究层面的断层，导致对综合收益本质的理解出现了两种趋势：即将综合收益看成一个概念去探讨其本质还是将其看成净利润加其他综合收益探讨其盈余本质。经过长时间的辩论和比较，没有令人信服的结论。因此，我们认为标准制定机构也需要对综合收益、净利润和其他综合收益做深入考究。综合收益本质的研究尤其需要兼顾实际情况，其作为净利润与其他综合收益的混合体，牵一发而动全身，如何抉择将面临巨大的争论。

作为综合收益概念最早的践行者，FASB 却始终未能找到有效的途径来解决综合收益与净利润的边界问题。只是通过第 6 号概念公告的财务报告会计要素部分对收入、费用、利得和损失的不同归属（综合收益与净利润）进行了描述性说明，未能对综合收益与净利润的实质性差异进行比较与界定。此外，FASB 概念公告 5 号的确认计量部分对综合收益与净利润之间的区别进行了简单的解释："净利润侧重于主体已获得或可以合理预期获得的收入，以及支出或此资源的投资，还包括某些实体的偶然性或次要交易活动（第 38 段），净利润和综合收益具有相同的元素：收入、支出、损益，但两者之间存在差异。某些损益不允许通过净利润列示，而某些损益是可以通过净利润列示的"（第 42 段）。可以看出，FASB 认识到综合收益和净利润是同质的。

无独有偶，作为全球范围内另一具有很大影响力的会计准则制定机构，IASB 类似地在概念框架中增加了综合收益与净利润差异解释的部分。但是，由于国际会计准则的会计要素并不单独区分收入和利得、费用和损失，因此，在概念界定层面也就不存在界定综合收益和净利润的争议。在与美国会计准则趋同的背景下，国际会计准则理事会在 2015 年征求意见稿中陈述了不定义利得和损失要素的考虑：IASB 专家委员会认为，利得与收入之间没有本质上的区别，这都反映了公司经济利益的流入，并且某些利润也与收入一并报告在净利润中。一旦试图区分上述概念差异，就面临着区分日常与非日常交易及事项的差异。IASB 在 2018 年颁布的财务报告概念框架中，没有将利得和损失纳入会计要素，甚至没有对利得和损失进行描述，只对持有利得（holding gain）和持有损失（holding loss）进行陈述。

IASB 在 2013 年颁布的复合意见稿中，首次提出将净利润作为盈余主要来源（primary source），其他综合收益则作为盈余次要来源（secondary source）。可以发现，上述分类另辟蹊径地通过确定盈余信息的重要性程度来进行划分，但这种模式依然摆脱不了理论缺失的问题，导致现实中争议不断。具体而言，国际会计准则理事会从以下两个方面进行了区分：（1）净利润作为首要盈余信息来源，其项目列示的内容必须是会计主体运营经济资源所产生的最为可靠的盈余信息；（2）其他综合收益不符合优质收益信息的条件。将它们合并为净利润项目将降低收益信息的质量。因此，需要列出其他综合收益项目。从收益信息质量的角度出发，这种分类方法具有以下两个优点：第一，提高公司收益的透明度。第二，提高净利润项目的可理解性和可预测性（第8.46段）。

通过上述分析与比较可以发现，IASB与FASB的概念框架并没有提出切实可行的措施来解决净利润和综合收益边界与本质定义的问题。两个准则制定机构都承认综合收益的本质就是盈余，是经济利益增减变动的结果。这也就注定了综合收益相关本质的确定必将是一个存在长期争议的课题，需要进一步进行研究。同时，基于可行性考虑，现行FASB和IASB既没有将综合收益作为一个单一体来界定，也未通过严格定义净利润和其他综合收益来界定综合收益，而是采取传统收益加已出现的其他综合收益项目的方法界定综合收益。我国财政部会计准则委员会对综合收益的界定和报告进行了不懈的研究，基本保持与国际财务报告准则趋同。

### 2.2.3 综合收益界定与披露的展望

根据上面的论述可以清晰地发现综合收益相关概念定义有许多路径，但都规避了对综合收益的概念框架的研究，只是通过具体列举的方式来定义其他综合收益内容，包括以公允价值计量且其变动计入其他综合收益的金融资产、现金流量套期工具损益中有效套期的部分，或在国外业务中外币报表折算差额的增减等。因此，有必要对现行采用排除法的界定方式进行反思，仅以正面深入研究其他综合收益的经济实质，从而使综合收益概念转化为具有可确认性和可计量性的会计指标。即从正面回答其他综合收益"是什么"，而不是目前采用排除法定义的其他综合收益，为净收益与其他综合收益的正确区分、其他综合收益项目的确认和可重分类项目的界定提供理论支撑和具有可操作性的指导。

此外，在完全有效市场假说下，综合收益的列报格式并不会影响投资决策行为。但是，现实中这个假说条件并不成立，框架效应（Tversky and Kahneman，1981）等结果是必然存在且不可避免的。这就对研究综合收益列报模式如何体现价值相关性提供了必要性。具体而言，赫斯特和霍普金斯（Hirst and Hopkins，1998）、麦恩斯和麦克丹尼尔（Maines and McDaniel，2000）、卡汗等

（Cahan et al.，2000）、钱伯斯等（Chambers et al.，2007）和许多其他学者已通过经验检验证实了不同综合收益呈报格式的价值相关性。但是，得出的结论并不相同。赫斯特和霍普金斯（1998）进行的一项实验研究发现，在损益表中增加其他全面收益可以增强公司价值的相关性。麦恩斯和麦克丹尼尔（2000）的研究进一步比较了其他三种全面收益的呈报格式，即130号标准之前的附注披露、股东权益变动表列示和综合收益表列示，结论是，只有综合收益表中的其他综合收益才能反映公司管理层的绩效。卡汗等（2000）则根据新西兰遵循FRS 3的要求列示——1995年之后综合收益必须在股东权益变动表中列式，发现FRS3实施前后综合收益信息披露并没有增量信息。钱伯斯等（2007）的研究却认为只有在股东权益变动表中列示OCI才具有价值相关性。

在综合收益列报格式的研究中，还有部分是关注管理层对其他综合收益的信息披露以及管理层其他决策如何影响财务报告透明度。赫斯特和霍普金斯（1998）发现当公司在损益表中披露其他全面的收入信息时，投资者可以更容易地识别公司是否有利润操纵。亨顿等（Hunton et al.，2006）、班贝尔等（Bamber et al.，2010）等采用不同的方法均得到上述相同的结论。因此从盈余管理的角度考虑，综合收益在利润表中披露可以提高公司财务透明度。此外，对其他综合收益分类列报也存在很多的意见，包括是否将其他综合收益重分类进损益以及哪些项目可以重分类，而哪些项目一直在其他综合收益中列示或将来直接转入所有者权益。目前，各准则制定机构都对在相应具体准则规定下已出现的其他综合收益项目的重分类问题作出了明确规定。IFRS则要求其他综合收益除设定受益养老金计划的精算利得或损失、权益工具投资持有利得和损失、固定资产和无形资产重估利得或损失、享有联营企业不动产重估利得或损失的份额外必须在未来会计年度重分类进损益。对于未要求重分类进损益的事项，IFRS提出的理由是这种重分类对投资者没有实质的价值，并认为EPS应该以综合收益为基础。塔尔卡等（Tarca et al.，2008）采用实证研究的方法得出无论投资者是否具有经验都能够识别出报告中未重分类的综合收益信息，作者将其解释为重分类会使财务报告信息更加难以被投资者所理解。董等（Dong et al.，2014）检验了商业银行持有的可供出售金融资产的利得或损失，发现已实现的利得或损失从其他综合收益重分类进当期损益可以为资本市场提供增量信息。巴德舒等（Badertscher et al.，2011）发现资本市场更加看重可供出售金融资产和持有至到期投资的非暂时性减值，因为非暂时性减值可以精确传达给投资者目标公司的未实现利得或损失。从上述研究可以看出其他综合收益重分类到当期损益对投资者而言具有增量信息，然而如果没有重分类这个要求，则资本市场依然会将未实现的可供出售金融资产的利得或损失识别为已实现的利得或损失，因此上述结论还有待进一步的检验。

我国综合收益列报模式的文献大多局限于对 OCI 具体构成的比较、OCI 在中国资本市场上的应用以及国际会计准则趋同方面的研究。比较典型的是，毛志宏等（2011）利用 2009 年的其他综合收益列报准则实施准自然实验，发现上市公司对于其他综合收益列报准则的理解存在较大偏差，信息披露中存在许多错误与不准确。徐经长和曾雪云（2013）对不同呈报位置的公允价值信息的决策有用性进行了检验，发现可供出售金融资产其他综合收益项目列报信息增量最大。杨有红、闫珍丽（2018）进一步追踪和调查了其他综合收益表述的改进，发现其他综合收益项目从列示于所有者权益变动表到列示于利润表并基于项目特征进行分类大大提高了盈余信息透明度，提高了分析师预测的准确度。自 2009 年发布《企业会计准则解释第 3 号》到 2014 年修订发布《企业会计准则第 30 号——财务报表列报》、2018 年修订发布《一般企业财务报表格式》，我国会计界在认识综合收益本质以及基于其他综合收益已有项目特征进行分类与列报方面取得了长足的进展。

但是，我国准则制定机构与研究学者应当同时注意到，综合收益披露在中国的实施还不足 10 年，重视程度远不如西方国家，可现实中本土化研究已经刻不容缓。因此，我国会计理论界、实务界以及准则制定机构在关注国际会计准则理事会对综合收益列报披露的讨论时，应根据目前综合收益项目的构成，综合考虑信息使用者的阅读习惯，调查研究综合收益分类的标准和优化分类的可行性，为列报的进一步完善提供理论和实务支撑；着手进行综合收益概念框架研究，探讨综合收益作为整体概念进行确认与计量的路径。

## 2.3 综合收益的研究意义

与净收益相比，综合收益被视为现代会计计量理念下的真实收益。有助于弥补传统净利润列报模式的透明度低、收益信息反映不全面等缺陷。FASB IASB 在 20 世纪末就着手研究相关综合收益准则。我国相关综合收益会计准则的初步规范始于 2009 年，并在 2014 年进一步以准则形式明确了综合收益的内容和报告方式，2018 年对其他综合收益的分类、综合收益的列报进一步完善。因此，深入研究综合收益将具有重大的学术与应用意义。

### 2.3.1 建立高质量会计准则的需要

根据 2018 年 3 月国际会计准则理事会最新修订颁布的概念框架（CF），我们可以进一步对综合收益在 2018 年国际会计准则理事会概念框架中的定位进行深入研究。本轮概念框架的修订主要包括以下 3 个目的：（1）填补空白。计量、列报和披露指引。（2）更新。资产和负债的定义。（3）澄清。计量不确定性的作用。对应到不同的章节（财务报告目的，信息质量特征，以及确认与终止确认等），都对综合收益概念提出了未来理论与实操研究的方向。

#### 2.3.1.1 综合收益信息在财务报告目标中的作用

2018 年概念框架更新了对一般（general）财务报告目的的描述：向现有的和潜在的信息使用者提供有助于其作出向主体提供资源决策的财务信息。在这一描述中，报告编制者需要为信息使用者提供决策评价"有用"的信息，包括（1）主体的预期未来净现金流量；（2）管理层对主体经济资源的受托责任。从这一层面来看，综合收益及其构成包含有关企业价值创造的更多信息，并且具有较高的决策实用性。但实际上，在对净利润指标进行价值分析时，也不是简单地用利润表中的净利润额进行未来盈利能力和现金流预测，而是要基于分析目的对净利润进行调整（调整非经常损益）。其他综合收益项目的具体构成也要根据不同的项目具有的不同关联度、可持续性和预测能力的程度，在分析时赋予它们不同的权重和采用不同的分析方式。

综合收益担负着准确预测、评价未来净现金流量和反映管理层受托责任的重任。但是现行综合收益的研究还停留在对具体其他综合收益项目的价值相关性的实证检验上。概念框架规定使用者的决策主要与以下方面相关：（1）权益债务工具的交易；（2）债务资金的供给与收回；（3）投票表决权。要使综合收益信息能够有助于信息使用者作出上述诸方面的决策与评价，进一步研究综合收益在使用者决策角度上的具体应用途径与理论框架至关重要。

#### 2.3.1.2 综合收益信息有用性的质量特征

与以往的概念框架相比，本轮国际会计准则理事会财务报告概念框架借鉴了 FASB 的信息质量界定经验成果，将会计信息质量进行了分层。分为：基本信息质量（相关性与如实反映）；优化信息质量（可比性、可验证性、及时性与可理解性）。从这一角度分析，学术界和准则制定机构有必要遵循以下原则进行综合收益信息有用性质量特征的研究：（1）损益信息年度报告中列出的项目必须提供主体的经营经济资源产生的收益盈余的主要来源；（2）以其他综合收益（OCI）项目列示与披露的信息应有助于提高盈余信息的内在可比性与完整性。

### 2.3.1.3　综合收益的确认和终止确认

确认就是将会计对象（经济活动）通过会计的语言纳入财务报告的过程。在 2018 年国际会计准则理事会的概念框架中，关于财务报表要素仅列出了资产、负债、权益、收益和费用，而利润没有单列。这种模式虽然将报表要素、财务状况表、财务绩效表等联结起来了，但是淡化了综合收益与净利润之间的差异，以及盈余信息含量与质量的差异。可能会出现综合收益内部信息理论层面研究趋同的发展方向。从理论上讲，收入、费用、利得和损失是传统企业经营业绩的具体构成，当前广泛采用的"净利润 + 其他综合收益"模型是一种过渡方法，没有解决综合收益的概念框架以及综合收益的确认和计量方法。我们将其他综合收益定义为"根据其他会计准则在当期损益中未确认的各种损益"。问题是，为什么这些损益没有在当期损益中确认？在净利润中确认的损益与在其他全面收益中确认的损益有什么区别？尽管综合收益及其构成信息在投资和绩效评估中起着重要作用，但是挖掘综合收益信息的应用价值需要以建立、确认和衡量综合收益概念框架为前提。

关于具体确认标准，国际会计准则理事会财务报告概念框架（2018）明确指出：仅当资产、负债以及相应的收入、费用或导致所有者权益变化的项目的确认能给财务报表使用者提供有用的信息时才能确认。其中，有用的信息也就是相关的信息和如实（忠实）反映的信息。与国际会计准则理事会以前的概念框架相比，确认标准的变化相当大。综合收益盈余信息确认如何满足会计要素总体确认要求方面存在着相当大的改进空间。

### 2.3.2　有利于提升收益信息的决策有用性

信息只有在有用且易于加工时才会被运用（D. Eric Hirstetc，1998）。其中，相比于表内披露，在附注中（表外）披露的信息使用加工成本是比较高的。因此，将因公允价值变动而产生的其他综合收益通过附注披露，会潜在地提高信息使用者的评估成本，进而降低资本市场的有效性。在这一诉求下，投资者管理与研究协会（AIMR）开始对美国会计准则委员会提出了意见，并且促发了财务报告列报模式的变革（SFAS130）。

已有研究虽然从盈余信息价值相关性、持续性与预测价值三个角度进行综合收益信息的研究，但是依然存在较大不足。综合收益与净利润之间并不能简单地用互补或替代关系来进行描述。综合收益信息披露的初衷是在于弥补传统净利润的局限性，以帮助他们评估管理水平并预测未来现金流量和风险。但是，由于早期 IASB 与 FASB 在综合收益研究进程中所保持的沉默，导致学术界的研究普遍将综合收益作为传统损益的替代品来进行研究。相比于传统盈余，综合收益最基本的特征是什么；综合收益盈余信息能否被投资者所接受并使用。围绕上述话题引发了对综合收益盈余信息特征的深入研究，并在以下方面取得了一些成果。但是，这些研究均是在特定状态和环境中进行的，且结论不一。要为综合收益的确认、计量和列报提供可信的证据，必须进行具有广泛意义的深入研究，以提升综合收益信息的决策有用性。

### 2.3.2.1 提高盈余信息价值相关性

净剩余理论认为，如果披露有关企业价值创造的综合收益的所有信息，则其市场价值可以在资本市场中准确定价。与纯利润相比，综合收益的信息增量价值在于它能够有效地识别和衡量企业的业务活动所创造的价值，以及区分价值创造活动与所有者的投资和分配的能力。所以，从理论上讲，综合收益能够提供更多的决策信息。然而，已有的研究在综合收益增量信息价值相关性上发现了相反的证据。在 SFAS No. 130 披露综合收益信息前，丹达利瓦尔等（Dan Dhaliwal et al.，1999）和奥汉隆和蒲伯（O'Hanlon and Pope，1999）通过净利润加上其他综合收益来构建综合收益，却没有发现综合收益与净利润在解释股价回报时有显著差异。卡纳格雷特南等（Kanagaretnam et al.，2009）则利用在美国上市的加拿大公司作为研究对象，重复了钱伯斯等（2007）的研究设计，验证其他综合收益具体项目中的可供出售金融资产、外币折算调整与股价的联系最强，扩展发现现金套期保值项目与股价负相关。国内学者李尚荣（2012）通过比较不同国家间的综合收益价值相关性，发现中国上市公司的综

综合收益信息运用与列报

合收益价值相关性低于净收益，得出在中国环境下其他综合收益信息不具有信息增量结论。看来，综合收益盈余相关性远未有共识性结论，有必要做进一步的研究。

#### 2.3.2.2　增加盈余信息持续性

作为次要级别的盈余信息来源，科曼迪等（Kormendi et al.，1986）认为其他综合收益内部不同构成的持续性也存在较大程度的差异。严等（Yen et al.，2007）在此基础上进一步提出综合收益项目的暂时性决定着其持续性和预测能力弱于净收益。然而，有证据表明计入综合收益的利得与损失未必是暂时性的，部分交易具有重复发生的特征，也具备了一定的持续性（Cready et al.，2010）。通常，资产和负债的损益变更来自不断重估。因此，随着时间的流逝，相同的资产和负债将反复产生综合收益。与管理相关的投资选择，资产出售、赎回时间选择，养老金计划供资方法的选择以及衍生合同条款的选择使综合收益项目具有可持续性。管理层选择资产和负债以及未来销售、结算和减记的时间产生了综合收益损益，经验数据并不能明确支持综合收益暂时性的观点（Denise A. Jones et al.，2011）。此外，结转上述资产和负债的累计综合收益进一步增加了问题的复杂性。例如，在结转可供出售金融资产并将未实现损益确认为已实现损益时，资产负债表中未确认的累计损益将减少，而利润表中的净利润将增加。另一方面，在结转相关资产和负债之前，其他全面收益产生的未实现累计损益将长期记入资产负债表。例如，外币折算调整是资产负债表中股东权益的永久组成部分，项目不会实现，其损益也不会被转回并确认为收入（Emrick，2006）。因此，当前利润很可能与未来亏损（即负相关）相关，或者与另一个未来利润（即正相关）相关，或者不相关（Denise A. Jones et al.，2011）。事实上，具有持续性的盈余信息构成取决于项目的特征和我们所采取的会计处理方式。

#### 2.3.2.3　强化盈余预测价值

收益信息不仅用于反映评估公司的历史业绩，而且更重要的是，它具有预测价值，有助于信息使用者作出决策。但是，目前关于净收益和综合收益这两种收益信息的预测能力的比较研究很少。在少数文献中也有相反的经验证据，关于使用净利润和综合收益（预测未来现金流量）预测公司的未来现金流量与经营业绩之间相关性的研究结果受到了极大的质疑（O'Hanlon and Pope，

1999；Dhaliwal et al.，1999；Finger，1994；Sloan，1996；Fairfield et al.，1996；Dechow and Ge，2006；Kanagaretnam et al.，2009）。此外，崔和达斯（Choi and Das，2003）发现，从分析师的角度来看，综合收益信息可以帮助纠正其预测的准确性。

但是，需要强调的是，利用综合收益信息来预测企业的经营业绩和现金流量存在一定的适用性问题。斯金纳（Skinner，1999）在他的研究论文中明确指出，其他综合收益是由过去的非核心业务事项引起的，并且不宜预测未来核心部门的业绩和现金流量。坎贝尔（Campbell，2010）还发现现金套期保值项目与预测的未来毛利润之间存在显著的负相关性。内在原因可能是套期保值是短期的，通常不能覆盖全年。持有货币带来的潜在风险将导致损失。因此，较高的对冲收益也表明了损失的程度。总而言之，在预测企业的未来绩效和现金流量能力方面，没有强有力的直接证据表明综合收益及其具体项目强于净利润，预测综合收益信息的能力仍然是一个热门的研究课题。

### 2.3.3 便于察觉公司盈余管理行为

费尔德姆和奥尔森（Feltham and Ohlson，1995）认为在综合收益盈余信息部分列示脏盈余（Dirty - surplus）有助于反映报表间的勾稽关系（Articulation）和减少管理层的操纵（Management manipulation）。林斯梅尔等（Linsmeier et al.，1997）从实践的角度进一步讨论了综合收益对管理的自律效应，全面信息的披露有助于管理层评估所有影响股东利益的经济活动。与净收益相比，综合收益避免了管理层通过真实盈余管理手段操纵净收益，因为操纵行为虽使有些其他综合收益转作了净收益，但不能改变综合收益总额。但是，也有一些学者认为，根据契约理论的基础，管理层不应该对不受控制或控制程度较小的收益构成负责（Holthausen and Watts，2001；Lambert，2001），体现在综合收益信息上就是管理层支持披露净收益，而不披露控制程度较小的其他综合收益信息。林恩和菲利浦（Lynn and Philip，2012）阐述了类似的观点，认为管理层在运营成本上有较高控制权从而影响当期收入，但在某些综合收益项目上的决策是管理层无法左右的，例如公司董事会的既定政策方针将多余的现金投资于有价证券获得收益最大化，管理层将在此类活动中很难控制市场价格变动产生的收益变动；又如企业海外扩张计划中外币报表折算调整导致的收益也将不受管理层控制，而且在海外子公司使用的是当地本位币和母公司没有收回投资意图的前提下，管理层进行外币折算风险对冲是不具有经济意义的。

比德尔和崔（Biddle and Choi，2006）首次将综合收益盈余信息纳入公司治理的研究领域。其利用 SFAS 130 颁布的准自然实验作为研究契机，对综合收益盈余信息内部构成不同部分与高管薪酬之间的内在联系进行了实证检验。研究结论发现净收益（NI）在揭示企业高管薪酬波动上具有更高的解释能力，说明综合收益的盈余信息并没有真正用于全面评价管理层的经营成果，仍然沿用传统狭义的经营成果（净利润）。但是，可以通过优化综合收益列报来提高盈余透明度，从而限制薪酬激励中的盈余操纵。受托责任压力使得管理层为满足内部收益目标和外部收益预期而具有强烈的盈余管理动机。将综合收益放在所有者权益变动表列示会脱离盈利的创造过程，削弱了利润表预测未来现金流量的功能。在收益管理和减少分析师对股票价格的误判方面，在所有者权益变动表中报告综合收益不如在收益表中报告有效，因为综合收益的权益构成属性不如收入属性。当这些数据未被汇总在一张单独的、易于处理的财务业绩表中时，分析师确定盈余管理将存在着困难。这种困难或许已经导致盈余管理企业股票价格的明显高估，并使管理层从股权激励中受益。在业绩表中列出综合收益及其组成部分将大大提高收益管理的可见性，这将大大减少收益管理影响分析师的价值判断的可能性，并将分析师的价值判断调整为与收益管理公司相同的水平（D. Eric Hirst et al.，1998）。相关团体呼吁，政策制定不应该推断综合分析师的存在保证了确切反映所披露经济事项的均衡价格，而不管采取什么披露格式（Imhoff，E. A et al.，1995）。

综合上述，有关综合收益有用性的研究已经持续了接近半个世纪（Nir Naor，2006）。但是迄今为止，准则制定机构、学术界、实务界依然没有得出统一的结论，只是对"提高透明度和降低信息不对称"这一研究改进方向初步达成了妥协（厄尔·K. 斯蒂斯等，2013），认为高透明度的财务报告代表了最佳的会计实践。提高收益信息的透明度不仅将帮助报告用户减少信息收集的成本，确定真实的收益管理行为和应计收益管理行为，还将帮助决策者处理和利用综合收益信息以用于不同目的。因此，针对现阶段"综合收益与净利润谁更有用"这一持续半个世纪的争论，我们应该重新认知综合收益在现代会计中的作用和地位，未来研究的重点是在纳入综合收益信息后如何丰富和改进股权估值方法。正如简·巴顿（Jan Barton，2010）在 1996～2005 年对 46 个国家/地区的 20000 家公司的研究结论所表明的那样，没有任何一个绩效指标能够单独表达企业绩效的可持续性、预测能力和平滑能力。此外，同一指标在不同法律体系国家和地区的资本市场中的价值相关性也有所不同（信息用户的偏好存在差异）。因此，在我国推广综合收益盈余信息的实际应用时，应该突破没有以综合收益为基础的财务指标的情况，将研究与开发纳入综合收益分析指标体系作为一项重要任务。

# 第3章

## 综合收益研究进展与不足

本书第 2 章从综合收益起源、概念界定、研究意义角度论述了人们对综合收益的理论认知。这种理论认知对会计准则的制定将产生实质性影响，也激发了人们对综合收益潜在作用的发挥路径、方式进行深层次的理论研究。本章是综合收益研究方面的文献综述与评价。通过对国际和国内准则制定机构的准则变迁过程、国内外学术研究文献的归纳与总结，来分析综合收益在实务界和理论界中的进展，并对二者作出评价。在此基础上，我们将实务界和理论界中的综合收益研究进展结合起来做比较分析，以此来探讨实务与学术之间的异同与联系。最后，在已有研究的基础上，我们指出综合收益研究尚待解决的问题和困境，以期望本书的后续研究能够在一定程度上弥补现有研究的不足。

### 3.1 准则制定机构研究进展与准则发展历程

#### 3.1.1 美国财务会计准则委员会

美国财务会计准则委员会（FASB）是最早提出综合收益概念的准则制定机构。1980 年 12 月，FASB 发布了《财务会计概念公告第 3 号——企业财务报表的要素》（SFAC 3），并于 1985 年 12 月发布了替代 SFAC 3 的《财务会计概念公告第 6 号——财务报表的要素》（SFAC 6）。这两份概念公告都定义了综合收益的概念，并认为综合收益会计要素由收入、费用、利得和损失构成。在 1997 年 6 月发布的《财务会计准则第 130 号——报告综合收益》（SFAS 130）中，FASB 才对其他综合收益进行了明确的定义：计入综合收益但不计入净盈余的收入与费用、利得与损失,该部分内容主要来自以公允价值计量的金融工具的公允价值变动。另外,SFAS130 也提出了其他综合收益与损益的重分类:将其他综合收益重分类计入当期损益(王菁菁、刘光忠,2014)。

SFAS130 对综合收益的列报格式也作了规定,企业可以有三种方式列报综合收益:一是两表法,即同时编制传统的收益表和新的综合收益表;二是单一报表法,在一张报表中同时列报综合收益的各组成部分,称之为"收益与综合收益表";三是将综合收益在所有者权益变动表中列报。此后 FASB 在 2010年 5 月发布了《会计准则更新:综合收益列报(征求意见稿)》。2010 年 9 月发布了《财务会计概念框架第 8 号》,其中提道:"许多三方成员长期以来的主张是,报告实体以综合收益及其组成部分为代表的财务业绩是最重要的信息。"《2011 年第 5 号会计准则更新——综合收益(主题 220):综合收益列报》于 2011 年 6 月发布,其中规定只能在收益表中列报综合收益,而不能在所有者权益变动表中列报(苑秀娥、刘雪胜,2015)。

### 3.1.2 国际会计准则理事会

与 FASB 相比,国际会计准则理事会(IASB)对综合收益的研究相对较晚。1997 年,IASB 的前身——国际会计准则委员会(IASC)借鉴了英国和美国的经验,对之前的《国际会计准则第 1 号——财务报表列报》(IAS1)进行了修订并发布,对已确认的利得和损失,提出了两种列报方式:一是"已确认利得和损失表",二是"权益变动表"(苑秀娥、刘雪胜,2015)。

2004 年 4 月,就报告财务业绩问题,FASB、IASB 和英国会计准则委员会(ASB)进行了讨论,认为需要在此后明确是否有必要对其他综合收益进行重分类,如有必要,那么需要确定哪些交易和事项符合其他综合收益重分类的标准,以及重分类发生的时点。

2007 年 9 月,IASB 正式引入了"综合收益"的概念,并要求在利润表中列报。2007 年 9 月,IASB 发布修订的 IAS1,规定了其他综合收益与损益的重分类,并要求其他综合收益与损益的重分类需要在综合收益表或报表附注中进行具体的披露。一个明显的改进是,根据其他综合收益在后续期间是否能重分类进损益,IAS1 将其分为了两类。在列报格式上,规定企业所有的非业主权益变动可以列于一个报表或两个报表,但是不能列报于所有者权益变动表,这项规定与修订之前是不同的（苑秀娥、刘雪胜，2015）。

2011 年 6 月，IASB 对 IAS1 进行了再次修订发布，其中一个重要变化是，企业需要分组列报两类其他综合收益，一类是能重分类进损益的，另一类是不能重分类进损益的，指出了其他综合收益与损益的区别并不在于利得和损失是否已实现，但其并未提出其他综合收益重分类的标准。为了弥补之前对其他综合收益确认与重分类标准的缺失，IASB 于 2015 年 5 月发布《财务报告概念框架（征求意见稿)》，从提高会计信息相关性的角度详细讨论了其他综合收益的确认及重分类进损益的标准。由此可见，IASB 的观点是其他综合收益都能重分类，支持了狭义的重分类法。

在征求意见稿的基础上，2018 年 3 月，国际会计准则理事会发布了新的《财务报告概念框架》，在新的概念框架中，从多方面革新性地阐述了综合收益与其他综合收益，例如，IASB（2018）中的定义是：其他综合收益包括所有剩余收入或支出。因此，与该资产或负债相关的累计其他综合收益等于以下两项之间的差额：（1）财务状况表中资产或负债的账面值；（2）损益表选择的计量基础确定的账面金额。收入和支出分类并包括：（1）在损益表中；（2）在损益表之外的其他综合收益。

IASB（2018）对其他综合收益的确认与计量作了进一步的明确。IASB 指出：（1）损益表是报告期内实体财务业绩的主要信息来源。该声明包含一份总计的盈利或亏损报表，提供该实体在此期间财务业绩的高度概括描述。许多财务报表使用者在分析中纳入了这一总数，作为分析的起点或作为该期间实体财务业绩的主要指标。尽管如此，了解实体在此期间的财务表现要求对所有已确认的收入和支出（包括计入其他综合收益的利得和损失）进行分析，并对财务报表中包含的其他信息进行分析。（2）由于损益表是有关企业本期财务表现的主要信息来源，因此原则上所有收入和支出都包含在该声明中。但是，在制定标准时，董事会可以在特殊情况下决定将资产或负债的现值变化产生的收入或费用计入其他综合收益，这样做会导致损益表提供更多的相关信息，或者提供该实体在该期间的财务表现更加如实的反映。（3）以历史成本计量为基础产生的收入和支出包含在损益表中。当这种类型的收入和支出单独确定为资产或负债现值变化的一部分时，情况也是如此。例如，如果金融资产按现值计量，且利息收入与其他价值变动分开确定，则该利息收入包含在损益表中。

（4）原则上，一个期间内计入其他综合收益的利得和损失在未来期间内从其他综合收益重新分类至损益表，从而导致损益表提供更多相关信息或更加如实地反映该实体未来期间的财务业绩。但是，例如，如果没有明确的基础来确定重新分类的结果或应重新分类的金额，则董事会可以在制定标准中确定包括在其他综合收益中的收入和费用不得随后重分类。

### 3.1.3　财政部会计准则委员会

中华人民共和国财政部会计准则委员会的企业会计准则对综合收益的界定晚于 FASB 和 IASB。2006 年中华人民共和国财政部（以下简称财政部）发布的基本会计准则和 38 项具体会计准则中，要求企业在所有者权益变动表中列报"未实现的利得和损失"，这可以认为是中国的企业会计准则中开始对其他综合收益进行"非正式的"列报。

2009 年，财政部在《企业会计准则解释第 3 号》中首次正式提出了"其他综合收益"这一概念，要求上市公司在利润表的最下方增列"其他综合收益"和"综合收益总额"，同时也需要在利润表的附注中披露其他综合收益的各组成部分、相关的所得税影响、其他综合收益重分类进损益的详细情况，以此来反映企业当期的全面综合收益。同年，在《财政部关于执行会计准则的上市公司和非上市企业做好 2009 年年报工作的通知》中，详细规定了其他综合收益的信息披露和报表列报，要求其他综合收益各个明细项目的变动过程也需要在所有者权益变动表中列报。

2014 年，财政部修订并发布了《企业会计准则第 30 号——财务报表列报》，在新的准则和应用指南中，一个重大亮点是增加了"其他综合收益"这个一级会计科目（所有者权益性质），对其他综合收益进行了定义，要求企业在资产负债表、利润表和所有者权益变动表这三张报表中同时列示其他综合收益，并在利润表的附注中披露其他综合收益各项目的调节情况，这样就使得其他综合收益在三张报表中有了较明确的勾稽关系，提高了会计信息的透明度。与国际会计准则理事会的《财务报告概念框架》类似，财政部颁布的准则也将其他综合收益分为两类：一类是以后期间不能重分类进损益的其他综合收益，另一类是以后期间在满足条件时重分类进损益的其他综合收益，并在利润表中分别列报。

随着对其他综合收益本质认识的不断深化，以及考虑到其他综合收益不同项目具有不同的决策相关性，财政部 2017 年修订发布了《企业会计准则第 22 号——金融工具确认与计量》，并根据该准则修订导致的金融资产、金融负债具体确认方式和计量方式的变化而引起的其他综合收益项目划分的变化，财政部于 2018 年修订发布《一般企业财务报表格式》（适用于已执行新金融准则或新收入准则的企业）①，从以下三个方面对其他综合收益项目在利润表中的列报进行了完善：一是增列了"企业自身信用风险公允价值变动""其他债权投资信用减值准备"等新出现的其他综合收益项目；二是细化了已有的其他综合收益项目，例如，将以前"可供出售金融资产公允价值变动"项目分为"其他权益工具投资公允价值变动""其他债权投资公允价值变动"两个其他综合收益项目列示于利润表；三是对"不能重分类进损益的其他综合收益"和"将重分类进损益的其他综合收益"进行了重新界定和划分。

综上所述，FASB、IASB、财政部历年来与综合收益有关的准则文件如表 3.1 所示。

表 3.1　　　　各准则制定机构历年与综合收益有关的准则文件

| 时间 | FASB | IASB | 财政部 |
|------|------|------|--------|
| 1980 年 | 《财务会计概念公告第 3 号——企业财务报表的要素》（SFAC3）（后被 SFAC6 代替） | | |
| 1985 年 | 《财务会计概念公告第 6 号——财务报表的要素》（SFAC6） | | |
| 1997 年 | 《财务会计准则第 130 号——报告综合收益》（SFAS130） | 《财务报表列报》 | |
| 2006 年 | | | 《企业会计准则第 30 号——财务报表列报》 |

① 2018 年财政部发布了《一般企业财务报表格式》（适用于已执行新金融准则或新收入准则的企业）和《一般企业财务报表格式》（适用于未执行新金融准则或新收入准则的企业）。从其他综合收益项目列报的角度看，2018 年财政部发布了《一般企业财务报表格式》（适用于已执行新金融准则或新收入准则的企业）变化较大，故以此为基础进行论述。

续表

| 时间 | FASB | IASB | 财政部 |
|---|---|---|---|
| 2007 年 | | 《国际会计准则第 1 号——财务报表列报》（IAS1） | |
| 2009 年 | | | 《企业会计准则解释第 3 号》 |
| 2010 年 | 《会计准则更新：综合收益列报（征求意见稿）》《财务会计概念框架第 8 号》 | | |
| 2011 年 | 《2011 年第 5 号会计准则更新——综合收益（主题 220）：综合收益列报》 | 修订《国际会计准则第 1 号——财务报表列报》（IAS1） | |
| 2014 年 | | | 修订《企业会计准则第 30 号——财务报表列报》 |
| 2015 年 | | 《财务报告概念框架（征求意见稿）》 | |
| 2017 年 | | | 修订《企业会计准则第 22 号——金融工具确认与计量》 |
| 2018 年 | | 《财务报告概念框架》 | 发布《一般企业财务报表格式》（适用于已执行新金融准则或新收入准则的企业） |

## 3.2 综合收益文献回顾

通过系统梳理近年来与综合收益、其他综合收益相关的国内外学术文献，学术研究内容主要集中在综合收益信息特征（价值相关性、持续性、预测能力）、综合收益的经济后果分析、其他综合收益的重分类标准判断等方面，也有学者对综合收益能否提高盈余透明度问题进行了研究。

### 3.2.1　关于综合收益信息特征

现有文献从综合收益信息的价值相关性、持续性、预测能力三方面对综合收益的信息特征进行了论述。在这些文献中，最为丰富的是综合收益信息的价值相关性。IASB 始终强调通过完善准则不断提高信息透明度，服务于投资者和其他市场参与者的理性经济决策。因此，我们也将学者们对综合收益信息透明度的研究一并纳入综合收益信息特征文献回顾。

#### 3.2.1.1　综合收益信息的价值相关性

1. 综合收益信息价值相关性的国外文献

清洁盈余（clean-surplus）理论认为，在资本市场上企业的股权能够被准确定价的前提是企业要充分披露所有关于价值创造的综合收益信息。所有企业进行的价值创造活动都能够被综合收益信息有效识别与衡量，综合收益信息还能进一步对企业价值创造活动与业主的投资和分配活动进行准确的区分，因而根据理论的描述可以得出在价值相关性上，综合收益信息强于净收益信息。但是，在已有的研究中，与综合收益相关的文献结论并未统一。主要观点如下：

（1）综合收益信息的价值相关性比净利润更强。玛丽莱娜和玛丽亚（Marilena and Maria，2016）分析了布加勒斯特证券交易所监管下的非金融公司报告的综合收益信息是否与投资者相关，旨在确定与投资者的某些股票收益指标信息价值直接相关的综合收益的若干价值相关度，他们注意到与每股投资有关的每股其他综合收益、每股其他综合收益的方差以及与每股投资有关的有形和无形资产的重估差异是金融市场投资者的富有表现力的预测指标，研究结果发现报告其他综合收益信息的效果与每股商誉最相关，其次是股价，然后是总股东收益。泰斯尔等（Taisier et al.，2016）发现其他综合收益的组成部分（单独的或组合的）提供了超出净利润组成部分的增量信息内容，还发现分解净利润和分解其他综合收益比汇总的数字提供了更多的信息来解释股票收益和价格，这表明财务报表使用者在获得综合收益各具体组成部分的情况下可能更偏好于详细信息。

（2）综合收益信息缺乏价值相关性。巴顿等（Barton et al.，2010）发现在与收益度量的相关性上，综合收益和未来损益表与其关联较小，而在收益的反映上，企业主要运用财务报告中的息税前利润、营业收入、摊销、折旧等会计科目。由于在持续性方面，其他综合收益项目比主营业务项目弱，因此很难采用这些项目对企业未来的收益走势作出准确的判断。利佩（Lipe，1986）、柯林斯和科塔里（Collins and Kothari，1989）、罗摩科里希纳和托马斯（Ramakrishnan and Thomas，1998）、刘和托马斯（Liu and Thomas，2000）等的研究也证明了企业的当期收益主要由持续性收益构成时，公司利润与公司价值之间表现出更强的相关关系，其他综合收益的价值相关性明显弱于净利润。

（3）不同的列示位置具有不同的价值相关性。麦恩斯和麦克丹尼尔（2000）研究发现，只有将全部的收益内容列示在一张综合收益表中才能更好地反映企业绩效，而如若将收益的一部分列示在所有者权益变动表，则会大大降低这种作用。随后巴顿等（Barton et al.，2010）和布罗纳比斯等（Pronobis et al.，2010）等也进行了与之相似的研究，结论与麦恩斯和麦克丹尼尔（2000）相差无几。荣格（Jung，2017）使用标准普尔500公司作为样本，研究发现，ASU 2011 – 05之后，其他综合收益的价值相关性随着报告格式的不同而有所不同。具体而言，无论ASU 2011 – 05之前的报告格式如何，ASU 2011 – 05之后的其他综合收益仅在两个独立但连续的报表（即"两种报表格式"）中报告才具有价值相关性，因此重新评估允许两种报告格式的有效性是值得的，因为在ASU 2011 – 05之后，以"两种报表格式"报告时，投资者似乎更多地利用其他综合收益。卡罕奈特（Cahanetal，2000）对新西兰的公司进行了研究，把不同的会计报表显示出的其他综合收益信息对会计信息价值相关性的影响深度进行了比较。研究得出，综合收益与净收益相比，前者的价值相关性更高，在综合收益表列示的其他综合收益中，这种价值相关性的显著程度最高，其次为利润表。而所有者权益变动表所呈现出的信息是，其他综合收益传递出来的会计信息价值相关性的显著性降低了，这证明了在为投资者提供信息时，所有者权益变动表传达出的其他综合收益信息并没有为大多数投资者提供增量信息。

（4）其他综合收益不同项目的价值相关性也存在差异。综合收益中的某项或某几项信息常被财务报告的使用者进行决策时所采用，有些学者将其他综合收益的各项组成与净利润进行比对研究。研究发现与其他收益的组成部分相比，在权益中报告外币折算损益对估值的影响较弱（Soo and Soo，1994）。巴顿（Barton，1997）同样在研究中发现价值相关性不存在于短期的对外币折算损益确认之中。路易斯（Louis，2003）认为外国货币的贬值是导致负向的外币报表折算出现价差的主要原因，会造成外国劳动力成本的减少，从上述的角度思考提出公司价值的负面影响因素主要是由于正向的外币报表折算价差产生的。路易斯（2003）的研究结论与之前截然不同，很大的原因是他采用了只针对制造业的新方法和新样本。巴斯等（Barth et al.，1996）在107号公告实施以后，将银行作为研究样本，对公允价值的价值相关性进行了验证，发现银行股价相关性的增强得益于在控制了账面价值之后对证券以及长短期借款公允价值的披露。但上述由于公允价值计量而产生的利得和损失之后被归纳为其他综合收益的一部分而得到了确认。丹达利瓦尔等（1999）对其他综合收益中的三部分，包括有价证券的利得或损失、外币折算差额以及未包含在净收益中的退休后福利资金状况的变动情况进行了验证，作者发现价值相关性仅仅存在于金融服务行业中有价证券的利得或者是损失之中。奥汉隆和蒲伯（1999）将以英国GAAP为支撑的英国公司作为样本，其与美国的不同是将更多的事项列入当期损益，主要对其他综合收益中特殊事项、商誉的减值、外币折算差额以及重新估值进行检验，作者表明其价值相关性的项目只存在于预测多年收益下的特殊事项之中。我们可以发现，巴斯等（1996）和路易斯（2003）在研究数据仅限于某个行业，缺乏普遍性的情况下，发现具有很强的价值相关性的项目是有价证券的利得或损失以及外币的折算差额，并且选取的数据大多来源于根据SFAS130号准则颁布以前自行构建的综合收益数据（as-if reported）。钱伯斯等（Chambers et al.，2007）将SFAS130号准则颁布以后获得的数据作为样本，研究发现在130号准则实施以前价值的相关性并未出现在自行构建的综合收益数据（as-if reported）项目中的其他综合收益之中，但130号准则制定之后，正相关性则普遍存在于组成实际业务报告的综合收益的各部分与股价之间，其中最显著的部分在于有价证券的利得或损失和外币折算差额。卡纳格雷特南等（Kanagaretnam et al.，2009）以美国上市的加拿大公司为研究样本，发现价值相关性存在于130号准则实施之后的其他综合收益中，最为突出的是有价证券的利得和损失。此外作者在研究中对现金流套期保值的利得和损失的检验迈出了关键性的一步，得出了在现金流套期保值的利得和损失与股票回报之间存在负相关关系的结果。尽管该检验结果不显著，但作者所做的检验工作也为套期保值损失传递了一种乐观信号，即企业风险控制管理有效。坎贝尔（Campbell，2010）也发现现金流套期保值的利得和损失与未来收益之间存在相反的相关关系，并对这种关系进行了阐述，认为当期价格变化的结果会受到有效的套期保值的影响，而企业的生产经营同样也会受到这种价格变动的影响，所以大多企业不会期望套期保值运用在受到相同价格变动影响的未来交易之中，因此企业的利润总额降低。综上所述，在检验价值相关性时，组成综合收益的各个项目的结论差异迥然，并且需要对综合收益的各组成项目在解释股票回报或价格时发挥的作用进行选择和区分。

（5）综合收益的价值相关性与是否发布综合收益准则有关。在美国财务会计准则公告 130 号（SFAS 130）披露综合收益信息前，丹达利瓦尔等（1999）、奥汉隆和蒲伯等（1999）探讨与净利润相比，综合收益是否在如下方面具有更好的效应：一是解释股票的当期回报和价格，二是对未来现金流量进行预测。因为作者在 FASB 颁布 SFAS130 号准则之前就选择了研究样本，所以作者运用已披露的会计信息自行构建了综合收益数据（as – if reported），发现与综合收益相比，净利润的效应在上述两方面具有更加明显的优势。钱伯斯等（2007）发现，虽然在 SFAS130 颁布前其他综合收益不具有价值相关性，但准则颁布后却与股价有显著正相关关系，并认为差异原因是综合收益信息在列报后才受到重视。

2. 综合收益价值相关性的国内文献

与国外对综合收益方面的理论研究相比，我国在研究综合收益方面起步较晚。在 1999 年发表的《损益表（收益表）的扩展——关于第四财务报表》一文中，葛家澍教授叙述了英国 ASB、美国 FASB 以及 IASB 关于财务业绩报告的改进工作，该文认为在综合收益会计信息披露方面，当时联系甚少的会计准则制定机构的路线与方向相差无几，不同点主要表现在具体的准则制定细则和执行方面，财务会计框架体系疏于统一是产生差异的主要原因。

在 2000 年，程春晖在博士学位论文《综合收益会计研究》中对综合收益进一步进行了研究。他认为运用综合收益观是传统财务报告的改进方向，审计人员要增加披露综合收益会计信息的力度，并对综合收益的确认和计量提出理论与指导建议。党红（2003）结合了经济学的观点，认为综合收益理论符合经济学收益理论，但是综合收益理论迟迟未被中国上市公司全面实施是由于当时现实经济环境和会计计量技术的制约。作者还指出若只是提出单一的综合收益表但未建立相应的目标，则将导致综合收益表和经济收益理论契合度的降低，进而对综合收益信息披露的效率和效果造成影响。

我国学者不仅分析了综合收益理论，而且逐渐开展了对综合收益实证方面的研究。陈信元、陈冬华和朱红军（2002）运用奥尔森（Ohlson）剩余收益定价模型对剩余收益、会计收益和净资产三个变量的价值相关性展开了检验，CAPM 计算得出的 β 系数作为剩余收益的估计数据，结果表明在价值相关性上剩余收益、会计收益和净资产三者都有明显的正相关关系，剩余收益在市场反应方面的定价乘数与会计收益相比明显更低。此外，作者将增加了剩余收益、规模和流通股比例以后的会计收益和净资产的模型与原本的模型进行对比，发现净资产的定价乘数在增加会计信息的模型中显著较高，得出应该在模型中添加剩余收益的会计信息的结论。

王鑫（2013）为研究综合收益及其组成部分的价值相关性，将 2009 ~ 2011 年披露综合收益信息的非金融类上市公司作为样本，研究结果表明在价值相关性的比较上，综合收益比净利润更加显著；可供出售金融资产公允价值的变动在其他综合收益具体项目方面分别与股票价格和股票收益率的相关性十分显著，并且被投资单位的其他综合收益所享有的份额和外币报表折算差额也显著相关于股票收益率。贺宏和崔学刚（2015）研究发现，综合收益的价值相关性在投资者与企业之间信息不对称程度较低时会表现得更高，其他综合收益的增量价值相关性也更高。张云和赵艳（2015）发现增量价值相关性同时存在于其他综合收益和非经常损益中，但前者的价值相关性更低。

杨有红和陈婧（2016）研究发现，从综合收益信息披露角度看，披露其他综合收益信息能够增加被称为净利润的传统收益信息，实际中对真实盈余管理的操作行为也会受到其他综合收益信息的披露的限制，从而提高了盈余信息质量。由此可知，与传统的收益信息相比，在盈余信息方面，综合收益信息的质量更好。另外，"其他综合收益"科目中反映了公允价值变动中已确认但未实现的部分，首先对净利润中含有的会计信息能够起到很大的补充性作用，然后也使会计信息的透明度得到提高，因此会计信息的质量在整体上会有较大提高。然而，企业会计准则制定者仍需要为了其他综合收益的增量价值的信息继续对当前的企业会计准则作进一步修订与完善。陈淑芳和杨婧（2017）发现价值相关性一直存在于其他综合收益当中，并且其他综合收益还具有增量价值相关性这一特征。

谢获宝和刘波罗（2010）、李尚荣（2012）、盖地和高潮（2012）、管思琪和杨守杰（2017）的研究发现，综合收益的价值相关性并不比净利润更高。林萍和林甦敏（2017）也发现在价值相关性方面，综合收益的相关性不如净利润的相关性高，但其具有随时间推移而逐渐提高的趋势。

当前我国综合收益价值相关性在理论方面的研究较多，但研究结论仍未达成一致看法。此外，综合收益的信息披露在2014年会计准则修订以后出现了很大的变动，由于此前对价值相关性的研究大部分聚集在基于所有者权益变动表中的会计数据，所以从研究数据的角度看，需要在2014年之后对在利润表中呈现出综合收益的价值相关性进一步研究。

### 3.2.1.2 综合收益信息的持续性

1. 关于综合收益信息持续性的国外文献

利佩（Lipe，1986）研究发现建立在可持续性基础之上的决策有用性的收益，其分解之后能够在很大程度上增加对投资者来说有用的信息。从其他综合收益变化而来的各个项目越详细，对准则制定者和监管者来说其增量信息更加有用。尽管目前对综合收益持续性进行实证研究的论文不算太少，但关于综合收益是否存在持续性并未达成一致结论。林斯梅尔等（Linsmeier et al.，1997）；巴克尔（Barker，2004）；钱伯斯等（2007）；严等（Yen et al.，2007）；班贝尔等（Bamber et al.，2010）等认为暂时性收益包括了综合收益中其他综合收益的许多项目，其他综合收益较差的持续性是利润表列报的综合收益全部信息中关注度最高的问题，相对于净利润其波动性更高，易造成投资者高估企业的风险（Hirst and Hopkins，1998）。同净利润相比，在其他综合收益中用公允价值计量的已确认但未实现的损益产生的波动性是影响综合收益持续性最为主要的因素。巴斯等（1995）为了研究国外银行收入的波动性问题，专门将1971～1990年137家美国银行作为样本，发现：（1）证券投资而出现的未实现的利得和损失存在于盈利之中，与过去的成本计量进行比较其利润的波动性更高，然而在定价时投资者没有将波动性提高产生的影响纳入其中；（2）违反资本监管的操作在公允价值计量的过程中更容易发生；（3）存在于运用公允价值进行计量中的信息披露虽然没有遵守资本监管制度，但其能够预测现实中违反资本监管的行为，而在估值定价时投资者并没有将可能会出现的危机风险纳入其中；（4）虽然在投资证券过程中现金流测算相当复杂，但是投资者会将利率变动产生的影响考虑于定价之中。公允价值收益的波动以及潜在的违反资本监管行为存在的风险通常在投资者估值定价过程中被忽略，因此，作者建议公允价值可以较多地运用在综合收益确认和计量的过程中。由于目前没有办法将公允价值和历史成本的优劣作出一个准确的比较，因此只用公允价值来体现证券投资中收益的波动。钱伯斯等（Chambers，2007）首次将不同于估测数据的报告数据运用在综合收益的研究中，发现暂时性这一特征存在于其他综合收益和各组成部分之中。但是钱伯斯等（2007）研究发现与净利润相比，可供出售金融资产公允价值变动损益具有的信息可持续性更强，然而运用估测的数据进行研究却表明信息的可持续性不存在于可供出售金融资产公允价值变动之中，作者认为是净利润中增加了其他综合收益重分类的部分造成上述结论的不同，从而对其他综合收益持续性产生了变化，然而在持续性上可供出售金融资产比净利润高的结论还有待商榷。

李等（Lee et al.，2006）和林恩和菲利浦（Lynn and Philip，2012）为验证综合收益信息具有持续性，先后从管理层选择权以及其他综合收益重分类两个角度进行了论证。李等（2006）认为较大的权利存在于管理层作出投资决策的对象和时机的抉择上，同时也存在于对养老金计划和衍生金融工具的抉择计划中，从而在一定程度上持续性会存在于其他综合收益的具体项目中。琼斯和史密斯（Jones and Smith，2011）在研究中对包含在其他综合收益和利润表中的特殊项目（special ltems）所具有的价值相关性、预测能力和持续性进行了检验，结果发现暂时性存在于利润表的特殊项目中，而持续性则存在于其他综合收益利得和损失的项目之中。林恩和菲利浦（2012）则从另外的角度，即综合收益中其他综合收益重分类进净收益的角度对综合收益的持续性进行了讨论，例如在结转可供出售金融资产公允价值变动时，在其他综合收益中结转部分产生的收益就表现出了负的持续性，但正的持续性就出现在净收益和现金流中。因此，在不同项目中综合收益信息持续性这一特征会有较大的差异存在，当前增加的其他综合收益可能会对未来的盈利产生或正或负的影响。在综合收益信息中的其他综合收益项目可能表现出完全暂时性的（不持续）或者永续存在性的（完全持续）特征。

霍德等（Hodder et al.，2006）对1996~2004年202家美国金融类上市企业作为样本进行研究，并且将净利润、综合收益以及公允价值收益作为基础构建了三项收益波动性项目指标，研究发现在波动性方面，综合收益的波动性比净利润的更大，并且净利润和综合收益变化的波动性与回报波动之间及其长期利率贝塔（beta）之间存在正相关关系。由于在商业模式上，巨大的差异出现在金融行业与非金融行业之间，卡恩和布拉德伯里（Khan and Bradbury，2014）把美国的非金融行业公司作为研究样本，他们发现综合收益的波动幅度大于净利润，且与此波动性之间有关系的是计量基础为市场的股票回报波动性和beta。因此，综合收益与净利润相比，其持续性较低。由于其他综合收益是作为综合收益与净利润的差额而出现，也即其他综合收益项目的波动性是综合收益低持续性的源头。

2. 关于综合收益信息持续性的国内文献

在中国，由于综合收益信息披露始于2009年，实施期限较短，对综合收益中具体项目的持续性进行实证研究的文献极少。管思琪和杨守杰（2017）指出，其他综合收益在中国的实践应用时间还不长，投资者对其关注相对较少，其他综合收益的不可持续性和潜在的平滑性使其在公司业绩指标方面没有得到最大化利用。但与此相反，杨有红（2017）认为，随着时间的推移，重估资产负债的价值时，出现的其他综合收益会发生重复，所以其他综合收益项目的持续性会存在于管理层投资选择、资产出售/赎回时间的选择中，以及存在于管理层为养老金计划作出提供资金方式的选择和衍生合同期限选择等选择中。另外，在其他综合收益和其契约分别对应的持续性和有用性之间隐含的逻辑关系，即运用于债务契约中的其他综合收益，能够增强其他综合收益自身的持续性（陈溪、江钰，2017）。

### 3.2.1.3 综合收益信息的预测能力

巴斯等（1999）为了检验盈余各部分组成信息的有用性，首次采用了奥尔森（1999）的剩余收益模型，其价值相关性通过对异常收益有预测能力的应计项目和现金流得出，指出能对应计项目和盈余现金流价值相关性产生影响的两个重要因素是预测能力和持续能力。对综合收益信息预测能力的研究分总额研究和项目研究两个思路进行。奥汉隆和蒲伯（1999）认为具有局限性的数据通常都是根据单年度进行预测的，企业需要超过一年的时间才能够实现其他综合收益和未来现金流，因此综合收益的预测能力会受到选择的确认时机的影响。丹达利瓦尔等（1999）研究发现净收益与滞后 1 年现金流的相关性高于与综合收益的相关性。卡纳格雷特南等（2009）认为综合收益与净收益的相关性不如与滞后 1 年现金流的相关性高。王鑫（2013）的研究表明，净利润的预测能力优于综合收益的预测能力。杨有红（2017）认为，对未来收益的预测会形成会计估值理论，当期的收益报告与会计估值理论无关，但是，前期的预测收益完成后就变为当期收益。假设当期的报告收益能够以综合收益报告作为基础，那当期收益报告能够充分反映异常收益受当期异常收益的持续性部分和其他信息的影响程度，从而提高未来收益服务信息使用者预测的准确性水平。但在实证研究方面，研究结论同样存在分歧。

芬格（1994）等认为分别列报综合收益项目有助于未来业绩的预测。卡纳格雷特南等（2009）等认为在未来现金流能力的预测上，综合收益的预测能力比净利润更强。巴斯等（2001）细化了对综合收益信息的研究，发现细化综合收益的具体项目能够在企业未来业绩的预测中发挥更大的作用。

布莱恩等（2016）考察了包含在其他综合收益中的公允价值调整是否预测了银行的未来业绩，还检查预测价值是否受到这些估计的可靠性的影响，研究发现，未来一年和两年的收益可以通过其他综合收益中的公允价值调整进行预测；然而，并非所有包含在其他综合收益中的与未实现利得和损失有关的公允价值都具有类似的含义；他们还发现可靠的公允价值计量可以提高预测价值；最后他们验证了 2007～2009 年金融危机期间其他综合收益记录的公允价值调整预测未来的盈利能力，这与公允价值会计迫使银行记录过度下行调整的批评相矛盾。

崔和张（Choi and Zang，2006）认为综合收益信息能够对分析师预测的准确性起到纠正作用。在分析师预测方面，黄志雄（2016）也研究发现，在分析师盈余预测准确性的问题上其他综合收益信息的影响十分显著，即企业中的其他综合收益比重越高，分析师在盈余误差上的意见分歧越大；分析师的解读成本随着其他综合收益的强制性披露而降低，从而让盈余预测的准确性得以提高。张云、赵艳（2016）发现相对于负值，正值的其他综合收益更能影响分析师的盈余预测。肖虹和李少轩（2017）发现披露其他综合收益信息能够让分析师预测准确度得到提升，也能够让分析师预测的分歧度显著降低。

有些学者针对综合收益的预测能力提出了完全不同的观点。丹达利瓦尔等（1999）研究发现其他综合收益没有提供更准确的预测未来现金流的信息。斯金纳（Skinner, 1999）认为未来核心部门的业绩与现金流用其他综合收益来预测是不适合的，因为过去的非核心业务等事项造成了其他综合收益的变化。坎贝尔等（2010）研究发现短期的套期保值是造成现金套期保值项目和未来利润预测之间显著的负相关关系的内在原因，因为短期套期保值通常覆盖不了整个年度，企业持有货币而存在的潜在风险很可能在没有覆盖的时间段内带来损失，因此企业较大的损失通常是因为套期保值较高的获利。柳木华和高德翠（2013）发现无论是在价值相关性，还是在预测未来盈利和现金流方面，综合收益都不如净利润。曹越等（2015a, 2015b）研究发现，相对于当期其他综合收益，累计其他综合收益能够对企业未来的业绩作出更为准确的预测；价值相关性存在于其他综合收益中的原因在于它能反映计算企业价值的代表风险的折现率，而非预测未来经营现金流量。

总而言之，在对企业未来业绩和现金流方面的预测上综合收益和其具体项目远远没有形成共识性结论，关于综合收益信息的预测能力依旧是个研究热点。

### 3.2.1.4 综合收益信息的透明度

虽然研究盈余透明度的文献较多，但聚焦于综合收益进行信息透明度研究的文献却不多。潘立生、陈曦（2017）认为，上市公司的盈余管理行为中会利用到其他综合收益重分类进损益部分，进一步研究发现，2014年修订发布的财务报告列报准则增加了企业的盈余管理行为的透明度，因此能够在一定程度上对上市企业类似的盈余管理行为起到抑制作用。杨有红、闫珍丽（2018）的研究发现，从收益表中列报净利润到以净利润加其他综合收益的方式列报综合收益以后，其他综合收益信息会吸引分析师跟踪，导致更低的分析师预测分歧，更高的预测准确性及股价同步性。有其他综合收益发生的公司的分析师跟踪数量、预测准确性、股价同步性在2014年新准则后有更大幅度的提高，预测分歧有更大幅度的下降。其他综合收益与股价同步性正相关，但仅存在于公司内外信息环境较差的情况，随着信息环境的改善，股价同步性降低。

### 3.2.2 综合收益的报告方式及其他综合收益重分类

#### 3.2.2.1 综合收益的报告位置

已有成果表明，报告综合收益信息能够影响投资者的决策，但对综合收益列报的位置并没有得出一致的结论。赫斯特和霍普金斯（1998）发现在利润表中列示综合收益及其具体组成部分能够提高价值相关性；麦恩斯和麦克丹尼尔等（2000）则认为在综合收益表中报告其他综合收益能够体现公司业绩；而钱伯斯等（2007）认为价值相关性存在于报告在股权变动表中的其他综合收益之中。毛志宏等（2011）分析了中国上市公司2009年年报中的其他综合收益信息，指出上市公司对综合收益的相关规定存在着一定的疑惑，需要出台规范的会计准则来实现其他综合收益的公允列报。徐经长等（2013）对不同呈报位置的公允价值信息的决策有用性进行了检验，发现可供出售金融资产的公允价值变动在利润表中报告的价值相关性强于直接计入股东权益变动表。陈威、丁晓梅（2015）认为，从开始在附注中披露演变为在利润表和所有者权益表中披露的其他综合收益，其信息更加全面具体地反映了企业内部的经营状况，体现了决策有用性。黄志雄（2016）认为，目前国内对其他综合收益列报披露位置的研究相当重视，但针对其他综合收益内部分类的研究仍然十分匮乏，其他综合收益内部构成逻辑的研究在此前被忽略（IASB，2013），前面的研究对其他综合收益中不同项目的逻辑边界十分模糊，仅在其他综合收益中运用堆积的方式逐个列示不适用于利润表列报的盈余项目。

#### 3.2.2.2 其他综合收益的重分类

美国公认会计准则（GAAP）要求所有的其他综合收益在未来期间都重分类进损益。SFAS130对其他综合收益重分类的定义可以解释为"在当期损益中转入原本计入其他综合收益的重分类项目，并不会对综合收益总额的变化产生影响"。而国际财务报告准则（IFRS）只要求一部分其他综合收益在未来期间重分类进损益，并认为每股收益（EPS）应该以综合收益为基础进行计算。塔尔卡等（2008）发现，投资者能对未重分类的其他综合收益进行识别，重分类将使会计信息更难被投资者理解。董等（2011）则认为当损益已实现后，从其他综合收益重分类进损益可以为资本市场提供一种增量信息。至2015年，IASB与FASB均认为重分类可以运用在所有的其他综合收益上，但由于二者在重分类定义上有着不同标准，所以在计入其他综合收益的内容上体现出了差异（邓永勤等，2017）。

重分类的标准是学术界的一个研究焦点，观点也存在着一定的分歧。陈威和丁晓梅（2015）认为，其他综合收益的重分类使财务报表的透明度和清晰度都更高，但其同时也指出，准则中对其他综合收益重分类至损益的具体标准缺乏明确的规定，引起实务操作中不规范行为的出现，不利于财务报表真实反映企业业绩。卓越（2016）也指出，目前大多数其他综合收益的重分类需要靠会计人员的职业判断来进行，而缺乏完整的标准。李梓和杨有红（2016）认为，对其他综合收益信息来说以后可以重分类进损益的部分，已确认但未实现的利得和损失以及当期被重分类进损益的项目都存在于当期的存量数据中，并且在市场化方面前者的程度明显高于后者，企业更容易操纵后者，因此要在所有者权益变动表中对信息含量不同的项目分别进行披露，进而将其他综合收益详细的信息增减变动情况予以充分反映。杨克智（2016）发现上市公司进行盈余管理时可能会利用其他综合收益重分类的金额和时间，而其他综合收益列报通过提高会计信息透明度又可以在一定程度上抑制企业的盈余操纵。

在准则制定方面，IASB 认为，联接项目、不匹配重新计量项目可以重分类，但是对于过渡性重新计量项目来说，重分类的条件是，能够保证提供的相关信息具有充分性，以及能够对增加成本和增加财务报告复杂性作出合理的解释。在资产负债表和损益表中使用不同计量基础进行计量的项目是联接项目；对相关联的交易或者其他事项抵消影响仍未确认的项目属于不匹配重新计量项目；而过渡性重新计量项目都不满足上述的几点特征。IASB 将其他综合收益区分为不能够重分类至损益的项目和能够重分类至损益的项目，在其他综合收益中不能够重分类至损益的项目可以利用计量工具 IFRS 9进行区分。有两种计量方法可以在实际业务操作中运用，一是对某类金融负债来说，以公允价值计量，并且其过去的利得或损失已经计入损益的，在其他综合收益中应计入因负债的信用风险而产生的利得和损失，并在当期损益中计入余额；二是由于加入了会影响会计损益的由负债的信用风险产生的利得和损失，则此部分不应在其他综合收益中反映，而应该直接计入损益（潘栋梁、项丽霞，2017）。

### 3.2.3 综合收益信息的应用

#### 3.2.3.1 综合收益在企业估值中的运用

费尔德姆和奥尔森（Feltham and Ohlson，1995）提出了基于会计信息的剩余收益模型，考恩伯格等（Cauwenberge et al.，2007）利用剩余收益模型比较研究了基于历史成本的净收益和涵盖公允价值的综合收益的估值差异，发现忽略综合收益在企业估值中的信息含量是站不住脚的，提出在财务报告中应当披露基于净收益和综合收益两种基础的每股收益以增强综合收益信息定价准确性。德维拉等（Devalle et al.，2010）发现综合收益信息在 IFRS 实施后与企业估值的相关性显著高于实施前。比德尔等（Biddle et al.，2006）等进一步通过股价回报模型研究了其他综合收益项目的估值效果，证明了分类披露其他综合收益能够提高信息在股票定价中的运用效果。杨有红（2017）认为，综合收益信息对所有企业价值创造的活动能够进行有效识别与衡量，并能将其和业主投资、分配活动进行区分，因此理论上与净收益信息相比，综合收益信息价值相关性更高。根据干净盈余理论，只有披露所有与价值创造有关的综合收益信息，企业在资本市场上的股权才能够得到准确定价。顾水彬和陈露（2017）研究发现，其他综合收益的增长会降低股权资本成本，股权资本成本会随着其他综合收益的波动而提高，进一步证明了其他综合收益能够对股权资本成本定价产生影响。

#### 3.2.3.2 以综合收益为基础的风险判断

尽管有些文献认为综合收益信息会影响风险判断，但对其影响方式的研究甚少。基格和威廉姆斯（Kiger and Williams，1977）从其他综合收益的来源出发，认为其一般来自企业外部市场价格的波动，如果在损益表中列示其他综合收益，会降低投资者对企业的绩效评价，使信息使用者产生混乱。格雷厄姆等（Graham et al.，2005）认为，综合收益指标的波动性大于净收益，报告综合收益将导致投资者和其他利益相关者增加对企业业绩波动性的评估，利益相关者认识到更加波动的业绩计量意味着更高的企业风险。

在实证方面，霍德等（Hodder et al.，2006）以中长期贝塔（Beta）系数衡量了企业的权益资本价格风险，发现其与综合收益波动显著负相关。詹姆斯（James，2015）开发了一种新颖的跨期方法来评估综合收益的风险敞口。虽然大量的会计和政策文献关注会计质量和可靠性，但该研究建立在公允价值及综合收益始终被完美衡量的前提之下。在这个框架下，综合收益波动的敏感性影响来自价值生成过程的结构和动态，而不是测量质量的变化。这些影响与测量相关的影响同时发生，但被视为在概念上有所不同。该结果说明了风险期限、交易频率和投资组合构成等因素是如何影响风险暴露的严重程度的。随着美国银行可供出售投资组合中未实现的公允价值变化模式的应用，该模型在多阶段风险聚合的最广泛接受的约定中有显著的改进，所提出的方法可以直接应用于风险价值和压力测试方法估计，这些方法使用依赖于水平波动率作为投入。沙哈瓦利和迈克尔（Shahwali and Michael，2016）研究指出，财务报表编制人员声称综合收益的"过度"波动会给财务报表用户带来困扰。他们对新西兰 92个非金融公司在 2003～2010 年样本中的综合收益较之于净收入的波动性和风险相关性进行了考察。考察结果显示，综合收益的波动性比净收入的更强，但是，综合收益的增量对净收益的波动与市场风险无关。此外，综合收益的增量波动不会影响净收入的定价。当资产重估被从其他综合收益中排除时，这些结果仍然成立。曾雪云等（2016）认为其他综合收益与金融风险紧密相关（主要来自波动性和主观性）。研究发现，在金融行业中公司用于市场定价的只有作为风险因子的净利润波动，在风险相关性上其他综合收益的波动与股票价格和股票收益的波动间的结果未达到稳健一致，这说明综合收益比净利润更能反映出信息风险，但并不比净利润更可能捕捉到资本市场对信息风险的定价。邓永勤等（2017）认为，计入其他综合收益中的未实现利得或损失，其具有未实现、暂时性、波动幅度大、风险高的特征，而重分类进损益的部分具有已实现、风险低的特征。

### 3.2.3.3　以综合收益为基础的业绩评价

目前的文献主要研究以综合收益为基础的业绩评价将产生的有利和不利影响。一种观点是，综合收益为基础的业绩评价全面性程度高于净收益，班贝尔等（Bamber et al.，2010）认为综合收益提高了信息透明度从而减少了业绩评价中的管理层操纵。但另一种观点认为，管理层不应该对不受控制或控制程度较小的收益事项负责（Holthausen et al.，2001；Lambert，2001），对于无法左右的事项不应纳入业绩评价的范围。陈威和丁晓梅（2015）也认为，列报于其他综合收益的利得和损失并不受企业管理者的控制，与经管者的业绩也不挂钩，在利润表中列示其他综合收益并不利于对管理者的激励效应，并建议未来构建基于综合收益的财务指标评价体系对企业业绩进行评价。管思琪和杨守杰（2017）也指出，由于其他综合收益的未实现性和不可持续性，目前净利润仍然是企业业绩评价的最重要指标。赵艳和张云（2018）发现其他综合收益与企业高管薪酬显著正相关，表明在净利润的基础上，其他综合收益为高管业绩评价提供了增量信息。

## 3.3 综合收益研究成果评述

### 3.3.1 准则制定机构研究历程与准则发展进程评述

#### 3.3.1.1 取得的成效

从准则发展历程来看，三十年来，经过 FASB、IASB、财政部等准则制定机构对综合收益准则制定的不断发展和完善，相关准则已经较为完善，综合收益、其他综合收益在确认、计量和报告方面都已较为全面，并在信息的列报格式、标准和内容等方面互相有所趋同，这在实务界和学术界都得到了广泛的应用。中国关于综合收益的准则起步较晚，但发展较快，相继在 2009 年、2014 年对其他综合收益列报、综合收益信息等具体内容进行较大程度的落实，这一系列的改进提高了会计信息透明度，有利于信息使用人理解资产定价（周全、程向阳，2018），逐步实现了国际趋同（詹合霞、梁燕，2015）。

从理论观点来看，企业披露完整的综合收益信息，对企业经营业绩的评价是有好处的，能够对企业业绩导致的股东财富增加进行全面反映，同时也能够提高信息使用者的风险判断能力。但从更加务实的角度来看，如果考虑到综合收益列报，准则制定机构则认为，完整的综合收益信息尽管没有在表内列报，但分析师为了获取决策有用的信息，也是可以通过对财务报表附注以及其他非财务信息的分析和分类来实现的。尽管如此，报表中列报综合收益信息确实能够在很大程度上增强会计信息透明度，这样就能够从两个方面为信息使用者提供服务：第一，能让信息使用者（特别是除了分析师以外的其他信息使用者）识别企业的盈余管理，在一定程度上抑制企业管理层的盈余操纵；第二，能够降低分析师收集信息、分类信息、分析信息的成本，从而提高分析师对财务报表分析的效率（杨有红，2016）。

### 3.3.1.2 存在的不足

从会计准则制定方面看，与综合收益相关的准则存在以下三方面的不足：

1. 其他综合收益的概念界定不明晰

在会计准则的概念界定中，未对其他综合收益下一个明确的定义，损益与其他综合收益二者的区分较为模糊。目前国外的会计准则对其他综合收益的界定采用了排除法，即除了损益之外的其他收益都属于其他综合收益。这种方法虽然表面上看起来思路清晰，但是很难在本质上区分损益与其他综合收益（王菁菁、刘光忠，2014），这不仅没有从本质上将其他综合收益的内涵论述清楚，反而在IASB 准则中存在着损益和其他综合收益定义的重合现象，这在很大程度上增加了会计实务工作者实务操作的不确定性（潘栋梁、项丽霞，2017）。就中国会计准则来看，关于某一项利得和损失到底是计入损益还是计入其他综合收益，只是在各个单独的具体准则中逐一规定，而缺乏整体的标准。这就可能导致会计人员在账务处理时只重形式而不重实质，遗漏某些重要的其他综合收益信息，出现漏报、错报等情况，造成信息质量的下降（解鹏，2016）。

伊科等（Ikuo at al.，2016）评价指出，从历史上看，会计准则制定者在确定净收入方面还没有成功，也没有成功证明使用其他综合收益和回收利用的合理性。他们提出了净利润和综合收益的定义以及基于所提出定义的衡量方法。净利润和综合收益应被定义为财务报表的两个独立要素，其他综合收益是协调这两个要素的关联因素。所有其他综合收益项目的回收都需要这两个要素具有全面性的特点。净利润应该代表实体业务活动不可逆转的结果，只有当资产（或负债）很容易转换为现金（或结算）时，并且该实体的业务活动在合约上是非法的、或经济上限制实体将资产转换为现金（或结清负债）机会的情况下，才从报告实体财务业绩的角度使用现值计量基础。

2018 年 3 月，IASB 在新的《财务报告概念框架》中，对其他综合收益的概念表述仍然是采用排除法，即：其他综合收益包括所有剩余收入或支出。因此，与该资产或负债相关的累计其他综合收益等于以下两项之间的差额：（1）财务状况表中资产或负债的账面价值；（2）损益表选择的计量基础确定的账面金额。总的来说，通过将国内外会计准则对其他综合收益的概念界定进行比较，发现虽然概念仍不明确，但国内外会计准则在概念界定上已基本趋同。

## 2. 对综合收益会计要素及构成认识模糊

综合收益是否是单独的会计要素，各个准则制定机构的认识不一。FASB 将综合收益作为单独的会计要素，而 IASB 和我国财政部并未将综合收益作为独立的会计要素；在综合收益构成方面，FASB 在概念框架中认为综合收益由收入、费用、利得和损失四要素构成，但在具体准则层面，无论是我国财政部，还是 IASB、FASB 都认为综合收益由净利润和其他综合收益两大部分构成，况且，在准则本身和实务操作中，净利润和其他综合收益的区分一直模糊不清，缺乏标准。这种分类模糊的问题为会计实务工作带来了一定的困扰。例如，利润表是由收入和费用构成的，但是净利润中却包含了一部分利得和损失，而另外某些利得和损失又要计入其他综合收益。这使得"收入和费用""利得和损失"在会计要素上出现了重叠。另外，从利润表的逻辑来看，综合收益等于净利润加其他综合收益（可能需要考虑所得税的影响），利润属于六大会计要素之一，而其他综合收益和综合收益都没有被明确界定为会计要素。会计要素是在基本准则中规定的，而其他综合收益却是在各个具体准则中规定的。基本准则与具体准则两者之间的衔接出现了矛盾，这些问题都不利于会计要素之间勾稽关系的明确（王琳、张瑶瑶，2017）。

杨有红（2017）认为，虽然综合收益主要来源于企业的主营业务，但这并不是综合收益的唯一来源。综合收益的构成要素包括收入、费用、利得、损失，但并不一定表示要将综合收益按照这四个要素进行归类，也不能简单地理解认为收入减费用就是收益、利得减损失就是其他综合收益。原因在于，虽然利得和损失是由边缘性的或偶然的交易或事项所产生的，但企业的某些利得和损失可以被认为是经营性的，它们可能与企业的营业活动是密切相关的（FASB，1985），因此，企业的核心收益的构成要素应该包括收入、费用，以及与"经营"有关的利得和损失。所以，中国《企业会计准则——基本准则》第三十七条提出："利润包括收入减去费用后的净额、直接计入当期利润的利得和损失等"。我国基本准则虽然对净利润的理论解释是明确的，但会计实务中仍然无法清晰界定净利润，无法为净利润与其他综合收益的划分提供具有可操作性的标准。问题的关键在于，哪些利得和损失应直接计入当期利润，而哪些利得和损失需计入其他综合收益？

3. 其他综合收益项目重分类标准模糊

归纳来看，不同的准则对其他综合收益是否可以重分类进损益的规定也不尽相同。例如，FASB 允许所有的其他综合收益在未来适当期间重分类进损益，而在中国会计准则框架下，大部分计入其他综合收益的利得和损失在未来适当期间可以重分类进损益，但也有一部分列为不可重分类进损益的其他综合收益项目。会计准则中仅仅用列举法来阐释哪些其他综合收益可以重分类至损益，哪些不能。重分类标准缺乏普适性，使得其他综合收益重分类对公司财务业绩报告缺少理论意义（邓永勤等，2017）。

从利得、损失的归属来看，是计入当期损益，还是计入其他综合收益，二者之间的一个重要特征区别在于：计入当期损益的利得和损失是"非经常性的，且已实现"，强调的是"非经常性"；而其他综合收益的利得和损失是"已确认但未实现的"，强调的是"未实现"而不强调是否是"非经常性"。那么是不是可以由此推断出重分类标准：计入其他综合收益的利得和损失，只要实现了，就可以重分类进损益呢？这一问题目前暂无定论。有学者从现金流量的角度来思考其他综合收益的重分类问题（胡冬鸣，2016），可是依然没有对其他综合收益的重分类标准提出清晰的解决方案。从原则上来说，损益与其他综合收益是两种具有不同特征的综合收益，因此解决这些问题的前提仍是弄清损益与其他综合收益的联系和区别（邓永勤等，2017）。

### 3.3.2　学术文献评述

最近三十年来，随着综合收益在国际和国内会计准则中的提出及其地位的日益提升，在实务界和学术界受到的重视与日俱增，学者们围绕综合收益和其他综合收益的信息特征已经取得了非常丰富的研究成果，近年来在综合收益和其他综合收益对企业投资、盈余管理、审计、定价的影响等经济后果方面（Tomohiro and Akuma，2017；王艳等，2018；肖虹等，2018；李少轩等，2018；王艳和谢获宝，2018）也展开了大量的规范研究与实证研究，取得了丰硕的学术成果，在研究方法上也呈现出多样性。现有文献中关于综合收益信息质量特征、报告及其应用的研究为本书提供了详尽的研究基础和丰富的研究路径。但总体来看，相关研究成果依然存在着一定的不足，研究视角上也存在一定的局限性，主要表现在以下三个方面。

### 3.3.2.1 对综合收益信息运用和经济后果的研究不够细致、深入

在以综合收益或其他综合收益作为主要变量的实证研究中，大多数研究仅仅使用综合收益或其他综合收益的总额，而忽视了其内部各明细组成部分。国内现有的研究较少论证其他综合收益总额及其各组成部分的信息含量是否具有差异，仅仅是从数量上认为信息列报增加了，而在信息内容上忽略了信息列报的增加（顾水彬和陈露，2017）。泰斯尔等（Taisier et al.，2016）研究指出，在研究综合收益的价值相关性方面，更多的是研究相对于净利润汇总数，其他综合收益具有的增量信息。先前的研究结果表明，分类净利润（而不是汇总净利润）提供了有关收益、价格的更多信息。然而一些重要的研究问题值得商讨，例如，第一，其他综合收益的组成部分是否具有超出分类净利润所提供的增量信息内容？第二，包含分类净利润和分类其他综合收益的模型是否比包含汇总净利润和汇总其他综合收益的模型更具有价值信息？他们在研究中试图通过考察基于其他综合收益及其组成部分超出净利润组成部分的增量信息，以及分解综合收益的两种方法得出的相对信息含量，来揭示综合收益的价值相关性。实证结果表明，其他综合收益的组成部分（单独或集体）提供了超出净利润组成部分的增量信息内容。此外，与先前研究结果一致，发现分解净利润和其他综合收益比汇总净利润和汇总其他综合收益数字提供了相对更多的信息来解释股票收益和价格。尽管如此，在综合收益的其他信息特征方面，例如持续性、可预测性、风险判断等方面，仍然缺乏对其他综合收益具体组成部分的细致深入研究。孙燕东和李煜婷（2018）指出，在对管理层的业绩评价中，其他综合收益可能会对投资者产生噪音，那么有必要对其他综合收益内部各具体组成部分与相关的因素进行单独检验，从而可以获得更加全面的信息。

### 3.3.2.2 实证研究的结果存在分歧与矛盾

前面已述，现有文献对于综合收益和其他综合收益的价值相关性、持续性和预测能力的研究结论存在着不一致，这会阻碍综合收益信息决策有用性的发挥。究其原因：（1）对于所有的实证研究都存在的问题是，在同一研究主题中，选择不同的样本对象、样本期间以及不同的控制变量，都可能得到不同的实证结果，实证研究受主观因素的影响较大。（2）研究设计可能不完善。对于"其他综合收益"这个关键性指标，其在资产负债表中是一个余额数字，而在利润表中是一个发生额数字。在模型设计中，对这一指标到底是使用发生

额（当期金额），还是使用余额（累计金额），学术界暂无统一结论。就已有研究来看，大多数研究使用的是其他综合收益的发生额（当期金额）。孙燕东和李煜婷（2018）指出，因为未实现的利得和损失计入其他综合收益，当企业处置有关资产或负债时，会影响企业的未来收益，这一部分会反映在累计其他综合收益中，因此在研究中应当对其他综合收益的累计金额进行考虑。（3）内生性问题。其他综合收益与相关的因素可能存在交互影响这种内生性，现有研究较少采用专门方法控制内生性，从而造成研究结论的多元化。

### 3.3.2.3 缺乏综合收益应用性方面的研究

现有文献缺乏对综合收益信息在风险控制和业绩评价中应用的研究。已有研究发现综合收益对企业的信用评级、风险预测、资本成本等都会产生影响，这在理论上都能为企业提供良好的参考信息和决策依据，但少有文献研究其影响方式以及该结论如何应用于企业现实中。研究综合收益的目标本来是加深人们对其的理解并为实务工作提供具有现实价值的信息，但目前无论在学术界还是实务界，都很少以综合收益为基础构建财务指标进行企业业绩评价。不仅在案例研究、实证研究上缺乏应用性方面的文献，在规范研究上也鲜有涉及此方面话题。究其原因，可能由于综合收益正式进入会计准则中应用的时间相对较短，较少有企业在业绩评价考核等方面使用这一指标，再加上学术界对其他综合收益的各方面的研究本身也具有分歧，造成与综合收益应用方面有关的研究数据和研究案例相对缺乏。

### 3.3.3 准则发展历程与学术研究历程比较分析

通过对准则制定机构和学术界关于综合收益的研究发展历程来看，可以发现二者的共同之处在于他们的意图都是为信息使用者提供更高质量的会计信息。但是，准则制定机构和学术界关于综合收益的研究也存在着以下四个方面的区别。

### 3.3.3.1 对综合收益的研究进展不同

学术界关于综合收益的研究滞后于准则发展。国际准则机构早在 20 世纪 80 年代就已对综合收益作出了明确的界定和规范，但与之相关的学术研究，尤其是实证研究，却在 90 年代才开始兴起，并在 21 世纪达到了峰值。在中国，财政部 2009 年首次在会计准则中明确提出综合收益的概念，但国内关于综合收益的学术研究却在 2009 年之后才有所多见，且在研究方法上，规范研究与实证研究相结合，研究内容大多数也是从综合收益的经济后果出发，探讨综合收益相关的会计准则在资本市场中发挥了怎样的作用。

### 3.3.3.2　对综合收益的关注焦点不同

对于准则制定机构而言，无论是 FASB 还是 IASB，会受到很多来自金融界人士的影响，例如美国联邦储备委员会（AFR）、美国证券交易委员会（SEC）、欧洲中央银行（ECB）等，以及代表金融实体和金融公司的游说者也会试图用他们的影响力对准则制定和修改过程施加压力，使得会计准则比较倾向于突出金融行业的会计处理。而金融行业的大多数资产是金融资产，金融工具大多数又是公允价值计量的，公允价值变动就不可避免地会涉及损益或其他综合收益，从而准则对综合收益较为重视；而对于学术界来说，很多学术研究并不太重视金融行业的会计研究，尤其是实证研究中，除了专门研究金融行业的文献之外，大多数文献都会把金融行业从研究样本中剔除，这说明金融行业对会计学术研究者而言并不太重要。

### 3.3.3.3　对综合收益的使用立场不同

准则制定机构制定或修改综合收益的会计准则，主要是从监管者的立场出发，目的是提高会计信息的透明度，缩小管理层盈余操纵的空间，便于监管机构对企业的监管，并认为具有高透明度的信息能够更好地满足报表使用者的需求；学术界对综合收益的研究，主要是从投资者的立场出发，基于财务报告的决策有用性和受托责任观的目标，对综合收益具有的价值相关性、持续性、预测能力等信息特征，以及综合收益的信息运用（例如企业估值、风险判断、业绩评价）方面进行研究，检验综合收益是否能为投资者提供决策有用的增量信息。

### 3.3.3.4　对综合收益信息的使用方法不同

准则制定机构对综合收益的各具体组成部分进行了详细的规定，实务界可以从综合收益的各组成部分中挑选其认为有用的信息进行使用；而学术界目前大多数的做法是直接使用综合收益或其他综合收益的总额来作为实证研究模型中的某个变量，从综合收益总体出发来进行研究，在研究方法和研究结果方面都未能从深层次上充分发掘出综合收益具备的信息含量。

对综合收益的研究，准则制定机构和学术界虽然都存在诸多不同之处，但从另一个方面来看，学术界的研究成果也对准则制定机构起到了一定的监督和参考作用。有关综合收益、其他综合收益的准则，经过国内外准则制定机构的历次修订调整，都在很大程度上考虑了实务界的建议与学术界的成果，即上市公司会利用其他综合收益与损益的相互转化、其他综合收益确认与计量存在较大主观性等这些漏洞来进行盈余操纵，损害了投资人的利益，对资本市场的正常金融秩序产生了干扰和破坏，准则制定机构至少能够从这一角度出发，以此为参考依据来对准则进行制定或修订。因此，可以说，尽管二者存在区别，但二者并不是割裂的关系，而是相辅相成、互为参考。

## 3.4 尚待解决的问题

### 3.4.1 综合收益的概念框架

现有研究基本上没有涉及构建综合收益的概念框架。学术界虽提出应该通过建立概念框架来解决准则制定中其他综合收益项目认定和重分类中的权宜之计问题，但目前不仅学术界尚未出现论述综合收益概念框架构建的文献，实务界也没有这方面的动态。林恩等（Lynn et al.，2012）认为，为解决报告和重分类观点的高度不一致，有必要建立综合收益概念框架。

缺乏相应的概念框架，使得综合收益与其他综合收益的概念、确认、分类、结转和报告等诸多事项均没有明确的标准，不能使综合收益像会计要素那样分别有明确的处理方式，这无论对于实务界还是对于学术界，都使其研究产生了相当大的阻碍与困难。但是，FASB、IASB 以及中国财政部目前均已存在关于财务报告的概念框架（《企业会计准则——基本准则》可以认为是中国会计准则的概念框架），因为综合收益的概念、构成、确认、计量、列报等问题已经在不同程度上被包含在财务报告概念框架之中，所以通常情况下，不需要单独研究综合收益概念框架的问题。那么是否有必要建立专门的概念框架呢？这可能是目前所面临的一个困境。本书认为有必要建立概念框架。

建立综合收益概念框架能够从理论高度厘清综合收益的来龙去脉以及综合收益与现有会计理论之间的关系。从理论上看，准则目前所规定的综合收益信息分类与列报是决策有用性和资产负债观这二者的博弈和妥协。决策有用性使企业为会计信息使用者提供了决策有用的信息，根据不同的实际情况，如果有一部分利得和损失不应该影响损益，那么这部分利得和损失就不能计入损益，否则就是失去相关性；而资产负债观指出，计量企业的收益要直接从企业的资产计量和负债计量的角度出发，收益是企业期末净资产相对于期初净资产增加的结果，所有的利得和损失都确实影响了企业的净资产，即所有者权益。这两种观点都有道理，在相互博弈和妥协的情况下，对于不影响损益的这一部分利得和损失，就只能计入所有者权益（其中很大一部分计入其他综合收益）。构建综合收益概念框架，可以在更高层次上阐释综合收益的理论基础，对综合收益信息运用方面的学术研究具有指导意义。

已有的财务报告概念框架中明确了各会计要素的定义与确认，针对每一种会计要素，都有与之相对应的准则。但综合收益是否是单独的会计要素尚未达成共识，目前暂时没有一个具体的综合收益准则，涉及综合收益与其他综合收益的规定都是分散在各个具体准则之中，而具体准则中和概念框架中对综合收益的一些规定是不完全一致的。这可能导致的一个问题是，企业报告的其他综合收益信息，到底是由于经济业务所产生的，还是由于管理层本身的会计选择行为所产生的？其他综合收益的概念不清，确认和重分类缺乏标准，这不仅不利于实务工作，也对学术研究产生了噪音。潘栋梁和项丽霞（2017）认为，从会计要素的角度出发，其他综合收益不满足要素确认的条件，那么可以借鉴国际会计准则体系的规律，首先构建综合收益的概念框架，再以概念框架体系指导具体准则制定。构建综合收益概念框架，不仅可以使其他综合收益的概念、确认、计量、结转和列报等问题明确化、标准化，也有助于为准则制定机构制定和修订综合收益相关的会计准则提供参考信息。

### 3.4.2　其他综合收益的重分类

其他综合收益的重分类问题也一直处于争论状态。王菁菁和刘光忠（2014）指出，损益计量了企业一个会计期间经营活动不可逆的结果，转回应当是自动实现的一种机制。因此从原则上说，其他综合收益几乎都应该重分类计入当期损益。从理论上看，该原则代表了损益的总括性。一方面，作为评估企业未来现金净流入的一项重要指标，损益如果与现金流量的长期变动不能保持一致，会对信息的完整性、客观性和有用性造成损害；另一方面，作为一种中介机制，其他综合收益可以将企业未实现的利得和损失及时传递给信息使用者，此后企业管理层的行为可能将未实现的利得和损失变为已实现，这样，管理层行为对企业经营业绩的影响过程也就能在其他综合收益的重分类过程中得到反映。

重分类也会带来一定的实际问题。黄志雄（2016）认为，国际会计准则理事会对其他综合收益进行了分类，这能够在一定程度上对其他综合收益概念缺位所带来的负面影响进行弥补，将其他综合收益的主要来源在列报中予以明确。虽然 IASB（2018）的概念框架将其他综合收益的章节取消了，只是将其他综合收益作为具体的准则进行论述，但是准则制定与学术研究依然被已有的论述基础和发展趋势不断向前推进。反思我国现阶段在衔接项目、错配项目和暂时性重新计量项目的研究进展，最大的差异在于衔接项目中的金融工具计量，而 IFRS 9 的趋同滞后与此有着紧密的联系。根据 IFRS 9 对金融资产的分类，不再区分交易性金融资产和可供出售金融资产，而在我国上市公司的金融资产中，可供出售金融资产占了很大的比重，如果对这一项目进行会计政策追溯调整，将引起公司年报的重大变更，特别是在当前租赁准则即将修订的背景下，报表信息频繁的变更很可能会对投资者使用盈余信息进行判断和决策产生不利影响。

前面已述，在会计准则中，其他综合收益在什么情况下、按照什么标准可以重分类至损益，缺乏明确统一的标准，仅仅是在诸多具体准则中对每一种个别情况分别规定。这对会计实务和学术研究都造成了不便与困惑。从会计信息有用性的角度来看，会计信息具有预测能力，预测的对象主要是企业未来现金流量。如果一项其他综合收益不影响企业未来现金流量，则其不具备预测价值，也就不会被投资者重视。所以本书认为可以考虑按照其他综合收益是否影响未来现金流来划分重分类标准，如果一项其他综合收益在未来会导致现金流入企业，则应该可以重分类至损益；反之则不能重分类至损益。

从目前已有会计准则关于其他综合收益重分类的规定来看，大部分规定符合上述观点。例如，外币报表折算差额（影响企业现金流量）计入其他综合收益；自用房地产转换为以公允价值模式进行后续计量的投资性房地产，在转换日，房地产的公允价值大于账面价值的部分计入其他综合收益，待处置该项房地产时（导致现金流入企业）再将其转入当期损益；其他债权投资持有期间的公允价值变动计入其他综合收益，待处置时（影响企业现金流量）将其转入当期损益；按照权益法核算的在被投资单位不能重分类进损益的其他综合收益变动中所享有的份额计入其他综合收益（不影响现金流量），且在以后期间不能重分类至损益。

但是，准则规定中也有例外，例如，其他权益工具投资持有期间的公允价值变动计入其他综合收益，待处置时（也会影响企业现金流量）却不能将其转入当期损益，而只能转入留存收益。所以，理论与实务中的矛盾是其他综合收益与损益重分类问题的一个困境。要解决这一困境，本书认为仍然应该从概念框架和理论基础出发，明确其他综合收益的定义，确定统一的重分类标准。

### 3.4.3 综合收益列报

前面在对综合收益相关的会计准则发展历程的介绍和评述中，已经提到综合收益报告格式的现状以及存在的问题。目前列报的困境主要有以下两方面需要研究：

第一，综合收益的列报形式与概念不统一。根据中国《企业会计准则》的相关规定，综合收益在利润表中进行列报，即综合收益等于净利润加其他综合收益。这样列报，直接凸显出了其他综合收益的内容，在形式上比较直观明显，但其与综合收益的概念却不统一。FASB 在《财务会计概念公告第 6 号——财务报表的要素》（SFAC6）中对综合收益的定义是"会计主体在报告期内除业主投资和分派业主款以外的交易、事项和情况所产生的一切权益（净资产）的变动"，由收入和费用、利得和损失（仅指偶然的、非经常性的利得和损失，不包括未实现的利得和损失），以及不计入损益的利得或损失（未实现的利得和损失，即其他综合收益）构成。利润表对综合收益的列报形式显然与这一概念不统一。利润表中的净利润包括了收入、费用、计入损益的利得和损失，其他综合收益包括不计入损益的利得和损失（已确认但未实现）。但是对于偶然的、非经常性的利得和损失，如果已实现，是否一定计入损益？如果未实现，是否一定计入其他综合收益？准则并无明确规定。

第二，不同报表中的其他综合收益金额并不完全相等。资产负债表、利润表和所有者权益变动表中，都对其他综合收益进行了列报，但部分上市公司在三张报表中各自的其他综合收益却不能做到完全一致。例如，通过查阅部分上市公司的财务报表发现，资产负债表中的其他综合收益年末余额与年初余额的差额（即当年的变动发生额），与利润表中的其他综合收益的金额（也就是当年的发生额）并不完全相等。在中国企业会计准则下，资产负债表中的其他综合收益并没有充分披露各种明细信息，这就导致了一个后果，即，只有企业在报表期间没有发生权益性交易时，综合收益信息才能在资产负债表中被清晰地读取出来，利润表中的综合收益变动才能被所有者权益的变动反映出来。这就弱化了不同报表之间的勾稽关系，投资者若想知道差异何在，就需要进一步仔细阅读财务报告，需要具备相当高的会计专业知识并愿意花费较多时间去解析才可能理解，这也增加了信息使用者的信息接收和处理成本，既不利于报表使用者通过资产负债表获取所有者权益的构成信息，也不利于检验报表信息的可靠性（解鹏，2016）和提高会计信息的透明度。不同报表中其他综合收益金额不一致的问题能否通过明确列报方式来加以解决，也是目前的一个困境。

### 3.4.4　信息相关性的作用机理

尽管综合收益相对于传统损益具有更大的优势，但综合收益优势的作用机理尚不明确。从学术研究中可以发现，无论是规范研究还是实证研究，都是直接探讨综合收益的价值相关性、风险相关性、预测能力、持续能力等经济后果，或者使用以综合收益作为解释变量的实证结果来直接与以净利润作为解释变量的实证结果对比，这确实能够发现综合收益的信息价值，但是从综合收益对经济后果影响的传导途径方面来看，其中无论是中介效应，还是调节效应，文献中都鲜有涉及。综合收益到底是通过什么传导途径具有了更大的价值相关性、更强的预测能力等问题在文献中研究得并不细致。此外，对其他综合收益的价值相关性的研究，大多数文献都建立在长期性上，目前极少有文献建立在短期的基础上，研究投资者对其他综合收益信息的短期市场反应（陈溪和江钰，2017）。以上问题均为目前研究方法未能深入涉及、研究结论缺乏的一种困境的表现。

如要走出这种困境，需要进一步深入发掘综合收益所蕴含的深层次信息含量。近年来，关于其他综合收益的研究呈现出一个趋势，即从汇总数字向具体明细数字转变的趋势，例如有部分文献对其他综合收益的组成部分进行了细分研究，从财务报表附注中手工搜集了其他综合收益具体组成部分，研究了在不同列报位置下综合收益及其组成部分的价值相关性（李梓，2016）。其他综合收益的具体组成部分、各部分数字金额的大小、具体的列报位置的不同，以及列报的具体起因等，都可能具有不同的重要性程度，能够引起不同信息使用者的不同重视程度，也都有可能对价值相关性等经济后果产生不同的影响。所以从这一角度出发，探讨综合收益优势的作用机理，仍有待未来进一步研究。

### 3.4.5　综合收益信息的运用

前面已述，当前关于综合收益决策有用性方面的文献，大多数集中在价值相关性、预测能力等方面，而以综合收益为基础的业绩评价这方面的研究，不仅国内文献非常罕见，国外文献也并不多见。然而这些方面的内容不仅是综合收益信息价值的重要组成部分，而且也是信息使用者的目的与需求，缺乏这方面的研究显然是学术界的一种缺憾，也是目前的一个困境。可能由于综合收益信息在会计准则中具体应用的时间还不长，再加上研究方法、研究数据的局限，以及相关指标衡量方法的不一致，导致这方面的研究成果较少，但这些方面同样值得未来进一步关注与重视。已有研究发现综合收益和其他综合收益的效用可能不是立竿见影的，而是存在一定的滞后性（例如会对企业未来三年产生影响）。随着时间的推移，报告其他综合收益的情况已越来越多，信息越来越丰富，列报方式也越来越正规，无论是从单个企业的案例研究入手，还是从大数据的实证研究出发，这方面的运用研究还是有一定的途径可循的。此外，也可以研究以综合收益为基础的财务指标构建与运用。从准则制定者的角度来看，综合收益既然被准则制定者如此重视，那么在实务工作中就应该发挥其相应的作用。如能把综合收益信息运用在企业的实务工作中，在某些方面加以深入研究，无疑能够为综合收益的信息服务于决策有用性提供更加丰富全面的经验证据，也能够为会计实务界提供相应的决策参考依据。

## 3.5　本书的研究重点

综合收益研究存在着上述尚未解决的问题，会计准则制定机构、理论界和实务界都期盼这些问题能够尽早解决。但是上述问题的解决需要一段较长时间。本书试图：对综合收益起源和综合收益研究文献进行梳理，以服务学术界、准则制定机构和实务界的后续研究；对综合收益的决策有用性、综合收益的透明度和信息分析成本进行实证研究；综合收益在企业管理层业绩评价中的运用方面，目前文献基本上属于空白，实务界也尚未将综合收益指标运用于企业管理层业绩评价，鉴于此，我们对综合收益运用于业绩评价问题做一些初步探索，目的是抛砖引玉；对综合收益概念框架构建问题提出自己的想法，并提出相应的政策建议。

# 第4章
## 综合收益信息的投资决策有用性

从理论上讲，综合收益作为一项会计信息纳入会计系统，是决策有用性目标和资产负债观共同作用的结果。会计准则制定机构通过会计准则来规范企业在财务报告中披露综合收益会计信息，提高了会计信息的透明度，进而改善财务报告质量。然而，财务报告质量是否得到提升，还需要对综合收益的决策有用性进行检验。

### 4.1 本章研究切入点和研究思路

对于会计信息决策有用性问题的研究，一般包括价值相关性、预测性和持续性三方面。其中，价值相关性研究的是在信息观的背景下，探讨投资者的投资决策与盈余信息的相关性问题；预测性则是指当期或历史的会计信息对未来盈余以及经营性现金流的预测能力；持续性反映了当期的盈余能够持续并影响未来预期盈余的程度（Collins and Kothari，1989）。考虑到会计信息持续性与预测性对未来盈余影响的同源性，本章主要从综合收益价值相关性和预测性两个方面展开研究。

本章第2节研究的重点是综合收益以及其他综合收益的价值相关性。我国财政部于2009年6月，发布了《企业会计准则解释第3号》，要求上市公司从2009年开始将其他综合收益项目和综合收益总额项目在利润表每股收益项下列式。为了提高综合收益信息披露的可比性和可理解性，财政部于2009年12月印发了《关于执行会计准则的上市公司和非上市企业做好2009年年报工作的通知》，要求配合解释第3号对利润表和所有者权益变动表的格式进行修改，同时对财务报表附注中披露的其他综合收益项目作出了详细的规定。2014 年，财政部修订了《企业会计准则第 30 号——财务报表列报》，要求企业将发生的其他综合收益和综合收益会计信息在利润表中列式，并将其他综合收益分为以后会计期间在满足规定条件时将重分类进损益的其他综合收益项目和以后会计期间不能重分类进损益的其他综合收益项目两类。净利润和其他综合收益合计构成了综合收益，由于净利润信息披露的历史较久，获得了会计信息使用者的普遍关注和认可，因此其他综合收益是否被会计信息使用者接受并运用到决策中还有待进一步检验。本章第 2 节主要基于综合收益和其他综合收益的价值相关性来探讨和解决如下问题：（1）综合收益总额是否具有价值相关性；（2）在披露净利润的基础上，其他综合收益是否具有增量的价值相关性；（3）检验其他综合收益各组成部分（包括可供出售金融资产公允价值变动、外币报表折算差额、现金流套期保值工具产生的利得或损失中属于有效套期部分以及按权益法核算被投资单位其他综合收益中所享有的份额等具体项目）的价值相关性；（4）根据我国企业会计准则的规定，上市公司自 2014 年在利润表中列示综合收益的具体信息，因此本章以 2014 年作为分界点，分别对 2009 ~ 2013 年以及 2014 ~ 2017 年度，会计准则修订前后其他综合收益在所有者权益变动表和利润表中披露的市场反应，检验其他综合收益不同呈报位置对综合收益价值相关性的影响。

本章第 3 节研究的是综合收益的预测能力。投资者运用财务报告中的会计信息预测企业未来收益前景，包括预测企业未来产生经营活动现金流量的能力以及未来的盈利能力，因此本节主要检验综合收益各组成部分的预测能力。本节在实证研究中将研究样本进行了细分：一方面从非金融业和金融业两方面来细分研究样本，进行实证研究，检验非金融业和金融业的综合收益及其组成部分的预测能力；另一方面以 2014 年作为分界点，研究 2014 年前后综合收益不同呈报位置披露的信息对于预测能力的影响。

本章基于中国会计准则对综合收益信息披露的要求及其变迁，运用上市公司财务数据，实证检验综合收益会计信息的价值相关性和预测能力。本章的研究创新之处在于：第一，已有研究主要聚焦于其他综合收益总额，本书收集了其他综合收益各具体构成项目的会计信息，并按照具体项目来源（包括可供出售金融资产公允价值变动损益、外币报表折算差额、现金流套期工具产生的利得或损失以及按权益法核算被投资单位计入其他综合收益中所享有的份额）和重分类调整（当期重分类进损益的其他综合收益和当期已确认未实现的其他综合收益）进行分类，检验其他综合收益的价值相关性。第二，对于综合收益的预测能力，本章分别从行业维度和时间维度两个方面检验综合收益及其具体项目的预测能力，通过对研究样本的细分，深化了综合收益及其具体项目预测能力方面的研究。上述两点对综合收益信息的挖掘运用以及综合收益信息与列报的改进都具有启发作用。

## 4.2　综合收益价值相关性研究

### 4.2.1　理论分析与研究假设

对于综合收益价值相关性的研究，以往的研究文献常运用价格模型和收益模型来进行检验，由于采用的模型不同，得出的结论也存在差异。在采用价格模型的研究中，丹达利瓦尔等（1999）研究发现综合收益对股票价格的解释力低于净利润。卡汗等（2000）以新西兰公司为研究样本，该国从1995年开始以企业会计准则的规范来要求企业在所有者权益变动表披露其他综合收益，样本时间为1992～1997年，该文研究发现金融资产公允价值变动与股票价格具有显著的相关性，而外币报表折算差额与股票价格则不具有相关性。卡纳格雷特南等（2009）研究发现现金流套期保值与可供出售金融资产公允价值变动与股票价值显著相关，而现金流套期保值未实现损失部分和现金流套期保值未实现收益部分则与股票价格关系不显著。此外，作者运用翁（Vuong，1989）的检验模型证实了综合收益较净利润更具有价值相关性。贡恰罗夫和霍奇森（Goncharov and Hodgson，2011）发现净利润的价值相关性强于其他综合收益与综合收益，在控制了净利润之后，其他综合收益各项组成部分均不具有价值相关性。此外作者增加了分析师预测的影响因素，研究表明综合收益、其他综合收益与分析师预测具有价值相关性。同时，作者发现盈余重估值（revaluation reserves）和外币报表折算差额与分析师预测显著相关，而可供出售金融资产公允价值变动则与分析师预测不相关。兰兹曼等（Landsman er al.，2011）研究比较其他综合收益与不洁盈余

（really dirty surplus）的价值相关性，发现其他综合收益不具有价值相关性，而不洁盈余具有价值相关性。作者分析原因主要是不洁盈余完全使用市场公允价值度量。由此可见，与其他综合收益相比，不洁盈余可以在投资者定价中提供更加充分的信息。

从上述文献可以看出，学者们采用价格模型对综合收益以及其他综合收益的价值相关性进行检验，得到的结论并不一致。

检验综合收益信息有用性的另一种方法是采用收益模型，将综合收益、其他综合收益和股票回报关联起来。郑等（Cheng et al.，1993）最早运用收益模型，研究1972～1989年的公司，研究发现与公司营业收入和净利润相比，综合收益在解释超额收益方面更优。艾哈迈德和竹因（Ahmed and Takeda，1995）以金融银行业为研究对象，研究发现已实现证券投资的利得和损失、未实现证券投资的利得和损失均与股票收益呈正相关关系。丹达利瓦尔等（1999）运用翁（1989）模型得到了相同的研究结论，作者又进一步研究其他综合收益各组成部分的价值相关性，研究发现净利润具有显著的价值相关性，可供出售金融资产未实现部分公允价值变动损益较其他综合收益项目更具有价值相关性，且上述研究发现只有在金融类行业显著相关，在非金融行业并不具有相关性。比德尔和崔（Biddle and Choi，2006）研究发现，在1994～1998年样本期间，公司在解释股票收益时综合收益较净利润等更具相关性。在美国发布SFAS130之前，关于综合收益以及其他综合收益的研究主要是采用研究人员自行估算的数据，这些数据存在主观性较强可靠性不足的问题，因此美国SFAS130发布之后，很多学者运用企业实际公布的财务数据做相关研究。钱伯斯等（2007）选择1994～2003年S&P500公司为研究样本，运用收益模型检验综合收益和其他综合收益的价值相关性，该文的创新点在于作者将SFAS130颁布之后的综合收益信息披露数据，与颁布之前作者估测的数据进行对比，研究发现，综合收益估测数据存在的计量误差会影响研究结论。作者还发现，与净利润相比可供出售金融资产未实现损益更具有价值相关性，说明可供出售金融资产未实现利得具有持续性的特征，投资者更关注该信息。琼斯和史密斯（Jones and Smith，2011）研究发现已确认的非经常性损益项目（special items）较其他综合收益相比更具有价值相关性。贡恰罗夫和霍奇森（Goncharov and Hodgson，2011）研究发现净利润

综合收益信息运用与列报

的价值相关性强于综合收益和其他综合收益，对于其他综合收益各组成部分，可供出售金融资产未实现公允价值变动损益具有价值相关性，而重估价盈余（revaluation reserves）和外币报表折算差额不具有价值相关性。在综合收益价格相关性的研究中，不同研究得到了相反的结论，说明运用不同模型对于研究结论的影响较大，因此为了结论的稳健性，有必要采用不同的模型进行检验。此外，在考虑了分析师预测变量的价值相关性研究后，得到的结论存在较大差异，这意味着证券分析师与一般投资者对综合收益以及其他综合收益具体项目信息的认知存在一定差异，一般投资者关注的是可供出售金融资产未实现公允价值变动损益，而证券分析师则更加关注重估价盈余（revaluation reserves）和外币报表折算差额。

上述研究主要以美国公司为主，而对于非美国公司，由于资本市场环境存在一定差异，一些学者也关注了美国之外的国家在综合收益信息的报告和运用情况。奥汉隆和蒲伯（1999）以 1972～1992 年英国公司为研究对象，得到的结论是其他综合收益与股票回报不相关。卡纳格雷特南等（2009）以加拿大公司作为研究对象，发现现金流套期保值项目和可供出售金融资产未实现损益项目与股票回报显著相关，其中可供出售金融资产未实现损失与股票回报负相关。巴顿等（2010）将研究样本进一步拓展到 46 个国家，运用收益模型检验八项业绩评价指标的价值相关性。研究发现，在八项业绩评价指标中，只有秘鲁和卢森堡这两个国家的综合收益最具有价值相关性。对此结论，作者认为大陆法系国家的综合收益更具有价值相关性，但无论是大陆法系还是普通法系国家，相对于其他七项业绩评价指标，综合收益均不具有增量的价值相关性。

从上述研究文献可以看出，由于研究样本、研究周期以及研究模型的差异化，得到的结论并不一致。然而，随着美国 SFAS130 的颁布，规范了企业综合收益的信息披露，基于已报告的综合收益信息得到的结论，较基于学者估测的综合收益得到的结论更为稳健，且在金融企业综合收益的价值相关性更强。

根据已有文献，在财务报告信息披露中，通过对基于资产负债表中的不同项目盈利模式和现金流特征使用多种计量方法，可以有效地提高财务报告的决策有用性。运用实证研究方法证实，在盈利公告公布日报告的净收益，难以解释证券价格波动的全部原因，因此投资者会质疑会计信息的有用性，因为该项会计信息是以历史成本作为计量基础的，尤其在非完全有效市场，会计信息使用者在进行决策的过程中，运用以历史成本为基础的财务报告难以实现有效的预测和评价，投资者需要企业提供更多与企业未来盈利相关的会计信息。为了提高会计盈余的决策相关性，企业应广泛运用公允价值计量模式，但目前的企业会计准则，难以将所有价值的变动，均作为损益确认为会计收益，净收益的决策相关性也会受到影响。

费尔德姆和奥尔森（1995）研究了会计盈余解释股票价格和股东权益的账面价值间的关系，同时提出了清洁盈余理论（Clean – surplus theory），运用资产负债表和利润表的会计信息，为评价一个企业的市场价值提供了数学模型。

在理想状态下，某个企业的价值可用下列公式表示：

$$PA_t = bv_t + g_t$$

其中：$PA_t$ 表示企业在 t 时的价值；

$bv_t$ 表示企业在 t 时资产负债表中净资产的价值；

$g_t$ 表示预期的未来非常盈利的现值。

该等式成立的必要条件是，在收益表中列式所有利得和损失。同时该模型的使用前提是，企业账面价值的变化仅限于损益的改变，且清洁盈余理论直接影响现行价值计量。考察公式 $PA_t = bv_t + g_t$，同时结合盈利的持续性，可以得到以下结论：

（1）费尔德姆和奥尔森（1995）指出，企业价值的计价模型是以资产负债表与利润表的清洁盈余关系为前提的，即企业的账面价值只能由收益或者净利润而改变，可见，与传统收益相比，综合收益更符合该理论的要求。

（2）根据清洁盈余理论，使得现行价值或公允价值的计量得到更为广泛的认识。根据这一理论，会计人员应当真实和准确地计量资产和负债的账面价值 $bv_t$，以减少市场通过其他途径来评价非常盈利 $g_t$ 所需花费的代价。

（3）在不确定的现实经济中，如果提供综合收益表，有关企业价值的信息就不只是通过资产负债表来传输，综合收益表也可以提供当前期间非常盈利持续到未来期间的信息。

（4）不同收益组成项目对于使用者估计企业价值具有不同的重要性，收益持续性越高，对于评价企业价值的作用就越大，反之则越小。因此，对信息使用者决策最有用的收益分类方式，不是按照实现标准划分，而是按照持续性标准划分。按照持续性标准划分，尤其需要区分报告两类收益——即由于经营活动产生的经营收益与由于物价变动所产生的持有损益。

目前其他综合收益信息主要包含两部分的内容：一部分是涵盖以后年度不可重分类进损益的其他综合收益以及可重分类进损益的其他综合收益，进一步对其他综合收益各个组成部分的价值相关性作出有意义地探讨和研究；另一部分是从性质上来看，其他综合收益包括了当期已确认未实现的其他综合收益和已重分类调整至当期损益的其他综合收益，在检验综合收益价值相关性时应当考虑重分类调整的影响（Bamber et al.，2010）。董和张（Dong and Zhang，2014）研究了可供出售金融资产公允价值变动损益重分类调整的价值相关性，得到的结论是可供出售金融资产公允价值变动损益与重分类调整部分均具有价值相关性。但是该文献仅针对可供出售金融资产公允价值变动损益，未考虑其他综合收益的其他组成部分当期已确认未实现部分和当期重分类进损益部分的影响，因此我们从两个方面建议其他综合收益的价值相关性：一个方面是从当期已确认未实现的其他综合收益以及当期重分类调整至损益的其他综合收益，之所以做以上区分是从管理层操纵的角度出发，综合收益当期已确认未实现部分的计量一般采用公允价值，难以被管理层操控，而当期重分类调整至损益则与企业的经营决策相关，且易被管理层操控；另一方面是检验其他综合收益各个组成部分的价值相关性。

基于上述分析，我们提出以下假设：

假设4-1-1：综合收益及其构成具有价值相关性。

假设4-1-2：按照来源划分其他综合收益的具体项目，各具体项目具有价值相关性。

假设4-1-3：将其他综合收益划分为，当期已确认未实现部分的其他综合收益以及当期重分类进损益部分的信息，这两部分信息均具有价值相关性。

在完全有效市场，披露其他综合收益会计信息不会影响投资者的决策。然而现实中人们对其他综合收益价值相关性的讨论延伸到了其他综合收益列报的影响。赫斯特和霍普金斯（1998）基于心理学理论，指出列报的重要性可能会影响到资本市场对信息的解读。作者得出的结论是相对于股东权益变动表而言的，在利润表下列示综合收益及其构成能够提高会计信息的决策有用性目标。麦恩斯和麦克丹尼尔（2000）对比了其他综合收益的三种披露方式，分别是 FAS130 号准则之前在附注中披露、在股东权益变动表以及综合收益表中披露，得出的结论依然是只有在综合收益表中列示的其他综合收益，能够体现公司管理层经营业绩的好坏。卡汗等（2000）以新西兰公司为研究样本，检验其他综合收益列报的效果，根据 FRS3 新西兰相关会计准则制定机构的要求，上市公司于 1995 年之后在股东权益变动表中列示综合收益，然而作者并未发现 FRS3 实施前后，综合收益信息披露对于投资者投资决策产生影响。钱伯斯等（2007）指出采用 FAS130 会计准则前，自行构建的综合收益数据（as - if reported）不具有价值相关性，而在 FAS130 号准则颁布之后，综合收益信息各组成部分与股价呈正相关关系，可以看出披露综合收益的信息有益于投资者作出投资决策。此外，与之前的实验研究得到的结论不一致的是，钱伯斯等（2007）指出其他综合收益只有在股东权益变动表中列示才具有价值相关性，作者对此解释为，公司只有将其他综合收益列示在重要的位置时，投资者才会更为看重这些信息。从上述研究可以看出，综合收益的列报会影响投资者的决策信息，同时综合收益列报的位置产生的价值相关性问题并没有得到一致的结论。

我国于 2014 年修订了《企业会计准则第 30 号——财务报表列报》，其中最大的变化即为在利润表中列示综合收益会计信息。从理论界和实务界来看，会计信息使用者对所有者权益变动表的重视程度普遍低于利润表，在利润表中列示综合收益，可以帮助会计信息使用者获取相关的会计信息，据此，我们提出以下假设：

假设 4 - 1 - 4：相对于所有者权益变动表，在利润表中列示综合收益及其组成部分加强了价值相关性。

## 4.2.2　样本选择和研究设计

### 4.2.2.1　样本的选择

财政部于 2009 年 6 月印发了《企业会计准则解释第 3 号》，首次规定在利润表每股收益项目下增列其他综合收益项目和综合收益总额项目，因此我们以实际发生的综合收益数据为依据，选择 2009~2017 年度中国境内沪深两市主板 A 股上市公司（也包括同时在 A 股和 B 股上市的公司，但不包括 B 股上市公司，并剔除 ST、*ST、SST 公司以及数据不全的公司）为样本。

通过 CSMAR 数据库可以获取财务报表项目及收益率等数据，同时手工收集 2009~2017 年度，沪市和深市全部 A 股上市公司报表附注中所披露的其他综合收益具体项目数据。同时对价格模型中的每股股价、每股净资产和每股净利润，进行了 1% 分位数范围内的 winsorize（缩尾）处理，以降低异常值的影响。同时收集 2009~2017 年个股每年年报披露日的收盘价格，2009 年 5 月~2018 年 4 月的个股月度回报率，2009~2017 年度综合收益、净利润、其他综合收益、发行在外加权平均普通股股数、每股净资产和每股总资产等指标，剔除 ST 公司、缺失数据和极端值，最后按照价格模型进行实证检验得到 9247 个观测值，采用收益模型进行实证检验得到 8796 个观测值。

### 4.2.2.2 研究设计

霍尔特豪森和瓦茨（Holthausen and Watts，2001）指出，关于价值相关性的文献主要包括三类，即边际价值相关性研究、相对关联研究和增量关联研究。根据已有文献，对于综合收益价值相关性的研究，主要采用相对关联研究和增量关联研究。（1）相对关联研究，通常用于比较不同的会计盈余数据与股票报酬或价格之间相关性的差异。基于收益模型或价格模型，比较模型 $R^2$ 的差异，其中 $R^2$ 越大，则价值相关性越高。（2）增量关联研究，主要是关注会计盈余数据的回归系数，如果该回归系数显著异于零，则说明该项会计盈余具有价值相关性。

对于价格模型和收益模型的选择问题，科塔里和齐默尔曼（Kothari and Zimmerman，1995）研究发现，价格模型和收益模型各有利弊，价格模型可能导致异方差问题，而收益模型中会计收益的解释能力较弱，因此作者建议在模型设计上，考虑同时采用两种模型进行检验。因此，我们借鉴前人的研究成果，在价值相关性的研究中分别采用价格模型和收益模型。

1. 价格模型的建立

奥尔森（1989a）结合净资产账面价值估价模型与会计盈余估价模型，提出了价格模型，该模型产生了一种新的估价关系，即股票价格是会计盈余和净资产账面价值的加权函数，既反映了资产负债表中资产与负债对股票价格的解释能力，也反映了收益对股票价格的解释能力。科塔里和齐默尔曼（1995）认为，价格模型的优势在于能够被更好的识别，且该模型相对于收益模型的估计斜率和盈余反应系数的偏误较小，尤其是横截面价格模型中的资本成本估计的时间序列更加接近于长期利率加风险溢价。

综合收益提供的企业剩余收益的信息如果高于净利润，则作为其差额部分的其他综合收益具有增量的价值，且在信息披露中其他综合收益又被划分成具体的项目，当然不同的项目被盈余管理的程度也存在差异，因此我们在奥尔森（1995）模型的基础上加上其他综合收益的影响，进一步形成了以下四个价格模型并进行比较，具体模型说明如下：

价格模型（4-1）主要检验每股综合收益、每股净资产与股价的相关性；价格模型（4-2）将每股综合收益分解成每股净收益和每股其他综合收益，以检验每股其他综合收益的价值相关性；价格模型（4-3）将每股其他综合收益进一步细分为四个子项目，用以检验各个项目与股价的相关性；价格模型（4-4）将其他综合收益区分为当期已确认未实现部分的其他综合收益和当期重分类调整至损益部分的其他综合收益两部分，由于当期重分类调整至损益部分的其他综合收益与净利润部分数据有重复，因此在价格模型（4-4）的设计中将解释变量每股净利润扣除了其他综合收益当期重分类至净利润的数额，减少变量间的共线性问题。除了被解释变量 P 外，其余变量用发行在外普通股股数予以标准化。价格模型建立如下：

$$P_{it} = \alpha_0 + \alpha_1 BVE\_S_{it} + \alpha_2 CI\_S_{it} + Controls_{it} + \varepsilon_{it} \qquad 模型（4-1）$$

$$P_{it} = \alpha_0 + \alpha_1 BVE\_S_{it} + \alpha_2 NI\_S_{it} + \alpha_3 OCI_{it}\_S_{it} + Controls_{it} + \varepsilon_{it}$$
$$模型（4-2）$$

$$P_{it} = \alpha_0 + \alpha_1 BVE\_S_{it} + \alpha_2 NI\_S_{it} + \alpha_3 AFS\_S_{it} + \alpha_4 FC\_S_{it} + \alpha_5 DERIV\_S_{it}$$
$$+ \alpha_6 LIOC\_S_{it} + Controls_{it} + \varepsilon_{it} \qquad 模型（4-3）$$

$$P_{it} = \alpha_0 + \alpha_1 BVE\_S_{it} + \alpha_2 NIADJ\_S_{it} + \alpha_3 OCIUGL\_S_{it} + \alpha_4 OCIRECY\_S_{it}$$
$$+ controls_{it} + \varepsilon_{it} \qquad 模型（4-4）$$

2. 收益模型的建立

通常情况下，收益模型也常应用于综合收益价值相关性的研究中，用来检验综合收益和股票收益率之间的相关程度。本书借鉴丹达利瓦尔等（1999）和比德尔和崔（2006），设计了检验综合收益和股票收益率相关性的收益模型，其中收益模型（4-5）检验的是每股综合收益与股票收益率之间的相关性；收益模型（4-6）将每股综合收益分解为每股收益和每股其他综合收益，用其和股票收益率回归；收益模型（4-7）将其他综合收益区分为当期已确认未实现部分的其他综合收益和当期重分类调整至损益部分的其他综合收益两部分，检验与股票收益率的相关性，由于当期重分类调整至损益部分的其他综合收益与净利润部分数据有重复，因此在收益模型（4-8）的设计中将解释变量每股净利润扣除了其他综合收益当期重分类至净利润的数额，减少变量间的共线性问题。收益模型具体如下：

$$R_{it} = \alpha_0 + \alpha_1 CI\_S_{it}/P_{it-1} + controls_{it} + \varepsilon_{it} \qquad 模型（4-5）$$

$$R_{it} = \alpha_0 + \alpha_1 NI\_S_{it}/P_{it-1} + \alpha_2 OCI\_S_{it}/P_{it-1} + controls_{it} + \varepsilon_{it}$$
$$模型（4-6）$$

$$R_{it} = \alpha_0 + \alpha_1 NI\_S_{it}/P_{it-1} + \alpha_2 AFS\_S_{it}/P_{it-1} + \alpha_3 FC\_S_{it}/P_{it-1}$$
$$+ \alpha_4 DERIV\_S_{it}/P_{it-1} + \alpha_5 LIOC\_S_{it}/P_{it-1} + controls_{it} + \varepsilon_{it} \qquad 模型（4-7）$$

$$R_{it} = \alpha_0 + \alpha_1 NIADJ\_S_{it}/P_{it-1} + \alpha_2 OCIUGL\_S_{it}/P_{it-1} + \alpha_3 OCIRECY\_S_{it}/P_{it-1}$$
$$+ controls_{it} + \varepsilon_{it} \qquad 模型（4-8）$$

其中 $R_{it}$ 表示报告期的年度股票收益率，根据月度收益率计算得到数据。任何一家公司的年度股票收益率都可以通过月度收益率数据进行计算：

$$R_{it} = \prod_{i=1}^{12} (1 + r_i) - 1$$

其中 $r_i$（$i = 1, 2, \cdots, 12$）表示一年期间内第 i 个月的月度股票收益率。我们假设市场和投资者可以充分理解和运用年度报告会计信息，因此采用会计年度自 5 月 1 日至披露财务报告年度的 4 月 30 日作为一年计算期间确定年度收益率。

假设 4-1-1、假设 4-1-2 和假设 4-1-3 均采用上述模型进行检验，对于假设 4-1-4，主要是考虑综合收益会计信息于 2009~2013 年度以及 2014~2017 年度分别在所有者权益变动表和利润表中披露，造成综合收益价值相关性存在差异，基本模型与上述模型一致，区别在于样本的选择和研究的方法。

### 4.2.2.3 变量的解释及说明

1. 价格模型变量解释及说明（见表4.1）

表4.1                 价格模型变量解释及说明

| 变量性质 | 变量代码 | 变量名称及说明 | 对应模型 |
|---|---|---|---|
| 因变量 | $P_{it}$ | 上市公司 i 第 t 年年报披露当日的股票价格 | 价格模型（4-1）至价格模型（4-4） |
| 自变量 | $NI\_S_{it}$ | 第 t 年年末每股净利润 | 价格模型（4-2）和价格模型（4-3） |
| | $NIADJ\_S_{it}$ | 第 t 年年末每股净利润扣除当期重分类进损益的其他综合收益 | 价格模型（4-4） |
| | $CI\_S_{it}$ | 第 t 年年末每股综合收益 | 价格模型（4-1） |
| | $OCI\_S_{it}$ | 第 t 年年末每股其他综合收益 | 价格模型（4-2） |
| | $BVE\_S_{it}$ | 第 t 年年末每股账面净资产 | 价格模型（4-1）至价格模型（4-4） |
| | $AFS\_S_{it}$ | 第 t 年年末每股可供出售金融资产公允价值变动损益 | 价格模型（4-3） |
| | $FC\_S_{it}$ | 第 t 年年末每股外币报表折算差额 | 价格模型（4-3） |
| | $DERIV\_S_{it}$ | 第 t 年年末每股现金流套期保值工具产生的利得或损失中属于有效套期部分 | 价格模型（4-3） |
| | $LIOC\_S_{it}$ | 第 t 年年末每股按权益法核算被投资单位其他综合收益中所享有的份额 | 价格模型（4-3） |
| | $OCIUGL\_S_{it}$ | 第 t 年年末每股当期已确认未实现部分的其他综合收益 | 价格模型（4-4） |
| | $OCIRECY\_S_{it}$ | 第 t 年年末每股当期重分类进损益的其他综合收益 | 价格模型（4-4） |
| 控制变量 | $IND_{it}$ | 行业虚拟变量 | 价格模型（4-1）至价格模型（4-4） |
| | $YEAR_{it}$ | 年份虚拟变量 | |

2. 收益模型变量解释及说明（见表4.2）

表 4.2                          收益模型变量解释及说明

| 变量性质 | 变量代码 | 变量名称及说明 | 对应模型 |
|---|---|---|---|
| 因变量 | $R_{it}$ | 第 t 年累计报酬率（考虑现金红利再投资），中国 A 股市场为报告期前 8 个月至报告日后 4 个月的累计报酬率 | 收益模型（4-5）至收益模型（4-8） |
| 自变量 | $NI\_S_{it}/P_{it-1}$ | 第 t 年年末每股净利润 | 收益模型（4-6）和收益模型（4-7） |
| | $NIADJ\_S_{it}/P_{it-1}$ | 第 t 年年末每股净利润扣除当期重分类进损益的其他综合收益 | 收益模型（4-8） |
| | $CI\_S_{it}/P_{it-1}$ | 第 t 年年末每股综合收益 | 收益模型（4-5） |
| | $OCI\_S_{it}/P_{it-1}$ | 第 t 年年末每股其他综合收益 | 收益模型（4-6） |
| | $AFS\_S_{it}/P_{it-1}$ | 第 t 年年末每股可供出售金融资产公允价值变动 | 收益模型（4-7） |
| | $FC\_S_{it}/P_{it-1}$ | 第 t 年年末每股外币报表折算差额 | 收益模型（4-7） |
| | $DERIV\_S_{it}/P_{it-1}$ | 第 t 年年末每股现金流套期保值工具产生的利得或损失中属于有效套期部分 | 收益模型（4-7） |
| | $LIOC\_S_{it}/P_{it-1}$ | 第 t 年年末每股按权益法核算被投资单位其他综合收益中所享有的份额 | 收益模型（4-7） |
| | $OCIUGL\_S_{it}/P_{it-1}$ | 第 t 年年末每股当期已确认未实现部分的其他综合收益 | 收益模型（4-8） |
| | $OCIRECY\_S_{it}/P_{it-1}$ | 第 t 年年末每股当期重分类进损益的其他综合收益 | 收益模型（4-8） |
| 控制变量 | $IND_{it}$ | 行业虚拟变量 | 收益模型（4-5）至收益模型（4-8） |
| | $YEAR_{it}$ | 年份虚拟变量 | |

注：上述自变量均除以年初的普通股市场价值予以标准化。

第4章 综合收益信息的投资决策有用性

### 4.2.3　实证结果与数据分析

#### 4.2.3.1　描述性统计分析

1. 价格模型数据的描述性统计分析

价格模型数据的描述性统计，样本期间是 2009～2017 年，包括的变量有上市公司年报披露当日股票收盘价（P）、每股净资产（BVE）、每股综合收益（CI）、每股净收益（NI）、每股其他综合收益（OCI），同时还包括其他综合收益各组成部分的描述性统计结果。描述性统计的结果如表 4.3 所示。

表 4.3　　　　　　　　　　　价格模型变量描述性统计分析

| 变量 | 观测值 | 均值 | 中位数 | 标准差 | 最小值 | 最大值 |
|---|---|---|---|---|---|---|
| $P_{it}$ | 9247 | 16.86 | 12.52 | 16.26 | 1.520 | 413.5 |
| $BVE\_S_{it}$ | 9247 | 4.503 | 3.890 | 2.944 | 0 | 62.90 |
| $CI\_S_{it}$ | 9247 | 0.892 | 0.438 | 1.785 | -7.063 | 41.74 |
| $NI\_S_{it}$ | 9247 | 0.874 | 0.431 | 1.740 | -6.787 | 41.25 |
| $OCI\_S_{it}$ | 9247 | 0.0121 | 0.000015 | 0.277 | -3.255 | 6.398 |
| $DERIV\_S_{it}$ | 9247 | -0.000299 | 0 | 0.0181 | -1.505 | 0.167 |
| $AFS\_S_{it}$ | 9247 | 0.00397 | 0 | 0.0934 | -1.012 | 4.697 |
| $FC\_S_{it}$ | 9247 | -0.000994 | 0 | 0.0319 | -1.208 | 0.510 |
| $LIOC\_S_{it}$ | 9247 | -0.000116 | 0 | 0.00303 | -0.130 | 0.0873 |
| $NIADJ\_S_{it}$ | 9247 | 0.874 | 0.431 | 1.740 | -6.787 | 41.25 |
| $OCIRECY\_S_{it}$ | 9247 | 0.00826 | 0 | 0.224 | -2.240 | 6.398 |
| $OCIUGL\_S_{it}$ | 9247 | 0.00387 | 0 | 0.121 | -3.005 | 4.047 |

表 4.3 给出了价格模型变量的描述性统计，其中每股净利润与每股综合收益的数值较为接近，说明披露的综合收益信息主要由净利润组成。从其他综合收益各项组成部分的均值来看，金额最大的是可供出售金融资产公允价值变

动，最小的是外币报表折算差额。其他综合收益具体项目的中位数都为0，但是通过样本筛选，可以保证上述具体项目至少有一项不为0。

表4.4列示了各主要变量（包括了其他综合收益具体项目）的相关系数，可以看出股票价格 P 与解释变量每股净资产（BVE）、每股综合收益（CI）、每股净利润（NI）以及每股其他综合收益（OCI）显著相关，与其他综合收益具体项目中的可供出售金融资产、外币报表折算差额以及按权益法核算被投资单位确认的其他综合收益中享有的份额显著相关。

**表 4.4**                 变量相关系数

| 变量 | $P_{it}$ | $BVE\_S_{it}$ | $CI\_S_{it}$ | $NI\_S_{it}$ | $OCI\_S_{it}$ | $DERIV\_S_{it}$ | $AFS\_S_{it}$ | $FC\_S_{it}$ | $LIOC\_S_{it}$ |
|---|---|---|---|---|---|---|---|---|---|
| $P_{it}$ | 1 | | | | | | | | |
| $BVE\_S_{it}$ | 0.559 *** | 1 | | | | | | | |
| $CI\_S_{it}$ | 0.528 *** | 0.413 *** | 1 | | | | | | |
| $NI\_S_{it}$ | 0.538 *** | 0.427 *** | 0.978 *** | 1 | | | | | |
| $OCI\_S_{it}$ | 0.025 ** | − 0.030 *** | 0.189 *** | 0.002 | 1 | | | | |
| $DERIV\_S_{it}$ | − 0.015 | − 0.020 * | − 0.009 | − 0.020 * | 0.050 *** | 1 | | | |
| $AFS\_S_{it}$ | 0.117 *** | 0.018 * | 0.183 *** | 0.097 *** | 0.512 *** | 0.018 * | 1 | | |
| $FC\_S_{it}$ | − 0.066 *** | − 0.040 *** | − 0.133 *** | − 0.159 *** | 0.157 *** | 0.011 | − 0.108 *** | 1 | |
| $LIOC\_S_{it}$ | 0.041 *** | − 0.007 | 0.008 | 0.002 | 0.054 *** | 0 | 0.036 *** | 0.002 | 1 |

注：*** 表示在1%的水平上显著；** 表示在5%的水平上显著；* 表示在10%的水平上显著。

表4.5列示了各主要变量的相关系数，其中将其他综合收益分成当期已确认未实现的其他综合收益和当期重分类进损益的其他综合收益，可以看出，股票价格 P 与每股净资产（BVE）、每股调整后净利润（NIADJ）以及当期已确认未实现部分的其他综合收益（OCIUGL）显著相关，与当期重分类进损益的其他综合收益（OCIRECY）关系有待明确。

表4.5 变量相关系数

| 变量 | $P_{it}$ | $BVE\_S_{it}$ | $NIADJ\_S_{it}$ | $OCIRECY\_S_{it}$ | $OCIUGL\_S_{it}$ |
|---|---|---|---|---|---|
| $P_{it}$ | 1 | | | | |
| $BVE\_S_{it}$ | 0.559 *** | 1 | | | |
| $NIADJ\_S_{it}$ | 0.538 *** | 0.427 *** | 1 | | |
| $OCIRECY\_S_{it}$ | −0.016 | −0.041 *** | −0.020 * | 1 | |
| $OCIUGL\_S_{it}$ | 0.085 *** | 0.007 | 0.043 *** | 0.211 *** | 1 |

注：*** 表示在1%的水平上显著；** 表示在5%的水平上显著；* 表示在10%的水平上显著。

2. 收益模型数据的描述性统计分析

表4.6为收益模型变量的描述性统计，总观察值为8796个，其中综合收益与净利润的数值较为接近，说明企业披露的综合收益信息大部分由净利润组成。从其他综合收益各项组成的均值来看，每股可供出售金融资产公允价值变动损益均值最大，为0.000324。

表4.6 收益模型变量的描述性统计

| 变量 | 观测值 | 均值 | 中位数 | 标准差 | 最小值 | 最大值 |
|---|---|---|---|---|---|---|
| $R_{it}$ | 8796 | 0.159 | 0.0596 | 0.357 | −0.313 | 1.219 |
| $CI\_S_{it}/P_{it-1}$ | 8796 | 0.0481 | 0.0333 | 0.0797 | −0.493 | 1.610 |
| $NI\_S_{it}/P_{it-1}$ | 8796 | 0.0463 | 0.0330 | 0.0725 | −0.485 | 1.591 |
| $OCI\_S_{it}/P_{it-1}$ | 8796 | 0.00126 | 0.0000008 | 0.0237 | −0.356 | 0.384 |
| $DERIV\_S_{it}/P_{it-1}$ | 8796 | −0.0000036 | 0 | 0.000512 | −0.023 | 0.0152 |
| $AFS\_S_{it}/P_{it-1}$ | 8796 | 0.000324 | 0 | 0.00581 | −0.104 | 0.131 |
| $FC\_S_{it}/P_{it-1}$ | 8796 | −0.0000036 | 0 | 0.00112 | −0.0316 | 0.0219 |
| $LIOC\_S_{it}/P_{it-1}$ | 8796 | −0.0000096 | 0 | 0.000209 | −0.00439 | 0.00316 |
| $NIADJ\_S_{it}/P_{it-1}$ | 8796 | 0.0463 | 0.0330 | 0.0725 | −0.485 | 1.591 |
| $OCIRECY\_S_{it}/P_{it-1}$ | 8796 | 0.00096 | 0 | 0.0209 | −0.356 | 0.384 |
| $OCIUGL\_S_{it}/P_{it-1}$ | 8796 | 0.000304 | 0 | 0.00720 | −0.137 | 0.151 |

表 4.7 列示了各主要变量的相关系数，包括可供出售金融资产公允价值变动、外币报表折算差额、现金流套期工具产生的利得或损失中属于有效套期部分、按权益法核算被投资单位确认的其他综合收益中享有的份额，可以看出，年度股票收益率 R 与综合收益（CI）、净利润（NI）、其他综合收益（OCI）及其具体项目显著相关。

表 4.7　　　　　　　　　　　　　　变量相关系数

| 序号 | 变量 | 1 | 2 | 3 | 4 | 5 | 6 | 7 | 8 |
|---|---|---|---|---|---|---|---|---|---|
| 1 | $R_{it}$ | 1 | | | | | | | |
| 2 | $CI\_S_{it}/P_{it-1}$ | 0.064 *** | 1 | | | | | | |
| 3 | $NI\_S_{it}/P_{it-1}$ | 0.013 *** | 0.920 *** | 1 | | | | | |
| 4 | $OCI\_S_{it}/P_{it-1}$ | 0.148 *** | 0.381 *** | 0.035 *** | 1 | | | | |
| 5 | $DERIV\_S_{it}/P_{it-1}$ | - 0.029 *** | - 0.009 | - 0.014 | 0.019 * | 1 | | | |
| 6 | $AFS\_S_{it}/P_{it-1}$ | 0.053 *** | 0.185 *** | 0.019 * | 0.478 *** | - 0.012 | 1 | | |
| 7 | $FC\_S_{it}/P_{it-1}$ | - 0.045 *** | - 0.012 | - 0.035 *** | 0.081 *** | 0.008 | 0.002 | 1 | |
| 8 | $LIOC\_S_{it}/P_{it-1}$ | 0.020 * | - 0.027 ** | - 0.036 *** | 0.020 * | 0 | 0.001 | - 0.011 | 1 |

注：*** 表示在 1% 的水平上显著；** 表示在 5% 的水平上显著；* 表示在 10% 的水平上显著。

表 4.8 列示了各主要变量的相关系数，将其他综合收益分成当期已确认未实现的其他综合收益和当期重分类进损益的其他综合收益，可以看出年度股票收益率 R 与解释变量扣除当期重分类进损益的其他综合收益之后的净利润（NIADJ）和当期已确认未实现的其他综合收益显著相关。

表 4.8　　　　　　　　　　　　　　相关系数矩阵

| 变量 | $R_{it}$ | $NIADJ\_S_{it}/P_{it-1}$ | $OCIRECY\_S_{it}/P_{it-1}$ | $OCIUGL\_S_{it}/P_{it-1}$ |
|---|---|---|---|---|
| $R_{it}$ | 1 | | | |
| $NIADJ\_S_{it}/P_{it-1}$ | 0.0130 *** | 1 | | |
| $OCIRECY\_S_{it}/P_{it-1}$ | 0.154 *** | 0.035 *** | 1 | |
| $OCIUGL\_S_{it}/P_{it-1}$ | 0.042 *** | 0.016 | 0.242 *** | 1 |

注：*** 表示在 1% 的水平上显著；** 表示在 5% 的水平上显著；* 表示在 10% 的水平上显著。

### 4.2.3.2 价格模型的实证检验结果及分析

表4.9是采用价格模型得到的综合收益价值相关性的回归结果，具体分析如下：

**表 4.9**　　　　　　　基于价格模型的综合收益价值相关性回归结果

| 变量 | 模型（4-1） | 模型（4-2） | 模型（4-3） | 模型（4-4） |
|---|---|---|---|---|
| $BVE\_S_{it}$ | 2.225*** | 2.196*** | 2.202*** | 2.197*** |
|  | (50.74) | (49.98) | (50.34) | (50.10) |
| $NI\_S_{it}$ |  | 3.424*** | 3.372*** |  |
|  |  | (46.54) | (45.35) |  |
| $CI\_S_{it}$ | 3.297*** |  |  |  |
|  | (46.10) |  |  |  |
| $OCI\_S_{it}$ |  | 2.572*** |  |  |
|  |  | (6.13) |  |  |
| $DERIV\_S_{it}$ |  |  | -2.042 |  |
|  |  |  | (-0.32) |  |
| $AFS\_S_{it}$ |  |  | 11.926*** |  |
|  |  |  | (9.62) |  |
| $FC\_S_{it}$ |  |  | 5.114 |  |
|  |  |  | (1.39) |  |
| $LIOC\_S_{it}$ |  |  | 23.310*** |  |
|  |  |  | (6.14) |  |
| $NIADJ\_S_{it}$ |  |  |  | 3.402*** |
|  |  |  |  | (46.28) |
| $OCIRECY\_S_{it}$ |  |  |  | 0.567 |
|  |  |  |  | (1.07) |
| $OCIUGL\_S_{it}$ |  |  |  | 7.953*** |
|  |  |  |  | (8.19) |
| Constant | 1.387 | 1.511 | 1.777 | 1.769 |
|  | (1.14) | (1.25) | (1.48) | (1.46) |
| Industry Effects | Y | Y | Y | Y |
| Year Effects | Y | Y | Y | Y |

| 变量 | 模型（4-1） | 模型（4-2） | 模型（4-3） | 模型（4-4） |
|---|---|---|---|---|
| Observations | 9247 | 9247 | 9247 | 9247 |
| $R^2$ | 0.537 | 0.541 | 0.545 | 0.542 |
| Z – test | – | – 2.3643 ** | – 2.1519 ** | – 2.3269 ** |

注：*** 表示在1%的水平上显著；** 表示在5%的水平上显著；* 表示在10%的水平上显著。括号内为相应的 t 值。

模型（4-1）到模型（4-4）中的每股净资产（BVE）的回归系数在1%的水平上显著为正；模型（4-2）和模型（4-3）中净利润的回归系数在1%的水平上显著为正，说明净资产与传统的会计净利润均具有价值相关性。

从模型（4-1）中可以看出，综合收益总额的回归系数在1%的水平上显著为正，说明综合收益总额具有价值相关性。

从模型（4-2）中可以看出，其他综合收益在1%的水平上显著为正，回归系数是2.572。模型（4-3）的检验结果显示可供出售金融资产与股票价格的相关系数11.926，在1%的水平上显著相关；按权益法核算被投资单位计入其他综合收益所享有的份额则与股票价格的相关系数为23.31，在1%的水平上显著相关；现金流套期保值工具产生的利得或损失中属于有效套期部分与股票价格呈负相关关系，但是相关性并不显著；外币报表折算价差与股票价格正相关，但不具有显著相关性。模型（4-4）将其他综合收益划分为当期重分类进损益的其他综合收益和当期已确认未实现的其他综合收益，其中当期已确认未实现的其他综合收益（OCIUGL）在1%的水平上显著相关，相关系数为7.953，而当期重分类进损益的其他综合收益（OCIRECY）与股票价格关系为正，但不显著，说明其他综合收益当期确认的信息披露为投资者决策提供了有用的增量信息，有助于会计信息使用者评估企业的价值。

我们对价格模型进行了 Vuong 检验，用于检验不同价格模型的解释能力，计算方法详见翁（1989），Z 值为模型（4-2）、模型（4-3）、模型（4-4）与模型（4-1）相抉择的统计量，其中就模型解释能力而言，模型（4-2）、模型（4-3）和模型（4-4）均在5%的水平上显著优于价格模型（4-1）。

根据上述回归结果可以看出，采用价格模型检验综合收益价值相关性时，假设（4-1-1）得到验证，而假设（4-1-2）和假设（4-1-3）则部分成立。

### 4.2.3.3 收益模型的实证检验结果及分析

为了实现研究结果的稳健性，本章同时采用收益模型检验综合收益及其组成部分的价值相关性，检验结果见表4.10。具体分析如下：

表4.10　　　　　基于收益模型的综合收益价值相关性回归结果

| 变量 | 模型（4-5） | 模型（4-6） | 模型（4-7） | 模型（4-8） |
|---|---|---|---|---|
| $NI\_S_{it}/P_{it-1}$ | | 0.034** <br> （1.97） | 0.034** <br> （1.97） | |
| $CI\_S_{it}/P_{it-1}$ | 0.040** <br> （2.53） | | | |
| $OCI\_S_{it}/P_{it-1}$ | | 0.097* <br> （1.85） | | |
| $DERIV\_S_{it}/P_{it-1}$ | | | 0.697 <br> （0.29） | |
| $AFS\_S_{it}/P_{it-1}$ | | | 0.668*** <br> （3.12） | |
| $FC\_S_{it}/P_{it-1}$ | | | -1.139 <br> （-1.01） | |
| $LIOC\_S_{it}/P_{it-1}$ | | | 4.566 <br> （0.77） | |
| $NIADJ\_S_{it}/P_{it-1}$ | | | | 0.034** <br> （1.96） |
| $OCIRECY\_S_{it}/P_{it-1}$ | | | | 0.035 <br> （0.57） |
| $OCIUGL\_S_{it}/P_{it-1}$ | | | | 0.426** <br> （2.40） |
| Constant | 1.118*** <br> （170.55） | 1.117*** <br> （170.23） | 1.119*** <br> （171.32） | 1.118*** <br> （169.99） |
| Industry Effects | Y | Y | Y | Y |
| Year Effects | Y | Y | Y | Y |
| Observations | 8796 | 8796 | 8796 | 8796 |
| $R^2$ | 0.896 | 0.896 | 0.896 | 0.783 |
| Z-test | - | -4.7234*** | -3.7422** | -4.4726*** |

注：***表示在1%的水平上显著；**表示在5%的水平上显著；*表示在10%的水平上显著。括号内为相应的t值。

从模型（4-5）的检验结果可以看出，综合收益总额的回归系数为0.040，在5%的水平上显著为正，说明采用收益模型可以证实综合收益具有价值相关性。

模型（4-6）将综合收益进一步划分成净利润和其他综合收益，回归结果显示净利润与股票收益率的相关系数为0.034，在5%的水平上显著正相关，而其他综合收益与股票收益率的相关系数为0.097，在10%的水平上显著正相关；从收益模型的实证检验可以看出净利润和其他综合收益均具有价值相关性，但是从显著性来看，其他综合收益的显著性弱于净利润。

在模型（4-6）的基础上，模型（4-7）将其他综合收益划分成具体明细项目，研究发现可供出售金融资产公允价值变动与股票收益率的相关系数0.668，在1%的水平上显著相关。将其他综合收益分成具体明细项目，按照价格模型和收益模型均得到一致的实证检验结果，即可供出售金融资产具有正向的价值相关性。

在模型（4-6）的基础上，模型（4-8）将其他综合收益划分为当期重分类项目和当期确认项目，研究发现调整后净利润的回归系数为0.034，在5%的置信水平上显著，而当期已确认未实现的其他综合收益的回归系数在5%的置信水平上显著。

为了检验不同收益模型的解释能力，本章对收益模型进行了Vuong检验，计算方法详见翁（1989），Z值为模型（4-6）、模型（4-7）、模型（4-8）与模型（4-5）相抉择的统计量，其中就模型解释能力而言，模型（4-6）、模型（4-7）以及模型（4-8）运用净利润和其他综合收益按照性质划分的具体项目在1%的水平显著优于采用综合收益总额的收益模型，说明在收益模型中综合收益的具体项目信息更具有价值相关性。

从上述实证研究结论可以看出：假设4-1-1是成立的，无论是采用价格模型还是收益模型，得到的综合收益的具体项目都具有价值相关性；假设4-1-2部分成立，采用收益模型检验其他综合收益的价值相关性时仅发现可供出售金融资产公允价值变动具有显著相关性；而假设4-1-3通过实证检验，说明采用收益模型检验的其他综合收益的变动信息具有价值相关性。

#### 4.2.3.4 不同列报位置下综合收益信息价值相关性的实证检验结果及分析

在研究综合收益及其组成部分的价值相关性时，均采用了全样本的研究，年度因素和行业因素多为控制变量。由于我国综合收益于 2009～2013 年度和 2014～2017 年度分别在所有者权益变动表和利润表中披露，说明从会计准则的角度，在综合收益相关准则制定的初期将综合收益视为所有者权益变动的后果，而在会计准则修订之后的最大调整，是承认了综合收益作为企业收益的性质继而在利润表中列示。根据有效市场假说，会计信息无论以何种方式披露均具有相同的信息含量，可以及时地被市场识别并反映到股票价格中，然而我国目前的资本市场并非完全有效，因此采用不同的方式披露综合收益可能具有不同的市场反应。

我们分别对 2009～2013 年度和 2014～2017 年度的综合收益及其组成部分进行价值相关性的检验，为了提高会计信息可比性，我们将样本范围限定在 2009 年以前上市的公司，剔除了 2009 年之后在深交所和上交所上市的公司，保证在两个时间段内公司样本的一致性，提高实证检验结果的稳健性，降低检验过程中由于样本公司不一致产生的噪音。由此采用价格模型检验得到的总观测值为 1629 个，平均每年的观测值为 181 个；采用收益模型得到的总观测值为 1098 个，平均每年的观测值为 122 个。由于之前已经对 2009～2017 年度进行了全样本的描述性统计分析和相关性分析，我们对此不再赘述。我们将面板数据按照 2009～2013 年度和 2014～2017 年度分为两段时间样本组，分别进行回归。

1. 单变量检验

表 4.11 的 A 部分为在 2009～2013 年和 2014～2017 年度时间段，采用价格模型的单变量检验。除每股净资产未通过中位数差异检验以外，不同时间段的样本组对应自变量和因变量均存在显著的平均数差异和中位数差异。

表 4.11 的 B 部分为采用收益模型的单变量检验，累计报酬率和每股净利润在不同时间段的样本组存在显著的平均数差异和中位数差异，此外每股综合收益的均值差异显著，但是其中位数差异不显著；每股其他综合收益的中位数差异显著，但是均值差异不显著。

表 4.11 价值相关性模型的单变量检验

| 变量 | 2009～2013 年 | | 2014～2017 年 | | t 检验 | Wilcoxon 检验 |
|------|--------|--------|--------|--------|--------|--------|
| | 平均值 | 中位数 | 平均值 | 中位数 | | |
| **Panel A：价格模型** | | | | | | |
| $P_{it}$ | 10.231 | 7.910 | 15.775 | 12.690 | -6.164*** | -7.812*** |
| $BVE\_S_{it}$ | 5.667 | 3.767 | 4.730 | 3.534 | 2.526*** | 1.218 |
| $CI\_S_{it}$ | 0.522 | 0.262 | 0.416 | 0.215 | 2.657*** | 2.326** |
| $NI\_S_{it}$ | 0.513 | 0.262 | 0.358 | 0.207 | 3.775*** | 2.868*** |
| $OCI\_S_{it}$ | 0.010 | 0 | 0.050 | 0 | -2.005** | -2.969*** |
| 观测值 | 905 | | 724 | | | |
| **Panel B：收益模型** | | | | | | |
| $R_{it}$ | 0.136 | 0.023 | 0.979 | 0.918 | -19.514*** | -17.041*** |
| $CI\_S_{it}/P_{it-1}$ | 0.041 | 0.031 | 0.035 | 0.029 | 1.283* | 1.202 |
| $NI\_S_{it}/P_{it-1}$ | 0.039 | 0.031 | 0.030 | 0.028 | 2.244** | 1.921* |
| $OCI\_S_{it}/P_{it-1}$ | 0.001 | 0 | 0.001 | 0 | 0.638 | -2.832*** |
| 观测值 | 610 | | 488 | | | |

注：\*\*\* 表示在1%的水平上显著；\*\* 表示在5%的水平上显著；\* 表示在10%的水平上显著。

## 2. 多元回归分析

表 4.12 和表 4.13 仍然沿用价格模型和收益模型，分别对 2009～2013 年以及 2014～2017 年的综合收益及其组成部分的价值相关性进行检验。

表4.12 会计准则修订前后采用价格模型检验价值相关性回归结果

| 变量 | 2009～2013 年 | 2014～2017 年 | 2009～2013 年 | 2014～2017 年 |
|---|---|---|---|---|
| | 模型（4－1） | | 模型（4－2） | |
| $BVE\_S_{it}$ | 0.506 *** | 0.926 *** | 0.174 * | 1.079 *** |
| | (7.28) | (5.48) | (1.93) | (6.60) |
| $CI\_S_{it}$ | 3.557 *** | 3.714 *** | | |
| | (7.40) | (4.09) | | |
| $NI\_S_{it}$ | | | 4.284 *** | 6.257 *** |
| | | | (7.30) | (6.52) |
| $OCI\_S_{it}$ | | | 0.992 | －8.571 *** |
| | | | (0.55) | (－4.06) |
| Constant | 1.478 | 5.374 | 2.138 | 3.763 |
| | (0.57) | (1.04) | (0.84) | (0.77) |
| Industry Effects | Y | Y | Y | Y |
| Observations | 905 | 724 | 905 | 724 |
| $R^2$ | 0.350 | 0.354 | 0.235 | 0.424 |

注：*** 表示在1%的水平上显著；** 表示在5%的水平上显著；* 表示在10%的水平上显著。括号内为相应的 t 值。

从表4.12可以看出，2009～2013年和2014～2017年每股净资产、每股综合收益以及每股净利润的回归系数在1%的置信水平上显著；每股其他综合收益在2014～2017年与股票价格的相关系数为－8.571，在1%的水平上显著相关。而在2009～2013年则具有价值相关性，说明其他综合收益具有收益的性质，在利润表中列示提高了会计信息的价值相关性，会计信息使用者对于利润表中的其他综合收益会计信息更为重视并将其反映到股票价格中，因此我们提出的假设4－1－4通过实证检验。

表4.13为在不同时间段，采用收益模型检验综合收益及其组成部分价值相关性的回归结果。研究发现其他综合收益在2014～2017年度较2009～2013年度的价值相关性显著提高，与此同时净利润和综合收益的价值相关性降低，说明综合收益在利润表中列示显著提高了其他综合收益的价值相关性，但是同时减弱了综合收益和净利润的价值相关性。

表 4. 13　　　　会计准则修订前后采用收益模型检验价值相关性回归结果

| 变量 | 2009 ~ 2013 年 | 2014 ~ 2017 年 | 2009 ~ 2013 年 | 2014 ~ 2017 年 |
|---|---|---|---|---|
| | 模型 （4 - 5） | | 模型 （4 - 6） | |
| $NI\_S_{it}/P_{it-1}$ | | | 1. 366 *** | 0. 112 * |
| | | | (4. 49) | (0. 14) |
| $OCI\_S_{it}/P_{it-1}$ | | | 3. 466 * | 22. 578 ** |
| | | | (1. 95) | (2. 43) |
| $CI\_S_{it}/P_{it-1}$ | 1. 171 *** | 0. 966 ** | | |
| | (4. 86) | (1. 48) | | |
| Constant | 0. 166 | 0. 609 ** | 0. 115 | 0. 637 ** |
| | (1. 24) | (2. 02) | (0. 86) | (2. 12) |
| Industry Effects | Y | Y | Y | Y |
| Observations | 610 | 488 | 610 | 488 |
| $R^2$ | 0. 057 | 0. 119 | 0. 067 | 0. 134 |

注：*** 表示在 1% 的水平上显著；** 表示在 5% 的水平上显著；* 表示在 10% 的水平上显著。
括号内为相应的 t 值。

　　此外，从表 4. 12 的拟合优度 $R^2$ 来看，模型 （4 - 1） 在 2009 ~ 2013 年前回归的 $R^2$ 为 0. 35，而 2014 ~ 2017 年回归得到的 $R^2$ 为 0. 354，模型的拟合优度提升了 0. 004；从模型 （4 - 2） 来看，$R^2$ 提升的幅度更为显著，从 0. 235 提升至 0. 424；而表 4. 13 中的模型 （4 - 5） 和模型 （4 - 6） 的拟合优度也在会计准则修订后得到大幅提升。说明在会计准则修订之后，充分公允的会计信息披露，增强了企业盈余会计信息对股票价格和股票收益率的解释能力。

### 4.2.4　稳健性检验

　　为了以上回归结果的稳健性，本书从以下几个方面进行了稳健性检验。
　　第一，针对价格模型进行稳健性测试，分别采用 12 月 31 日和年报披露当年 4 月 30 日的公司股票收盘价代替第二年上市公司年报披露日的股票收盘价。
　　第二，针对收益模型进行稳健性检验，采用每年 1 月 1 日至 12 月 31 日的年度股票收益率代替每年 5 月 1 日至第二年 4 月 30 日的年度股票收益率。

通过上述稳健性检验，得到的回归结果与之前的回归结果一致，说明回归结果具有稳定性。

## 4.3 综合收益的预测能力

本节主要是通过实证研究来检验综合收益及其组成部分的预测能力，使用未来盈余或未来现金流作为公司未来价值的替代变量，主要研究的是综合收益及其组成部分对净利润和经营活动现金流的预测能力。

### 4.3.1 理论分析与研究假设

衡量盈余决策有用性的重要指标是盈余的预测能力。根据决策有用性理论，会计信息使用者是在不确定条件下进行的决策，由于时间概率并非具有完全的客观性，投资者可以通过获得额外信息，用以修订决策者对决策后时间发生概率的判断。财务报告提供了有用的额外信息，这部分信息必须有助于预测未来的投资收益，包括预测未来的盈利能力和未来公司的现金流量，因为两者都可以用来预测投资收益，只是两者在预测过程中发挥的作用存在差异，因此我们在预测能力的检验中将首先考虑综合收益在预测未来的盈利能力和未来公司现金流中的作用。

巴斯等（1999）首次采用奥尔森（1999）的剩余收益模型检验盈余各组成部分的信息有用性，通过应计项目和现金流对异常收益的预测能力检验其价值相关性，指出预测能力和持续能力是影响应计项目和盈余现金流价值相关性的重要因素。此外，多数研究表明盈余的不同组成部分具有不同的预测价值（Finger，1994；Sloan，1996；Dechow and Ge，2006），因而披露与盈余相关的各项具体项目，可以增强对未来业绩的预期能力（Barth et al.，2001b）。综合收益信息披露之后，在传统净利润的基础之上增加了其他综合收益，传统净利润的预测能力已经获得了证明，并在预测企业价值中起重要的作用，而其他综合收益的预测能力并未得到充分的证明和运用。

已有研究文献主要是针对净利润和综合收益的预测能力，且得到的结论存在较大差异。丹达利瓦尔等（1999）发现综合收益较净利润与未来一年的现金流相关性更弱；而卡纳格雷特南等（2009）却得到相反的结论，即综合收益与未来一年的现金流相关性更强。此外奥汉隆和蒲伯（1999）指出由于证券市场存在对会计信息反映的时间差异和认知差异，因此在同一会计年度检验的会计信息含量较少，在检验其他综合收益和未来现金流的相关关系时，应考虑多年度的影响。斯金纳（1999）认为由于其他综合收益利得和损失的确认基于过去交易引起的当期市场价值的变化，因此其他综合收益相关的利得和损失与未来经营业绩或者未来现金流无关；然而奥尔森（1999）指出远期合同产生的当期利得（或者其他利得或损失）可以预测未来损益。如果一项其他综合收益的利得或者损失在实现损益前发生反转（reverse），则这项其他综合收益难以与未来现金流产生关联，然而如果其他综合收益的利得和损失在资产负债表中累计发生多年，则处理该项其他综合收益产生现金的流入或流出将与未来的现金流相关。巴斯等（2001）在迪舟等（Dechow et al.，1998）的经营现金流预测模型（以下简称 DKW 模型）的基础上做了进一步的推导，即在预测下一年度经营现金流时运用若干期历史盈余的滞后值，最终得到的结论是盈余数据可以应用于现金流的预测。崔和张（Choi and Zang，2006）从证券分析师角度，发现综合收益会计信息在帮助证券分析师纠正预测误差的过程中发挥作用。丹尼诗和金柏莉（Denise and Kimberly，2011）通过比较利润表中的特殊项目与其他综合收益的价值相关性、预测能力和持续性，发现利润表中的特殊项目与其他综合收益可以用于预测未来净利润和经营活动现金流，此外其他综合收益具有负向的持续性，即在未来期间发生反转。

　　不同学者对于是否在预测未来业绩和现金流量过程中运用综合收益，有着不同的意见。坎贝尔等（2010）研究发现现金套期保值项目与未来净利润之间具有显著的负相关关系，作者分析原因为套期保值项目多是短期的，无法覆盖整个年度，对于未覆盖的时间周期，企业因持有货币导致的潜在风险将产生损失，因此套期保值获利越高导致企业发生损失的可能性增大。国外已经形成了较为完善的综合收益信息披露体系，相比言，由于我国披露综合收益的时间较短，对综合收益预测能力的研究较少。王鑫（2013）研究发现，与传统净利润相比，综合收益总额具有更高的价值相关性，对股票价格和股票年度收益率的解释能力更强，但在预测未来净利润和未来经营活动现金净流量时，净利润指标的预测能力优于综合收益预测。总而言之，对于综合收益及其具体项目，在预测企业未来业绩和现金流能力上并没有直接的证据，关于综合收益信息的预测能力依旧是个研究热点。

根据会计信息决策有用性，公司未来的投资回报需要运用企业未来的净利润与经营活动现金流。从理论上讲，综合收益既包含了用以前和当期净利润预测未来净利润和现金流所需的信息，也包含了已确认资产与负债公允价值变动对未来净利润和现金流影响的信息。也就是说，报告综合收益向报表使用者提供了更丰富的预测未来净利润和现金流所需的信息。

基于上述分析，我们提出以下假设：

假设 4 - 2 - 1：综合收益及其构成具有预测能力。

假设 4 - 2 - 2：其他综合收益按照来源划分的具体项目具有预测能力。

假设 4 - 2 - 3：其他综合收益按照重分类情况划分具体项目具有预测能力。

我国财政部于 2014 年修订了 CAS30 号会计准则，要求在利润表中列示综合收益具体会计信息，这一规定体现了会计准则制定机构将综合收益作为收益的性质，从另一方面也意味着我国学者对于综合收益预测能力的研究，缺乏在利润表中披露的数据，主要运用的是所有者权益变动表中的会计信息，因此综合收益在不同报表列示下的预测能力研究还有待进一步的探索。从理论界和实务界的普遍认识来看，财务报表中会计信息使用者对所有者权益变动表的重视程度普遍低于利润表，则在利润表中披露综合收益，可以更好地被会计信息使用者识别并运用到对企业的预测和决策中，据此我们提出以下假设：

假设 4 - 2 - 4：相对于所有者权益变动表，在利润表中列示综合收益及其组成部分增强其预测能力。

### 4.3.2 研究设计和样本选择

#### 4.3.2.1 样本的选择

财政部于 2009 年 6 月印发的《企业会计准则解释第 3 号》，首次规定在利润表中的每股收益项下增列其他综合收益项目和综合收益总额项目，因此本节以实际发生的综合收益数据为标准，选择 2009 ~ 2017 年度中国境内沪深两市主板 A 股上市公司（包括同时在 A 股和 B 股上市的公司，但不包括 B 股上市公司）作为样本，同时剔除了 ST、*ST、SST 公司以及数据不全的样本。

根据财政部 2009 年 12 月颁布的《关于执行会计准则的上市公司和非上市

企业做好 2009 年年报工作的通知》规定，其他综合收益具体项目的列示采用的是列举法，即相关会计准则已明确界定其他综合收益的具体项目，主要包括可供出售金融资产公允价值变动（AFS）、在被投资单位其他综合收益中所享有的份额（LIOC）、外币报表折算差额（FC）、现金流量套期（DERIV）、重新计量设定受益计划净资产或净负债导致的变化（PEN）、投资性房地产公允价值变动形成的利得或损失（IP）以及其他（OTHER）。由于重新计量设定受益计划净资产或净负债导致的变化（PEN）和投资性房地产公允价值变动形成的利得或损失（IP）发生额较小，发生频率较低，此次对其他综合收益具体项目的研究未包含上述两项；对于其他项目（OTHER）涉及的内容比较庞杂，并且披露信息受到主观因素影响较大，信息的可靠性和客观性不足，因此在此次研究中也未包含其他综合收益的其他事项。最终我们选取了其他综合收益的四个具体项目作为研究对象，如果其中某一项目不存在，则将缺失值设置为 0。

本书手工收集 2009～2017 年度沪深两市全部 A 股上市公司财务报表附注中披露的其他综合收益具体项目数据，并从 CSMAR 数据库获取财务报表项目及收益率等数据。为避免异常值的影响，对模型中各个变量上下 1% 分位数范围内的数值进行 winsorize（缩尾）处理，共取得 5879 个观测值。

### 4.3.2.2 研究设计

我们着重研究综合收益及其组成部分对下一年度净利润和经营活动现金流的预测能力。本节参考丹达利瓦尔等（1999）的研究，为了使模型能够更加全面地反映历史盈余信息，本节对丹达利瓦尔等（1999）的模型做了改进，放宽仅为延后一期检验综合收益预测能力的假定，将历史盈余阶数定为 3 阶（含本期盈余与两个历史盈余滞后变量）。因此本节的预测模型表述如下：

$$Futurevalue_{i,t+1} = \alpha + \sum_{\tau=0}^{2} \alpha_{t-\tau} CI_{i,t-\tau} + controls + \varepsilon_{it} \quad 模型（4-9）$$

$$Futurevalue_{i,t+1} = \alpha + \sum_{\tau=0}^{2} \alpha_{t-\tau} NI_{i,t-\tau} + \sum_{\tau=0}^{2} \beta_{t-\tau} OCI_{i,t-\tau} + controls + \varepsilon_{it}$$

$$模型（4-10）$$

$$Futurevalue_{i,t+1} = \alpha + \sum_{\tau=0}^{2} \alpha_{t-\tau} NI_{i,t-\tau} + \beta_1 AFS_{i,t} + \beta_2 FC_{i,t} + \beta_3 DERIV_{i,t} + \beta_4 LIOC_{i,t} + controls + \varepsilon_{it} \quad 模型（4-11）$$

$$Futurevalue_{i,t+1} = \alpha + \sum_{\tau=0}^{2} \alpha_{t-\tau} NIADJ_{i,t-\tau} + \beta_1 OCIUGL_{i,t} + \beta_2 OCIRECY_{i,t}$$
$$+ controls + \varepsilon_{it} \qquad\qquad 模型（4-12）$$

对于上述模型，本书做了如下说明：

（1）模型（4-9）用于检验综合收益对未来净利润和经营活动现金流量的预测能力。

（2）模型（4-10）在模型（4-9）的基础上，将综合收益分为净利润和其他综合收益，用以检验历史净利润和历史其他综合收益对未来一期净利润和经营活动现金流量的预测能力。

（3）在模型（4-10）的基础上，模型（4-11）将历史其他综合收益按照具体构成项目做了进一步的细分，包括可供出售金融资产公允价值变动损益、外币报表折算差额、现金流套期保值工具产生的利得或损失中属于有效套期部分以及按权益法核算被投资单位其他综合收益中所享有的份额，用以检验其他综合收益具体项目检验对未来净利润和经营活动现金流的预测能力。

（4）在模型（4-10）的基础上，模型（4-12）将其他综合收益按照可否重分类进当期损益的特征进行分类，划分为当期重分类进损益的其他综合收益和当期已确认未实现部分的其他综合收益。由于当期净利润已经涵盖了当期重分类进损益的其他综合收益，因此，本节将该模型中的解释变量净利润调整为了扣除其他综合收益当期重分类至净利润的数额，以减少变量间的共线性问题。此外，模型（4-11）和模型（4-12）研究的重点是其他综合收益具体项目的预测能力，由于其他综合收益具体项目连续性较弱，如果采用多期历史数据，可能导致数据缺失值较多，因此在模型设计中仅涉及滞后一期的数据进行检验。

比德尔等（Biddle et al.，1995）指出行业间的信息差异有利于投资者作出决策，投资者可以通过不同行业特有的信息差异有效地降低信息成本，提高决策的准确性。因此，为了获取更为稳健的检验结果，本节进一步将研究样本细分为金融行业和非金融行业两部分进行检验。以金融工具为例，在未细分行业的全样本研究中，金融工具所占比重较小，且不同企业持有金融工具差异性较大，难以通过全样本检验获得有效的研究结论。相反，在金融行业，金融工具相关业务较为广泛且在财务报表中所占比重较大，因此在对综合收益及其组成部分的预测能力研究中，本节将研究样本划分为金融行业和非金融行业进行探讨。

### 4.3.2.3 变量的解释及说明

变量的解释及说明如表4.14所示。

表 4.14 综合收益预测模型变量解释及说明

| 变量性质 | 变量代码 | 变量名称及说明 | 对应模型 |
|---|---|---|---|
| 因变量 | $Futurevalue_{i,t+1}$ | 上市公司 i 第 t+1 年净利润 $NI_{i,t+1}$<br>上市公司 i 第 t+1 年经营活动现金流量 $OP_{i,t+1}$ | 预测模型（4-9）至预测模型（4-12） |
| 自变量 | $NI_{i,t-\tau}$ | 第 t-$\tau$ 年净利润，$\tau$=0、1、2 | 预测模型（4-10）和预测模型（4-11） |
| | $NIADJ_{i,t-\tau}$ | 第 t-$\tau$ 年净利润扣除当期重分类进损益的其他综合收益，$\tau$=0、1、2 | 预测模型（4-12） |
| | $CI_{i,t-\tau}$ | 第 t-$\tau$ 年综合收益，$\tau$=0、1、2 | 预测模型（4-9） |
| | $OCI_{i,t-\tau}$ | 第 t-$\tau$ 年其他综合收益，$\tau$=0、1、2 | 预测模型（4-10） |
| | $AFS_{i,t}$ | 第 t 年年末可供出售金融资产公允价值变动 | 预测模型（4-11） |
| | $FC_{i,t}$ | 第 t 年年末外币报表折算差额 | 预测模型（4-11） |
| | $DERIV_{i,t}$ | 第 t 年年末现金流套期保值工具产生的利得或损失中属于有效套期部分 | 预测模型（4-11） |
| | $LIOC_{i,t}$ | 第 t 年年末按权益法核算被投资单位其他综合收益中所享有的份额 | 预测模型（4-11） |
| | $OCIUGL_{i,t}$ | 第 t 年年末当期已确认未实现部分的其他综合收益 | 预测模型（4-12） |
| | $OCIRECY_{i,t}$ | 第 t 年年末当期重分类进损益的其他综合收益 | 预测模型（4-12） |
| 控制变量 | IND | 控制行业 | 预测模型（4-9）至预测模型（4-12） |
| | YEAR | 第 t 年，哑元变量，为该年时取 1，否则取 0 | |

注：为了消除截面数据带来的异方差性，上述变量都平减了变量的规模效应，即每个变量都除以了同年份年末总资产数。

### 4.3.3　实证结果与数据分析

#### 4.3.3.1　描述性统计分析

本节选择的样本期间是 2009～2017 年，具体包括以下变量：上市公司当年度净利润（NI）、经营活动现金流（OP）、综合收益（CI）、其他综合收益（OCI）以及滞后期解释变量的描述性统计结果。描述性统计的结果如表 4.15 所示，经营活动现金流的均值为 0.0382，中位数为 0.0381，说明大部分企业经营活动现金流状况良好。净利润和综合收益的最小值和最大值差异较大，说明上市公司的盈利能力存在较大差异。其他综合收益的均值是 0.00055，方差是 0.0205，说明不同公司的其他综合收益相差较大。

**表 4.15**　　　　　　　　　　　预测能力检验变量解释及说明

| 变量 | 观测值 | 均值 | 中位数 | 方差 | 最小值 | 最大值 |
|---|---|---|---|---|---|---|
| $OP_{i,t+1}$ | 5879 | 0.0382 | 0.0381 | 0.076 | − 1.632 | 0.659 |
| $NI_{i,t+1}$ | 5879 | 0.0359 | 0.0299 | 0.161 | − 1.043 | 8.441 |
| $CI_{i,t}$ | 5879 | 0.0381 | 0.0318 | 0.131 | − 1.111 | 8.440 |
| $OCI_{i,t}$ | 5879 | 0.00055 | 0.000002 | 0.0205 | − 0.255 | 0.627 |
| $DERIV_{i,t}$ | 5879 | − 0.0000006 | 0 | 0.000412 | − 0.0124 | 0.0175 |
| $AFS_{i,t}$ | 5879 | 0.000361 | 0 | 0.0069 | − 0.0839 | 0.120 |
| $FC_{i,t}$ | 5879 | 0.000108 | 0 | 0.002 | − 0.0774 | 0.0404 |
| $LIOC_{i,t}$ | 5879 | − 0.000018 | 0 | 0.000601 | − 0.0328 | 0.00338 |
| $NIADJ_{i,t}$ | 5879 | 0.0372 | 0.0319 | 0.160 | − 6.775 | 8.441 |
| $OCIRECY_{i,t}$ | 5879 | − 0.000138 | 0 | 0.0127 | − 0.173 | 0.182 |
| $OCIUGL_{i,t}$ | 5879 | 0.000522 | 0 | 0.00914 | − 0.136 | 0.212 |

#### 4.3.3.2　单变量检验与多元回归分析

1. 单变量检验

表 4.16 为综合收益预测能力的单变量检验，本书对行业做了细分，分为金融业和非金融业。从单变量检验结果可以看出，金融业和非金融业的经营活动现金流以及净利润均通过了 t 检验和 Wilcoxon 检验，但金融行业与非金融行业在综合收益预测能力的研究中存在显著差异。

表 4.16                          综合收益预测能力的单变量检验

| 变量 | 金融业 | | 非金融业 | | t 检验 | Wilcoxon 检验 |
|---|---|---|---|---|---|---|
| | 平均值 | 中位数 | 平均值 | 中位数 | | |
| $OP_{i,t+1}$ | - 0. 0002234 | - 0. 0012712 | 0. 039276 | 0. 0384333 | - 5. 4836 *** | - 6. 354 *** |
| $NI_{i,t+1}$ | 0. 0331827 | 0. 0314527 | 0. 036023 | 0. 0297937 | - 0. 8860 * | - 0. 233 * |
| 观测值 | 166 | | 5713 | | | |

注：*** 表示在 1% 的水平上显著；** 表示在 5% 的水平上显著；* 表示在 10% 的水平上显著。

## 2. 多元回归分析

（1）综合收益的预测能力检验。

表 4.17 反映的是综合收益对未来净利润以及经营活动现金流预测能力的多元回归结果，具体分析如下：

表 4.17                        综合收益总额预测能力的多元回归结果

| 变量 | 因变量为净利润 $NI_{i,t+1}$ | | | 因变量为经营活动现金流 $OP_{i,t+1}$ | | |
|---|---|---|---|---|---|---|
| | 全样本 | 金融行业 | 非金融行业 | 全样本 | 金融行业 | 非金融行业 |
| $CI_{i,t}$ | - 0. 003 | 0. 338 *** | 0. 003 | 0. 062 *** | 0. 558 *** | 0. 064 *** |
| | ( - 0. 17) | (7. 82) | (0. 21) | (8. 42) | (3. 61) | (8. 56) |
| $CI_{i,t-1}$ | 0. 056 *** | 0. 105 *** | 0. 063 *** | 0. 040 *** | - 0. 141 | 0. 044 *** |
| | (3. 58) | (2. 87) | (3. 97) | (5. 60) | ( - 1. 07) | (6. 10) |
| $CI_{i,t-2}$ | 0. 008 | 0. 043 | 0. 014 | 0. 040 *** | 0. 020 | 0. 044 *** |
| | (0. 53) | (1. 63) | (0. 87) | (5. 61) | (0. 21) | (6. 12) |
| Constant | 0. 012 | 0. 020 *** | 0. 033 *** | 0. 043 *** | - 0. 027 | 0. 039 *** |
| | (0. 52) | (3. 59) | (4. 83) | (4. 14) | ( - 1. 41) | (12. 73) |
| Year Effects | Y | Y | Y | Y | Y | Y |
| Observations | 5879 | 166 | 5713 | 5879 | 166 | 5713 |
| $R^2$ | 0. 010 | 0. 428 | 0. 004 | 0. 068 | 0. 173 | 0. 031 |

注：*** 表示在 1% 的水平上显著；** 表示在 5% 的水平上显著；* 表示在 10% 的水平上显著。
括号内为相应的 t 值。

第一，有关综合收益对净利润预测能力的实证研究分析。在全样本和非金融行业研究样本检验中，综合收益与未来一期的净利润不具有显著的相关性，滞后一期综合收益与净利润的相关系数为正，且在1%的水平上显著；在金融行业研究样本检验中，当期综合收益和滞后一期综合收益均与未来一期的净利润呈显著的正相关关系，且在1%的水平上显著相关。滞后两期的综合收益与未来一期的净利润则缺乏相关性，随着时间的递延，综合收益的预测能力具有递减性的特征。此外，相对于非金融行业，金融行业的综合收益预测能力更为显著。

第二，有关综合收益对经营活动现金流预测能力的实证研究分析。在全样本和非金融行业研究样本检验中，当期综合收益、滞后一期综合收益以及滞后两期综合收益与未来一期经营活动现金流的相关系数在1%的水平上显著为正，相关系数随时间跨度增加而逐渐递减，该结果与现实相符，即综合收益的预测能力随时间的延长而减弱。上述结果与巴斯等（2001）的研究结论基本一致；而对于金融行业只有当期综合收益的相关系数在1%的水平上显著为正。

由于权责发生制确认原则，导致被解释变量未来期间的净利润和经营活动现金流存在显著差异，因此作为综合收益的会计信息在预测上述信息中也存在差异。考虑到不同行业特征的影响，综合收益预测能力的差异得到进一步的解读，即在金融行业，综合收益对净利润的预测能力强于对经营活动现金流的预测能力，且对净利润滞后影响的时间更长。对于非金融行业得到相反的结论，即综合收益对经营活动现金流的预测能力强于净利润，且对经营活动滞后影响的时间更长。

（2）净利润和其他综合收益的预测能力检验。

表 4.18 为净利润与其他综合收益预测能力的多元回归结果，具体如下：

表 4.18　　　　　净利润与其他综合收益预测能力的多元回归结果

| 变量 | 因变量为净利润 $NI_{i,t+1}$ | | | 因变量为经营活动现金流 $OP_{i,t+1}$ | | |
| --- | --- | --- | --- | --- | --- | --- |
| | 全样本 | 金融行业 | 非金融行业 | 全样本 | 金融行业 | 非金融行业 |
| $NI_{i,t}$ | 0.001 | 0.441 *** | 0.007 | 0.063 *** | 0.655 *** | 0.064 *** |
| | (0.04) | (8.93) | (0.41) | (8.36) | (3.49) | (8.56) |

| 变量 | 因变量为净利润 $NI_{i,t+1}$ | | | 因变量为经营活动现金流 $OP_{i,t+1}$ | | |
|---|---|---|---|---|---|---|
| | 全样本 | 金融行业 | 非金融行业 | 全样本 | 金融行业 | 非金融行业 |
| $NI_{i,t-1}$ | 0.057 *** | 0.081 * | 0.064 *** | 0.041 *** | − 0.256 | 0.045 *** |
| | (3.58) | (1.87) | (3.97) | (5.63) | (− 1.56) | (6.17) |
| $NI_{i,t-2}$ | 0.007 | 0.025 | 0.013 | 0.043 *** | 0.077 | 0.047 *** |
| | (0.45) | (0.85) | (0.79) | (6.01) | (0.68) | (6.46) |
| $OCI_{i,t}$ | − 0.133 | − 0.048 | − 0.132 | 0.012 | 0.269 | − 0.006 |
| | (− 1.25) | (− 0.52) | (− 1.21) | (0.25) | (0.77) | (− 0.13) |
| $OCI_{i,t-1}$ | 0.018 | − 0.017 | 0.020 | − 0.027 | − 0.154 | − 0.033 |
| | (0.19) | (− 0.19) | (0.20) | (− 0.60) | (− 0.47) | (− 0.72) |
| $OCI_{i,t-2}$ | 0.031 | − 0.027 | 0.038 | − 0.098 ** | − 0.218 | − 0.086 * |
| | (0.31) | (− 0.38) | (0.37) | (− 2.17) | (− 0.82) | (− 1.84) |
| Constant | 0.011 | 0.014 *** | 0.032 *** | 0.044 *** | − 0.026 | 0.040 *** |
| | (0.48) | (2.65) | (4.64) | (4.24) | (− 1.28) | (12.85) |
| Year Effects | Y | Y | Y | Y | Y | Y |
| Observations | 5879 | 166 | 5713 | 5879 | 166 | 5713 |
| $R^2$ | 0.010 | 0.500 | 0.004 | 0.070 | 0.185 | 0.033 |

注: *** 表示在1%的水平上显著; ** 表示在5%的水平上显著; * 表示在10%的水平上显著。括号内为相应的 t 值。

第一，净利润与其他综合收益对净利润的预测。金融行业当期净利润的回归系数为0.441，在1%的水平上显著，此外，无论是全样本、非金融行业还是金融行业，滞后一期净利润都具有显著性，而其他综合收益在预测未来净利润时则缺乏显著性，说明其他综合收益总额不具有预测净利润的能力。

第二，净利润与其他综合收益对经营活动现金流的预测。全样本和非金融行业当期净利润、滞后一期净利润和滞后两期净利润均在1%的水平上与经营活动现金流显著相关，金融行业当期净利润在1%的水平上与经营活动现金流显著相关。此外，在全样本中滞后两期其他综合收益在5%的水平上与经营活动现金流显著相关，相关系数为 − 0.098；在非金融行业中，滞后两期其他综合收益在10%的水平上与经营活动现金流显著相关，相关系数为 − 0.086。

从上述实证研究检验结果可以看出，其他综合收益总额对未来净利润和经营活动现金流的预测能力弱于净利润。本书将对其他综合收益进行分解，进一步检验其他综合收益具体项目的预测能力。

（3）将其他综合收益按来源划分具体项目的预测能力分析。

表 4.19 反映的是其他综合收益具体项目预测能力的多元回归结果，具体分析如下：

表 4.19　　其他综合收益按来源划分具体项目预测能力的多元回归结果

| 变量 | 因变量为净利润 $NI_{i,t+1}$ | | | 因变量为经营活动现金流 $OP_{i,t+1}$ | | |
|---|---|---|---|---|---|---|
| | 全样本 | 金融行业 | 非金融行业 | 全样本 | 金融行业 | 非金融行业 |
| $NI_{i,t}$ | 0.002 | 0.425 *** | 0.008 | 0.064 *** | 0.660 *** | 0.066 *** |
| | (0.10) | (10.93) | (0.47) | (8.52) | (3.53) | (8.73) |
| $NI_{i,t-1}$ | 0.058 *** | 0.108 *** | 0.065 *** | 0.042 *** | -0.241 | 0.046 *** |
| | (3.62) | (3.17) | (4.01) | (5.76) | (-1.47) | (6.29) |
| $NI_{i,t-2}$ | 0.007 | 0.024 | 0.012 | 0.043 *** | 0.066 | 0.046 *** |
| | (0.42) | (1.04) | (0.76) | (5.94) | (0.59) | (6.39) |
| $DERIV_{i,t}$ | 15.238 *** | 12.165 | 15.282 *** | -3.547 | 99.177 | -3.507 |
| | (3.00) | (0.33) | (2.96) | (-1.52) | (0.29) | (-1.50) |
| $AFS_{i,t}$ | 0.005 | 0.152 | 0.020 | 0.210 | 0.813 | 0.171 |
| | (0.02) | (0.36) | (0.07) | (1.51) | (0.40) | (1.21) |
| $FC_{i,t}$ | -1.796 * | 9.536 *** | -1.891 * | -1.375 *** | 9.936 ** | -1.471 *** |
| | (-1.69) | (9.18) | (-1.75) | (-2.83) | (1.99) | (-2.99) |
| $LIOC_{i,t}$ | -2.855 | -12.955 *** | -2.177 | -4.709 *** | 9.485 | -4.573 *** |
| | (-0.82) | (-3.39) | (-0.61) | (-2.95) | (0.52) | (-2.83) |
| Constant | 0.013 | 0.014 *** | 0.033 *** | 0.043 *** | -0.031 | 0.039 *** |
| | (0.59) | (3.43) | (4.84) | (4.18) | (-1.59) | (12.73) |
| Year Effects | Y | Y | Y | Y | Y | Y |
| Observations | 5879 | 166 | 5713 | 5879 | 166 | 5713 |
| $R^2$ | 0.012 | 0.694 | 0.006 | 0.073 | 0.199 | 0.036 |

注：*** 表示在 1% 的水平上显著；** 表示在 5% 的水平上显著；* 表示在 10% 的水平上显著。括号内为相应的 t 值。

第一，对于净利润的预测，从全样本来看滞后两期的净利润与未来一期净利润在1%的水平上显著为正，相关系数为0.058，此外现金流套期保值工具产生的利得或损失中属于有效套期部分与未来一期净利润在1%的水平上显著为正，相关系数为15.238；外币报表折算差额与未来一期净利润在10%的水平上显著为负，相关系数为-1.796。从金融行业来看，滞后一期净利润和滞后两期净利润与未来一期净利润在1%的水平上显著为正，外币报表折算差额与未来一期净利润在1%的水平上显著为正，相关系数为9.536；按权益法核算被投资单位其他综合收益中所享有的份额与未来一期净利润在1%的水平上显著为负，相关系数为-12.955。从非金融行业来看，滞后两期的净利润与未来一期净利润在1%的水平上显著为正，相关系数为0.065；现金流套期保值工具产生的利得或损失中属于有效套期部分与未来一期净利润在1%的水平上显著为正，相关系数为15.282；外币报表折算差额与未来一期净利润在10%的水平上显著为负，相关系数为-1.891。可见金融行业与非金融行业综合收益具体项目对净利润的预测能力方面存在显著差异。

第二，对于经营活动现金流的预测，全样本和金融行业的实证检验证明，滞后期净利润与未来一期经营活动现金流呈正相关关系，且在1%的水平上显著；在其他综合收益具体项目中，外币报表折算差额和按权益法核算被投资单位其他综合收益中所享有的份额与未来一期经营活动现金流呈负相关关系，且在1%的水平上显著。对于金融行业实证研究表明，滞后一期的净利润与未来一期经营活动现金流呈正相关关系，且在1%的水平上显著；此外，其他综合收益具体项目中外币报表折算差额与未来一期经营活动现金流在5%的水平上显著为正。

对于净利润和经营活动现金流的预测方面在不同行业背景下的盈余项目存在显著差异，因此在对未来盈余进行预测时应根据行业特征选择不同的盈余项目。

（4）将其他综合收益按照重分类情况划分具体项目的预测能力分析。

表4.20为其他综合收益按重分类划分具体项目预测能力的多元回归结果，在全样本和非金融行业样本中，对于净利润和经营活动现金流的预测，当期净利润扣除当期重分类进损益的其他综合收益的预测能力与未来一期净利润在1%的水平上显著为负，与未来一期经营活动现金流在1%的水平上显著为正。

在金融行业样本中，经调整的净利润与未来净利润和未来经营活动现金流均显著为正。在预测未来净利润中，只有在金融行业当期重分类进损益的其他综合收益系数在 1% 的水平上显著为正，系数为 0.683；在预测未来经营活动现金流时，同样只有金融行业，当期重分类进损益的其他综合收益在 5% 的水平上显著为正，系数为 2.533，当期已确认未实现的其他综合收益在 5% 的水平上显著为负，系数为 -50.397。

表 4.20　其他综合收益按重分类划分具体项目预测能力的多元回归结果

| 变量 | 因变量为净利润 $NI_{i,t+1}$ | | | 因变量为经营活动现金流 $OP_{i,t+1}$ | | |
|---|---|---|---|---|---|---|
| | 全样本 | 金融行业 | 非金融行业 | 全样本 | 金融行业 | 非金融行业 |
| $NIADJ_{i,t}$ | -0.056 *** | 0.046 *** | -0.056 *** | 0.045 *** | 0.085 * | 0.060 *** |
| | (-11.79) | (3.62) | (-11.07) | (8.08) | (1.66) | (10.07) |
| $NIADJ_{i,t-1}$ | 0.022 *** | -0.018 | 0.021 *** | 0.029 *** | -0.079 | 0.047 *** |
| | (4.46) | (-1.00) | (3.96) | (5.10) | (-1.07) | (7.52) |
| $NIADJ_{i,t-2}$ | 0.038 *** | -0.030 ** | 0.037 *** | 0.027 *** | 0.006 | 0.040 *** |
| | (7.36) | (-2.07) | (6.93) | (4.41) | (0.10) | (6.27) |
| $OCIRECY_{i,t}$ | 0.060 | 0.683 ** | 0.055 | 0.146 | 2.533 ** | 0.162 |
| | (0.62) | (2.40) | (0.57) | (1.29) | (2.20) | (1.42) |
| $OCIUGL_{i,t}$ | -0.628 | 4.013 | -0.655 | -0.321 | -50.397 ** | -0.466 |
| | (-1.16) | (0.82) | (-1.19) | (-0.50) | (-2.55) | (-0.72) |
| Constant | 0.015 | 0.031 *** | 0.039 *** | 0.047 *** | -0.014 | 0.045 *** |
| | (0.69) | (4.71) | (5.73) | (4.55) | (-0.74) | (14.58) |
| Year Effects | Y | Y | Y | Y | Y | Y |
| Observations | 5879 | 166 | 5713 | 5879 | 166 | 5713 |
| $R^2$ | 0.009 | 0.109 | 0.002 | 0.051 | 0.139 | 0.009 |

注：*** 表示在 1% 的水平上显著；** 表示在 5% 的水平上显著；* 表示在 10% 的水平上显著。括号内为相应的 t 值。

从上述研究可以看出，披露其他综合收益具体项目，能够为会计信息使用者提供增量的会计信息。此外，对于综合收益预测能力的实证检验结果可以看出，针对不同的预测对象（净利润还是经营活动现金流）以及不同行业（如金融行业和非金融行业），其他综合收益的具体项目存在显著差异。

（5）不同列报位置下综合收益预测能力的实证检验结果及分析。

根据有效市场假说，无论以何种方式披露的会计信息均具有相同的信息含量，可以及时被市场识别并反映到股票价格中，当然完全有效市场是一种理想状态，目前我国资本市场还处于非完全有效的状态，因此在不同报表中披露综合收益会计信息可能产生不同的市场反应。

我们分别对 2009～2013 年度和 2014～2017 年度的综合收益及其组成部分进行预测能力的检验，为了提高会计信息可比性，我们将样本范围限定在 2009 年以前上市的公司，剔除了 2009 年之后在深交所和上交所上市的公司，保证在两个时间段内公司样本的一致性，提高实证检验结果的稳健性，降低检验过程中由于样本公司不一致产生的噪音。我们将面板数据按照 2009～2013 年度和 2014～2017 年度两段时间样本组，分别进行回归。

表 4.21 和表 4.22 仍然沿用模型（4-10）、模型（4-11），分别检验 2009～2013 年度和 2014～2017 年度综合收益及其组成部分的预测能力。

①会计准则修订前后净利润和其他综合收益的预测能力检验。

表 4.21　会计准则修订前后净利润与其他综合收益预测能力的多元回归结果

| VARIABLES | 2009～2013 年 | 2014～2017 年 | 2009～2013 年 | 2014～2017 年 |
| :---: | :---: | :---: | :---: | :---: |
| | $NI_{i,t+1}$ | $NI_{i,t+1}$ | $OP_{i,t+1}$ | $OP_{i,t+1}$ |
| $NI_{i,t}$ | 0.171 *** | 0.296 *** | 0.187 *** | 0.047 *** |
| | (5.81) | (18.43) | (6.75) | (5.02) |
| $NI_{i,t-1}$ | 0.327 *** | 0.100 *** | 0.098 *** | 0.030 *** |
| | (10.17) | (6.05) | (4.06) | (3.19) |
| $NI_{i,t-2}$ | 0.015 | 0.094 *** | 0.043 ** | 0.041 *** |
| | (0.53) | (5.84) | (2.01) | (4.36) |

| VARIABLES | 2009～2013 年 | 2014～2017 年 | 2009～2013 年 | 2014～2017 年 |
| --- | --- | --- | --- | --- |
| | $NI_{i,t+1}$ | $NI_{i,t+1}$ | $OP_{i,t+1}$ | $OP_{i,t+1}$ |
| $OCI_{i,t}$ | -0.044 | -0.106** | 0.046 | 0.029 |
| | (-0.47) | (-2.17) | (0.37) | (0.43) |
| $OCI_{i,t-1}$ | 0.027 | 0.010 | -0.032 | -0.026 |
| | (0.38) | (0.19) | (-0.36) | (-0.36) |
| $OCI_{i,t-2}$ | -0.071 | 0.016 | -0.051 | -0.198** |
| | (-1.17) | (0.28) | (-0.69) | (-2.14) |
| _Iind_2 | 0.005 | 0.008** | 0.002 | 0.014** |
| | (0.75) | (2.49) | (0.17) | (2.37) |
| _Iind_3 | 0.004 | 0.004 | -0.015 | 0.000 |
| | (0.60) | (1.04) | (-1.54) | (0.08) |
| _Iind_4 | 0.008 | 0.007** | 0.016 | 0.003 |
| | (1.19) | (1.99) | (1.57) | (0.56) |
| _Iind_5 | 0.007 | 0.005 | -0.009 | 0.001 |
| | (0.93) | (1.43) | (-0.92) | (0.16) |
| _Iind_6 | 0.001 | 0.003 | 0.006 | 0.011* |
| | (0.18) | (0.99) | (0.57) | (1.87) |
| Constant | 0.011* | 0.012*** | 0.027*** | 0.030*** |
| | (1.72) | (4.12) | (3.07) | (5.83) |
| Observations | 2249 | 3594 | 2249 | 3594 |
| $R^2$ | 0.108 | 0.164 | 0.053 | 0.021 |

注：*** 表示在 1% 的水平上显著；** 表示在 5% 的水平上显著；* 表示在 10% 的水平上显著。括号内为相应的 t 值。

表 4.21 为会计准则修订前后净利润与其他综合收益预测能力的多元回归结果，具体如下：

关于净利润和其他综合收益对未来净利润的预测。2009～2013 年当期净利润的回归系数为 0.171，2014～2017 年当期净利润的回归系数为 0.296，均在 1% 的水平上显著。2009～2013 年当期其他综合收益对未来净利润的预测缺乏显著性，而 2014～2017 年当期其他综合收益的回归系数为 −0.106，在 5% 的水平上显著。说明综合收益具体项目在利润表中披露后，其他综合收益对于未来净利润的预测能力有所提升。

对于净利润和其他综合收益对未来经营活动现金流的预测。2009～2013 年净利润和 2014～2017 年净利润的回归系数均在 1% 的水平上与经营活动现金流显著相关。此外，2014～2017 年滞后两期的其他综合收益在 5% 的水平上与经营活动现金流显著相关，相关系数为 −0.198。说明综合收益具体项目在利润表中披露后，其他综合收益对于经营活动现金流的预测能力有所提升。

从上述实证研究检验结果可以看出，无论是 2009～2013 年时间段还是 2014～2017 年时间段，净利润对未来净利润和经营活动现金流的预测能力强于其他综合收益总额，但是通过区分其他综合收益信息披露的不同时间区间，可以看出 2014 年之后在利润表中披露的其他综合收益对未来净利润和经营活动现金流的预测能力增强。本书将对其他综合收益进行分解，进一步检验其他综合收益具体项目的预测能力。

②会计准则修订前后其他综合收益按来源划分具体项目预测能力检验。

表 4.22 会计准则修订前后为其他综合收益具体项目预测能力的多元回归结果，具体分析如下：

表 4.22  会计准则修订前后其他综合收益按来源划分具体项目预测能力的多元回归结果

| VARIABLES | 2009～2013 年 | 2014～2017 年 | 2009～2013 年 | 2014～2017 年 |
| --- | --- | --- | --- | --- |
| | $NI_{i,t+1}$ | $NI_{i,t+1}$ | $OP_{i,t+1}$ | $OP_{i,t+1}$ |
| $NI_{i,t}$ | 0.170 *** | 0.074 *** | 0.187 *** | 0.048 *** |
| | (5.82) | (5.02) | (6.73) | (5.19) |
| $NI_{i,t-1}$ | 0.325 *** | 0.043 *** | 0.097 *** | 0.031 *** |
| | (10.11) | (2.96) | (4.03) | (3.37) |
| $NI_{i,t-2}$ | 0.016 | 0.044 *** | 0.044 ** | 0.040 *** |
| | (0.58) | (2.99) | (2.04) | (4.27) |

综合收益信息运用与列报

| VARIABLES | 2009～2013 年 | 2014～2017 年 | 2009～2013 年 | 2014～2017 年 |
|---|---|---|---|---|
| | $NI_{i,t+1}$ | $NI_{i,t+1}$ | $OP_{i,t+1}$ | $OP_{i,t+1}$ |
| $DERIV_{i,t}$ | −14.86 | 15.036*** | −18.60 | −4.128 |
| | (−0.28) | (3.54) | (−0.70) | (−1.53) |
| $AFS_{i,t}$ | 2.535 | −0.006 | −0.218 | 0.216 |
| | (0.28) | (−0.02) | (−0.05) | (1.32) |
| $FC_{i,t}$ | −2.509 | −1.814** | −2.329 | −1.549*** |
| | (−0.05) | (−2.06) | (−0.10) | (−2.77) |
| $LIOC_{i,t}$ | −46.866 | −2.274 | 40.946 | −4.704*** |
| | (−0.12) | (−0.81) | (0.20) | (−2.64) |
| _Iind_2 | 0.013 | 0.013 | 0.002 | 0.014** |
| | (0.66) | (1.41) | (0.18) | (2.32) |
| _Iind_3 | 0.016 | 0.003 | −0.015 | −0.000 |
| | (0.81) | (0.27) | (−1.50) | (−0.08) |
| _Iind_4 | 0.017 | 0.018* | 0.016 | 0.003 |
| | (0.84) | (1.85) | (1.57) | (0.47) |
| _Iind_5 | 0.013 | 0.007 | −0.009 | 0.001 |
| | (0.66) | (0.72) | (−0.91) | (0.16) |
| _Iind_6 | 0.001 | 0.005 | 0.006 | 0.011* |
| | (0.08) | (0.49) | (0.58) | (1.72) |
| Constant | 0.033* | 0.021** | 0.027*** | 0.030*** |
| | (1.89) | (2.57) | (3.04) | (5.87) |
| Observations | 2249 | 3594 | 2249 | 3594 |
| $R^2$ | 0.038 | 0.018 | 0.053 | 0.024 |

注：***表示在1%的水平上显著；**表示在5%的水平上显著；*表示在10%的水平上显著。括号内为相应的 t 值。

关于其他综合收益对净利润的预测。从 2009 ~ 2013 年和 2014 ~ 2017 年来看当期净利润和滞后一期的净利润与未来一期净利润在 1% 的水平上显著为正。2009 ~ 2013 年滞后两期的净利润与未来一期净利润并不显著，而 2014 ~ 2017 年滞后两期的净利润与未来一期净利润却在 1% 的水平上显著为正，系数为 0.044。此外，2014 ~ 2017 年现金流套期保值工具产生的利得或损失中属于有效套期部分与未来一期净利润在 1% 的水平上显著为正，相关系数为 15.036；2014 ~ 2017 年段外币报表折算差额与未来一期净利润在 5% 的水平上显著为负，相关系数为 – 1.814。可见会计准则变动之后综合收益具体项目对净利润的预测能力显著提高。

关于其他综合收益项目对经营活动现金流的预测。从 2009 ~ 2013 年和 2014 ~ 2017 年两段时间样本区间来看，当期净利润、滞后一期以及滞后两期的净利润与未来一期经营活动现金流在 1% 的水平上显著为正。对于其他综合收益具体项目，2009 ~ 2013 年样本期间与经营活动现金流不存在显著相关关系；2014 ~ 2017 年其他综合收益具体项目中外币报表折算差额和按权益法核算被投资单位其他综合收益中所享有的份额与未来一期经营活动现金流在 1% 的水平上显著为负。可见会计准则变动之后综合收益具体项目对经营活动现金流的预测能力有所提升。

### 4.3.4 稳健性检验

#### 4.3.4.1 补充控制变量

在原回归模型的基础上增加了规模、负债比率以及上市总年数等控制变量，结果发现，解释变量预测能力的研究结论与之前的实证结果一致，此外控制变量均具有显著的相关性，说明在不同的规模以及资本结构水平下，综合收益及其具体的组成部分仍具有预测能力。

#### 4.3.4.2 调整去规模化的方式

本章的回归模型采用了期末总资产实现变量的去规模化，在稳健性测试中，本章用期末净资产、平均总资产、平均净资产、流通股、销售收入等变量替代期末总资产，最终得到了一致的研究结论，说明采用不同的去规模化方式并未影响综合收益及其组成部分的预测能力。

## 4.4 研究发现

### 4.4.1 关于综合收益价值相关性

本章分别采用价格模型和收益模型，检验了综合收益及其具体项目的价值相关性，实证检验结论总结如下：

（1）我们选取的是 2009 ~ 2017 年度样本，综合收益总额和净利润在价格模型中与股票价格呈现显著的正相关关系。而在收益模型中，我们得到了相同的结果。上述研究与已有的研究文献基本一致。

（2）采用价格模型和收益模型均证实了其他综合收益、可供出售金融资产具有显著的价值相关性，说明披露其他综合收益会计信息，为投资者提供决策有用的会计信息，增强了会计信息的价值相关性。此外，其他综合收益的具体项目并未全部具有显著的价值相关性，因此假设 4 - 1 - 2 部分通过验证。

（3）假设 4 - 1 - 3 是将其他综合收益分成当期可重分类进损益的其他综合收益和当期已确认未实现的其他综合收益，在价格模型和收益模型检验中，当期已确认未实现的其他综合收益与股票价格股票收益率显著相关，而当期可重分类进损益的其他综合收益则不具有价值相关性，因此，假设 4 - 1 - 3 部分通过验证。

（4）假设 4 - 1 - 2 和假设 4 - 1 - 3 在价格模型和收益模型的不同结果说明了其他综合收益及其组成部分的价值相关性具有不稳定性，收益模型和价格模型在模型检验中存在一定的差异。科塔里和齐默尔曼（1995）详细讨论了价格模型和收益模型的差异，指出价格模型在计量上更容易产生异方差、模型设定有偏差等问题，但该模型估计系数产生的系数偏差较小，因此建议在实证检验中同时使用价格模型和收益模型，使得结果更加有效。

（5）我们基于会计准则修订前后综合收益在不同的财务报表列示来检验综合收益及其组成部分的价值相关性，结果表明其他综合收益在 2014 ~ 2017 年反映出与企业股票价格具有价值相关性。综合收益于 2014 年首次以会计准则的形式予以规范，要求企业统一在利润表中披露综合收益及其具体组成部分的当期发生额，同时在资产负债表中增加了"其他综合收益"的会计科目，使得其他综合收益会计信息得到充分的列示和披露，加强了会计信息的价值相关性。这一结论也说明了综合收益在利润表中披露较所有者权益变动表更具有价值相关性。

通过上述实证检验和分析证明综合收益具有价值相关性，其中净利润具有显著的价值相关性，而其他综合收益随着会计准则的修订与完善，其价值相关性逐渐体现，尤其是在利润表中详细披露综合收益信息，可以看出其他综合收益的价值相关性显著提升。

我们的研究还发现，其他综合收益的价值相关性主要是受到其明细项目的影响，其中可供出售金融资产以及按权益法核算被投资单位计入其他综合收益所享有的份额具有显著的价值相关性；外币报表折算差额、现金流量套期工具产生的影响、设定收益计划变动的影响与股票价格的相关性程度较低。我们采用价格模型和收益模型检验其他综合收益及其组成部分的价值相关性时存在差异，说明其他综合收益及其组成部分的价值相关性还不稳定，但可以看到无论采用哪一类模型，其他综合收益的具体组成部分与股票价格/股票收益率显著相关，说明披露其他综合收益的具体项目为信息使用者提供了有用的会计信息。

### 4.4.2　关于综合收益预测能力

本章检验了当期综合收益和滞后期综合收益及其组成部分对净利润、经营活动现金流的预测能力，得到如下几点结论：

（1）总体而言，综合收益总额具有显著的预测能力。对于净利润的预测，在金融行业表现更为显著且影响较为持久，我们选择的当期综合收益以及滞后一期的综合收益均具有显著的预测能力；对于全行业和非金融行业滞后一期综合收益显示出显著的预测能力，而当期综合收益则缺乏预测能力。对于经营活动现金流的预测，从全样本和非金融行业的角度可以看出当期综合收益、滞后一期综合收益以及滞后两期综合收益均具有显著的预测能力，而对于金融行业而言，只有当期综合收益具有显著的预测能力。

（2）从总体上看，净利润对未来净利润和经营活动现金流的预测能力强于其他综合收益总额。在不同行业背景下，其他综合收益项目对净利润和经营活动现金流的预测能力存在显著差异。此外，披露其他综合收益及其具体项目，为预测未来净利润和经营活动现金流提供增量的会计信息。对比金融行业与非金融行业可以看出，非金融行业的拟合优度明显低于金融行业，说明行业属性可能会成为影响该模型拟合优度的重要因素。针对不同行业综合收益及其组成部分预测能力存在的显著差异，财务报表使用者在进行盈利预测的过程中，在充分考虑行业特征的基础上选择盈余的不同组成部分进行盈利预测，有效提高盈利预测的准确度。

（3）本章基于企业会计准则修订前后综合收益在不同的财务报表列示，检验综合收益及其组成部分的预测能力，结果表明会计准则变动前后无论是当期其他综合收益还是滞后一期、两期的其他综合收益在预测未来净利润时都缺乏显著性，说明其他综合收益总额预测净利润的能力较弱。但从 2014 年开始在利润表中将综合收益分为净利润和其他综合收益两部分进行列式后，其他综合收益对于经营活动现金流的预测能力有所提升，其他综合收益具体项目对净利润的预测能力显著提高，说明作为收益来披露其他综合收益具体项目对于会计信息使用者而言提供了增量信息。因此，与在所有者权益变动表中列式综合收益具体项目相比，在利润表中列示综合收益具体项目具有更高的预测价值，能够有效地提高会计信息的决策有用性和透明度。

# 第5章

# 综合收益信息的信贷决策有用性

综合收益信息的决策有用性，不仅指对股权投资者具有决策有用性，而且还包括对债权投资者的信贷决策具有有用性。本章研究综合收益信息的信贷决策有用性。

## 5.1 本章研究切入点与研究思路

自从2014年"11日超日债"打破债券市场30年无违约记录以来，债券信用违约变得更加密集和频繁，这已经成了债券市场的新常态。信用收缩环境下，上市公司面临的融资压力与现金流平衡压力居高不下，违约风险大大加剧。财务报表列报以满足股权投资者的信息需求为标准已然不够，准则制定机构需要将债权人需求融入会计信息列报要求中，更多地促使企业关注债权人利益，引导上市公司提供公司真实的经营成果、财务状况，发掘报表项目背后实际经营情况，以保障财务报表使用者，包括债权人的财产不受损害。

2014年财政部修订并发布了《企业会计准则第30号——财务报表列报》，重点调整了其他综合收益的列报披露要求，提高了信息的披露力度。这一举措能够反映更全面、更有用的财务业绩信息，以满足使用者投资、信贷以及其他经济决策的需要，体现了资产负债观下以决策有用性为导向的更具有相关性的会计信息的质量要求。

其他综合收益是一种反映持有资产负债价值变动的综合函数，它由某段时期内的市场价格、外汇和利率等波动所引发，衡量了市场宏观因素的波动情况。市场环境等因素的变动引发该收益的变动，进而呈现出一定的波动性，反映出企业因不稳定的收益而存在的风险信息。因此，本章认为其他综合收益的波动性可能是债权人评判债务人公司信用风险的指标，通过研究债务融资成本，新增借款规模和信用评级等因素与其他综合收益波动性的相关关系来探究债权人是否在投资决策中参考其他综合收益传递的增量信息。

综合收益决策有用性的研究由价值相关性研究以及风险相关性研究两部分组成，现有文献广泛集中于从价值相关性角度研究会计信息对股权投资者是否具有决策有用性，本章选取信用风险角度，将研究主体扩展到债权人，就其他综合收益信息的风险相关性是否为债权人提供决策有用的增量信息进行考察。本章构建的指标 INC_OCI_VOL 可以反映其他综合收益对企业整体波动率的增量影响。它并非是单纯的其他综合收益的标准差，而是用综合收益的波动率，减去净利润的波动率。这两个风险度量之间的差异能够从总体上反映出由其他综合收益驱动的波动性的增加和减少，从而得出对企业总体风险的影响。

## 5.2  理论分析与假设提出

美国第 8 号财务会计概念公告（SFAC No. 8，2010）认为，决策有用的信息有助于投资者评估企业未来净现金流量的数量、产生时间和不确定性。能够帮助股权投资人与债权投资者对企业盈余和风险进行准确评估的信息才能被认为决策有用，这是对决策有用信息的评判标准的明确定义。1997 年 6 月，美国财务会计准则委员会（FASB）发布了第 130 号财务会计准则《报告综合收益》。综合收益列报模式将企业已实现和未实现的利得和损失囊括在一张财务报表中综合报告，收益信息得以更加全面和真实呈现，帮助财务报表使用者辨认出企业管理者隐藏在报表数据背后的盈余管理行为，以便更好地作出合理的投融资决策（Hirst，1998）。研究发现，与使用 FAS130 准则颁布前的数据做比较，用准则颁布后的数据得出其他综合收益的信息透明度提高，更具有价值相关性，为其他综合收益的决策有用性提供了理论支持。

其他综合收益记录了企业某些交易和事项引起的所有者权益的公允价值变动，与公允价值信息一样具有预测收益和企业价值的能力，也应与信息使用者的决策相关。关于波动性的研究，过去的文献侧重于其他综合收益波动率信息对股权投资者的有用性。然而，对综合收益的决策有用性的研究还应该涵盖综合收益对债权人决策的影响。会计信息在塑造债务合同中起着重要作用

（Armstrong，Guay，Weber，2010；Ball，Bushman，Vasvari，2008），而其他综合收益内本期未实现收益等会计信息的披露，涵盖了受汇率变动、现金流量有效套期等外部因素影响公允价值变动的项目，该会计信息变动可以提示风险相关信息，能够反映企业为此实施风险规避策略所导致的结果，该类项目的披露反映出企业对于降低经营风险的较高关注度，因而其他综合收益传递的会计信息会为信息使用者提示风险，具有更强的风险预警性，有助于债务人判断企业未来经营状况，作出有效的决策。本章通过综合收益波动率的研究来探讨其对债权人信贷决策的影响。

以往大量的研究使用营业收入的波动来捕捉资产价值的波动性，后续的文献扩展这种推理方式，将公司的总收益波动率分解为净利润和其他综合收益两者的波动率，将其他综合收益的波动性定义为过去五年其他综合收益年度变动的标准差（Ettredge，2014）；黄（Huang，2016）采用的是样本 2012 ~ 2016 年其他综合收益数值的组内标准差衡量其他综合收益的波动性。其他综合收益不仅会根据自身的波动性影响信用风险，还会基于其与公司其他收入流的相关性来影响信用风险。换言之，其他综合收益项目中因现金流量套期、汇率变动引发的折算差异等造成的波动性可能会加剧风险，而它与净利润之间的相关关系可能会对冲其他风险。如何更为准确地衡量其他综合收益所反映的信用风险至关重要，霍德等（Hodder et al.，2006）曾经探讨了商业银行样本中综合收益的增量波动对股权持有人的风险的影响，借鉴上述增量波动率的衡量方式，包和史密斯（Bao and Smith，2017）聚焦于研究增量其他综合收益波动率与信用风险的联系，证明了增量其他综合收益波动率能为债权人提供风险相关性的信息。

默顿（Merton，1974）的风险债务估值理论认为，公司债券实际上可以看作是由一个无风险债券多头与一个看跌期权的空头组成的投资组合。公司是否选择违约取决于资产的市场价值，如果借款到期时，公司市场价值 V > 债务 X，企业会选择还款 X，此时债权人会得到固定的贷款收益，本金和利息都能得到全部偿还，相当于债权人买入一份无风险债券。若 V < X，借款公司由于丧失还款的能力最终会选择违约，可将债权人的贷款收益看作卖出一份债务人公司资产的看跌期权，即债权人借出该笔借款所得的酬劳等价于卖出一份债务人公司的看跌期权。该看跌期权的标的资产是公司的资产，期权的执行价格是

公司债务的面值。随着标的企业资产波动性的增加，企业违约的可能性提高，债权人面临的信用风险加剧。资产的波动性不仅受到资产经营所产生的营业收入以及相应的成本费用支出的净利润的影响，还受到计入其他综合收益的持有资产和负债未实现损益的影响，即综合收益信息更加全面地反映了企业的总体波动情况。因此，将公司的综合收益波动率分解为净利润和其他综合收益两者的波动率，而本章主要用其他综合收益波动性来提示债务风险的发生。

债权人和股东之间存在不对称的获利方式，二者风险也不尽相同。债权人在债务契约中的收益存在上限，即当债务人企业经营状况良好、市场价值远高于债权价值时，债权人行权时最多能收回本金和利息；如果债务人营业状况恶化导致资不抵债、面临破产时，债权人甚至无法收回本金，于是，相比于股权投资者，债权人更注重于本金和利息的安全偿付，对于企业会计信息中传递的信用风险会更加敏锐。

作为未在当期确认的各项利得和损失的税后净额，其他综合收益中包含了出现频率较高、变动频繁且金额占比相对较大的项目，例如其他债权投资公允价值变动损益、现金流量套期储备，以及外币财务报表折算差额。企业管理者将本期难以划分的项目全部纳入其他综合收益，并在未来期间将相关资产处置，操纵其他综合收益来进行盈余管理，使未实现的利得和损失成为净利润的一部分，影响到企业未来现金流，进而导致未来资产价值的变动。因此，金额相对较大的其他综合收益项目的频繁变动会引发其他综合收益波动率的增加，该波动性可以体现企业为实现未来投资收益所做的措施；除了其他综合收益项目直接引发企业资产价值的波动以外，当企业管理者的其他决策影响到公司整体资产价值波动性时，这种波动性导致的风险也会增加企业经营不善甚至资不抵债的可能性，债权人会面临潜在的债权价值下降。由于其他综合收益波动构成公司整体资产波动性的重要组成部分，我们预计其他综合收益波动率会反映信用风险的增加，债权人对较高波动性的担心反映到债务契约缔结的结果，会体现出更高的债务成本，即债权人将通过施加更高的债务融资成本来保护其债权的价值。故本章提出了第一个假设：

假设 5 - 1：债务融资成本与其他综合收益波动率正相关。

债权人会在债务契约签订之前，对企业的财务状况和经营成果进行全面的调查与分析，以了解企业的风险水平和偿债能力，进而决定是否向企业提供贷款以及贷款的规模。长短期借款的增量规模可以衡量债权人的贷款决策，反映债权人借款给企业的意愿。当债权人关注到公司其他综合收益的波动性增大时，企业表现出的经营水平下降、信用风险增大会提高债权人最大程度保全资产的意识，为了避免潜在的风险损害其利益，债权人会选择不借款或者减少当年借款规模。其他综合收益波动率越大，其反映的企业信用风险越大，债权人越要求严格限制贷款额度，减少新增贷款规模。以往研究会计信息对债权人决策的影响的文献（李增泉、孙铮，2006；陆正飞，2008；杜兴强，2011），均构建了以新增借款规模为被解释变量，财务指标当作解释变量的多元回归模型进行研究。为研究其他综合收益波动率对债务契约缔结过程中债权人决策的影响，本章参考以往学者的做法，构建以新增长短期借款规模作为因变量的替代变量。就其他综合收益波动率与借款规模变化量之间的关系，我们提出了第二个假设：

假设5-2：企业新增借款规模与其他综合收益波动率负相关。

信用评级机构是从事信用评级业务的金融中介，具备信息发现功能，可以为投资者提供关于企业信用风险的信息，帮助投资者依据公开信息评估企业经营情况作出决策。本章预计其他综合收益波动性可以反映信用风险，当与其他综合收益相关资产的波动性增大时，会导致企业信用风险加大，从而会影响到信用评级的变化（Brennan，Hein，Poon 2009），进一步为债权人的投资决策提供风险相关信息。埃姆里克等（Emrick et al.，2006）的研究发现，穆迪评级公司已经在其评级中运用到了其他综合收益信息，穆迪在计算信用评级分析的关键指标——有效杠杆比率时，考虑了与预期交易相关的现金流量套期和可供出售金融资产的公允价值变动损益对于权益的影响。荣格、苏珊·索德斯通和杨（Jung，Soderstorm and Yang，2013）提到，目前评级机构以企业总收益波动性作为信用评级的主要因素，如果债权人关注的是公司总收益的变化，那么构成总收益波动的两部分中，其他综合收益的波动率通常会超过净利润的波动率，这可能是信用评级机构关注其他综合收益波动率的原因。我国信用评级机构虽然不如国外机构发展成熟，但李琦等（2011）研究发现，信用评级机构可以捕捉企业的盈余管理行为并就此调整信用等级。吴健和朱松发现2005年以后的信用评级结果在一定限度上反映了企业的基本风险。近些年来，企业创造财富能力、偿债能力、规模因素、收益波动性等风险指标都显著影响了评级结果等。随着我国信贷市场发展速度的加快，政策监管要求不断提高，投资者趋于理性化，我国信用评级机构基于企业实际情况在揭示违约风险方面的专业性显著提升。基于此，我们提出了第三个假设：

假设 5-3：企业主体信用评级的等级与其他综合收益波动率负相关。

## 5.3　研究设计

### 5.3.1　样本选择与数据来源

本章选取沪深两市 A 股上市公司 2014～2018 年 5 年作为样本期间，采用以下标准进行筛选：（1）剔除 ST、＊ST 类公司；（2）剔除金融行业类公司；（3）剔除其他综合收益项目为缺失值的公司；（4）删除未披露关键变量的公司。考虑到需要对解释变量和控制变量进行连续 4 年滚动计算标准差，对样本公司的存续期有严格要求，故选择在 2010 年之前上市且其他综合收益未缺失的公司，数据缺失将导致波动性无法计算，故剔除其他综合收益项目数据连续两年及以上缺失的公司。最终得到总体样本共计 1922 个公司 5 个年度的总体样本观测值。为了控制极端值的影响，对模型中的被解释变量、解释变量和所有控制变量均采取 1% 的缩尾处理。

本章的数据来源于国泰安数据库、WIND 金融数据库，采用 Excel2016 及 Stata13 软件完成对样本数据的前期处理、统计分析及多元线性回归分析等工作。

### 5.3.2　模型设计

本章参考大卫·史密斯（David Smith，2017）的研究，采用以下多元线性回归模型来验证其他综合收益波动性是否能对债务人决策提供增量信息。

$$y = \alpha_0 + \alpha_1 INC\_OCI\_VOL + \alpha_2 OCI + \alpha_3 ROA\_VOL + \alpha_4 ROA + \alpha X + \varepsilon$$

$y$ 是广义被解释变量，分别代表债务融资成本、新增借款规模以及信用评级等级。模型中控制了三个变量：通过控制其他综合收益水平（OCI）来控制其他综合收益对收入的影响；控制盈利能力（ROA）和资产收益率波动率（ROA_VOL）以确保被解释变量不会受到净利润波动的影响。其他控制变量（$X$）针对不同研究对象的变化而变化。为了确保在债权人作出投资决策时，已经可以获取上市公司的财务状况、经营成果以及关于其他综合收益的变动信息，模型中解释变量、控制变量选择前置一个年度的数据。

模型（5-1）预期，债务融资成本与其他综合收益波动率正相关。

$$COST_{i,t+1} = \beta_0 + \beta_1 \, INC\_OCI\_VOL_{i,t} + \beta_2 \, OCI_{i,t} + \beta_3 \, ROA\_VOL_{i,t} + \beta_4 \, ROA_{i,t}$$
$$+ \beta_5 LEV_{i,t} + \beta_6 TANGIBILITY_{i,t} + \beta_7 \, LOG\_SIZE_{i,t} + \beta_8 ZSCORE_{i,t}$$
$$+ \beta_9 \, LOG\_LOAN_{i,t} + \beta_{10} ABNEARN_{i,t}$$
$$+ Dummy \; variables \{year \; and \; industry\} + \varepsilon_{i,t} \qquad 模型（5-1）$$

模型（5-2）预期，企业新增借款规模与其他综合收益波动率负相关。

$$\Delta LOAN_{i,t+1} = \beta_0 + \beta_1 \, INC\_OCI\_VOL_{i,t} + \beta_2 \, OCI_{i,t} + \beta_3 \, ROA\_VOL_{i,t}$$
$$+ \beta_4 \, ROA_{i,t} + \beta_5 LEV_{i,t} + \beta_6 TANGIBILITY_{i,t} + \beta_7 \, LOG\_SIZE_{i,t}$$
$$+ \beta_8 \, ZSCORE_{i,t} + \beta_9 \, LOG\_LOAN_{i,t} + \beta_{10} ABNEARN_{i,t} + \beta_{11} \, GROW_{i,t} +$$
$$\beta_{12} \, CIFO_{i,t} + \beta_{13} \, OFFER_{i,t}$$
$$+ Dummy \; variables \{year \; and \; industry\} + \varepsilon_{i,t} \qquad 模型（5-2）$$

模型（5-3）预期，企业主体信用评级的等级与其他综合收益波动率负相关。

$$RATING_{i,t+1} = \beta_0 + \beta_1 \, INC\_OCI\_VOL_{i,t} + \beta_2 \, OCI_{i,t} + \beta_3 \, ROA\_VOL_{i,t} + \beta_4 \, ROA_{i,t}$$
$$+ \beta_5 LEV_{i,t} + \beta_6 TANGIBILITY_{i,t} + \beta_7 \, LOG\_SIZE_{i,t} + \beta_8 ABNEARN_{i,t}$$
$$+ \beta_9 \, M/B_{i,t} + \beta_{10} \, GROW_{i,t}$$
$$+ Dummy \; variables \{year \; and \; industry\} + \varepsilon_{i,t} \qquad 模型（5-3）$$

### 5.3.3 变量定义

本章构建了一个反映其他综合收益波动率的度量指标 INC_OCI_VOL，用综合收益的波动率与净利润的波动率两个风险度量之间的差异来计算。公式如下：

$$INC\_OCI\_VOL_{it} = \sigma\left(\frac{CI_{it}}{TA_{it}}, \frac{CI_{it-1}}{TA_{it-1}}, \frac{CI_{it-2}}{TA_{it-2}}, \frac{CI_{it-3}}{TA_{it-3}},\right) - \sigma\left(\frac{NI_{it}}{TA_{it}}, \frac{NI_{it-1}}{TA_{it-1}}, \frac{NI_{it-2}}{TA_{it-2}}, \frac{NI_{it-3}}{TA_{it-3}},\right)$$
$$(5-4)$$

其中，CI、NI、TA 分别代表第 t 年末，第 i 家公司的综合收益、净利润和总资产，$\sigma$ 是从 t 年开始以前 3 年总共 4 年数据的标准差的运算。

INC_OCI_VOL 的度量参考了会计准则中综合收益由净利润和其他综合收

益构成的规定，将捕获其他综合收益对整体公司风险的两种影响：其他综合收益不仅会根据自身的波动性影响信用风险，还会基于其与公司其他收入流的相关性来影响信用风险。首先，其他综合收益将通过其自身的标准差直接影响公司风险，加剧波动性。其次，其他综合收益将通过与净利润的相关性影响整体公司风险，例如通过投资组合效应降低公司风险。两个风险度量之间的差异能够从总体上反映出由其他综合收益驱动的公司波动性的增加和减少，进而向信息使用者提示公司总体风险的增量信息。

本章采用"利息支出/期末总负债"计量债务融资成本的替代变量 COST，确定企业的总负债时，剔除了不需要计付利息的负债（如应付账款等），用长期负债 + 短期负债 + 一年内到期的非流动性负债来衡量。用长短期借款的期初期末的差额来反映新增贷款数额袯 LOAN，其中，长短期借款由长期借款、短期借款以及一年内到期长期负债之和衡量，为消除量纲影响，对该差量指标进行了总资产标准化处理。主体信用级别 RATING 根据评级标准从 C 到 AAA 由低到高赋值为 1 ~ 21，来自国内不同的信用评级机构（分别为中诚信国际、大公国际、联合资信、上海新世纪、中证鹏元以及东方金诚 6 家），用除中债资信（中债资信评级机构是以投资者付费形式进行主动评级的，不属于市场评级机构）以外的国内评级机构同期评级的最高级来反映研究对象的主体信用级别。

模型（5 - 1）至模型（5 - 3）式均控制了三个变量：其他综合收益年度发生额 OCI（t - 1 年到 t 年 OCI 的变化量与 t 年总资产的比值），用于衡量企业除了净利润以外的盈利能力；资产回报率 ROA 及其波动率 ROA_VOL，用于检验净利润对债权人决策的影响。

LEV 表示资产负债率；M/B 表示总资产市价与其账面价值之比；TANGI-BILITY 是长期资产占总资产的比例；LOG_SIZE 是公司资产市值的自然对数；ZSCORE 用奥尔特曼（Altman，1968）对 Z 得分的修正模型计算而来：1.2 ×（营运资本/总资产）+ 1.4 ×（留存收益/总资产）+ 3.3 ×（息税前利润/总资产）+ 0.6 ×（流通在外的流通股股价/总负债）+ 0.99 × 资产周转率；LOG_LOAN 是以百万为单位的债务规模的自然对数；ABNEARN 超额收益是 t 年和 t - 1 年的净利润差额与第 t 年股本市值的比值。

以往的文献中（谢获宝，2014；欧阳爱平，2014）等使用以下财务指标衡量企业债务融资规模的影响因素：包括资产规模、资产负债率、企业成长性、自有资金比率以及权益筹资能力。故模型（5－2）新增控制变量对其他综合收益波动率与新增借款规模的相关性进行研究：GROW衡量企业发展能力，用营业收入增长率来表示；CIFO表示自有资金比率，代表公司自有资金的充裕程度，用（经营活动产生的现金流量－投资活动产生的现金流量）/总资产衡量，引入该控制变量有助于针对不同情况控制企业对于借款的需求；OFFER是（吸收权益性投资的现金流量－分配股利偿付利息的现金流量）/总资产，代表企业的权益筹资能力，与债务融资既可互补也可互相代替。模型（5－3）的控制变量增加了市价比率M/B，用总资产市价与其账面价值之比表示，是销售净利率、销售毛利率、资产报酬率、股东权益报酬率等指标的综合反映，信用评级信息使用者可据此了解评级机构对公司的评价。模型（5－3）的变量设置参考了标准普尔（S&P）评级标准，旨在控制影响企业主体信用评级的其他变量，使总体信用度和其他综合收益波动率的相关关系更显著。

依据霍普金（Hopkins，2006）对波动率的计算方法，本章模型中所有的波动率数据全部采用2010～2017年以每隔四年为一个周期滚动计算的标准差。以其他综合收益波动率的计算为例，需要用到2010～2017年综合收益和净利润的数据，波动率的第一个滚动周期选择为2010～2013年，使用经过总资产标准化的综合收益数据计算出的四年标准差与经过同样标准化处理的净利润的四年标准差的差值，作为2013年其他综合收益波动率的替代变量，后四年的标准差数据同理可得，组成被解释变量2013～2017年的样本数据。

## 5.4 实证结果及分析

### 5.4.1 描述性统计

对模型中涉及的所有变量的观测数、均值、标准差以及最大最小值进行描述行统计，汇总得到表5－1至表5－3。

表5－1所列示的是以债务成本为被解释变量的模型（5－1）的描述性统计结果。

表 5 - 1　　　　　　　　　　　模型（5 - 1）变量描述性统计

| 变量 | 观测数 | 均值 | 标准差 | 最小值 | 最大值 |
|---|---|---|---|---|---|
| COST | 6726 | 0.0862884 | 0.1426737 | 0.005659 | 1.245164 |
| INC_OCI_VOL | 6726 | 0.0017414 | 0.008655 | −0.0109903 | 0.0630796 |
| OCI | 6726 | 0.0004093 | 0.0136993 | −0.1404391 | 0.2814627 |
| ROA | 6726 | 0.026938 | 0.0539608 | −0.218589 | 0.17415 |
| ROA_VOL | 6726 | 0.0284812 | 0.0341524 | 0.0011984 | 0.2165472 |
| LEV | 6726 | 0.5188031 | 0.1890182 | 0.114501 | 0.9248 |
| TANGIBILITY | 6726 | 0.2450755 | 0.1839132 | 0.001793 | 0.739948 |
| LOG_SIZE | 6726 | 9.852005 | 0.5623398 | 8.765818 | 11.4777 |
| ZSCORE | 6726 | 3.839276 | 3.722114 | 0.0861528 | 22.13776 |
| LOG_LOAN | 6726 | 2.963332 | 0.8133009 | 0.69897 | 4.869942 |
| ABNEARN | 6726 | 0.0026389 | 0.0441932 | −0.1866533 | 0.2082694 |

　　模型（5 - 1）的验证选取了 2014 ~ 2018 年总共 6726 个公司—年度样本观测值，采取 1% 的缩尾处理后，样本数据均处于正常范围。主要变量中其他综合收益波动率（INC_OCI_VOL）以及经过总资产标准化后的其他综合收益（OCI）的均值和标准差都较小，主要原因在于企业与其他综合收益及其具体项目相关的业务较少、信息披露不足，导致发生频率较低、变化数额较小，有的年度甚至保持不变；而对变化较大的企业单独处理，又存在因样本容量较小不足以支撑实证检验的问题，且对样本进行 1% 的缩尾处理，也剔除了波动较大的极端数值。表 5 - 1 结果证明净利润仍是综合收益的主要组成部分，但从最大值和最小值来看，其他综合收益对于综合收益总额的影响又是不可忽视的。

　　基于阿特曼（Altman）Z 得分计算的违约概率测度（ZSCORE）的标准差与其他变量相比最大，可能的原因是由于样本数据来源于不同的行业，彼此之间的资产规模、变现能力、盈利水平、偿债水平、资产负债结构以及运用效率等方面存在较大差异，导致该值具有较大波动性。作为测量违约风险大小的指标，Z 值越高，违约概率越低。若 Z 值低于 1.8，则企业的破产风险非常大，应被归入高违约的风险等级；若 Z 值在 1.8～2.675 时，企业处于灰色地带，无法判断是否破产；若 Z 值大于 2.675，说明企业的运营状态良好，违约破产可能性极小。表 5-1 结果显示，Z 值均值为 3.839，可见样本企业选择合理，财务健康状况良好，有助于本章结论的验证。

表 5-2 所反映的是以企业新增长短期借款规模为被解释变量的模型 (5-2) 的描述性统计结果。

表 5-2　　　　　　　　　模型（5-2）变量描述性统计

| 变量 | 观测数 | 均值 | 标准差 | 最小值 | 最大值 |
| --- | --- | --- | --- | --- | --- |
| ΔLOAN | 8218 | 0.0047982 | 0.060468 | -0.225471 | 0.1748392 |
| INC_OCI_VOL | 8218 | 0.0018956 | 0.0093114 | -0.011458 | 0.0662879 |
| OCI | 8218 | -0.0001489 | 0.0121285 | -0.066597 | 0.0588146 |
| ROA_VOL | 8218 | 0.0289999 | 0.0349416 | 0.0012396 | 0.2229991 |
| ROA | 8218 | 0.0296655 | 0.0566173 | -0.225613 | 0.192913 |
| LEV | 8218 | 0.4914318 | 0.1964284 | 0.102243 | 0.926915 |
| TANGIBILITY | 8218 | 0.2360208 | 0.178598 | 0.001778 | 0.726757 |
| LOG_SIZE | 8218 | 9.788448 | 0.5488408 | 8.718917 | 11.39146 |
| ZSCORE | 8218 | 4.669938 | 4.875494 | 0.1198995 | 29.50758 |
| LOG_LOAN | 8218 | 2.818986 | 0.8591023 | 0.447158 | 4.79598 |
| ABNEARN | 8218 | 0.0024916 | 0.0392607 | -0.1711024 | 0.165164 |
| GROW | 8218 | 0.2136996 | 0.6203557 | -0.542373 | 4.518998 |
| CIFO | 8218 | 0.0915319 | 0.1152414 | -0.2437951 | 0.4130365 |
| OFFER | 8218 | 0.0055459 | 0.0726619 | -0.0777067 | 0.3544331 |

模型（5-2）在2014~2018年总共获得8218个公司年度样本观测值，在主要变量中，ΔLOAN、INC_OCI_VOL、OCI、ROA_VOL、ROA、CIFO、OFFER的标准差比较小，说明数据的波动性较小，具有较好的代表性。GROW的标准差较大可能与企业所处行业与类型不同所致。样本企业的销售增长率（GROW）衡量企业的经营情况和市场占有力，可以预测企业经营业务的扩张趋势，样本均值为0.214，说明所选企业发展能力良好，竞争力较强，后续经营规模的扩大需要更多的资金注入。从资金来源角度看，自有资金比率（CIFO）均值为0.092，说明为维持经营活动，企业能够提供自有现金的能力不强；权益筹资能力（OFFER）均值为0.006，说明与债务融资互相代替的股权融资数额很小，资产负债率（LEV）均值为0.491，说明样本公司的资产与负债的比重相对合理，且债务融资的需求较大。由此可得，样本企业的持续经营、规模扩张主要依靠债务融资进行，从债权人角度研究其他综合收益波动率与新增借款规模是有意义的。

表5-3列示了以主体信用评级为被解释变量的模型（5-3）的描述性统计结果。

表5-3　　　　　　　　　　模型（5-3）变量描述性统计

| 变量 | 观测数 | 均值 | 标准差 | 最小值 | 最大值 |
| --- | --- | --- | --- | --- | --- |
| RATING | 3235 | 19.16569 | 1.198999 | 16 | 21 |
| INC_OCI_VOL | 3235 | 0.001898 | 0.0086668 | -0.0085414 | 0.0635133 |
| OCI | 3235 | 0.0001782 | 0.0073671 | -0.0299244 | 0.0433669 |
| ROA | 3235 | 0.0274871 | 0.0423887 | -0.143263 | 0.148197 |
| ROA_VOL | 3235 | 0.0219989 | 0.0231811 | 0.0011046 | 0.1440002 |
| LEV | 3235 | 0.5676715 | 0.1601155 | 0.198866 | 0.885872 |
| TANGIBILITY | 3235 | 0.2546493 | 0.1980426 | 0.001516 | 0.769564 |
| LOG_SIZE | 3235 | 10.15159 | 0.5338768 | 9.201397 | 11.77129 |
| ZSCORE | 3235 | 2.586811 | 1.955703 | 0.159027 | 11.25169 |
| LOG_LOAN | 3235 | 3.349052 | 0.7158218 | 1.305351 | 5.049752 |
| ABNEARN | 3235 | 0.0041864 | 0.0483344 | -0.1892083 | 0.2307112 |
| M/B | 3235 | 1.584853 | 0.6890036 | 0.893355 | 4.537199 |
| GROW | 3235 | 0.1638955 | 0.3706328 | -0.48129 | 2.089289 |

模型（5-3）最终得到了2014～2018年总共3235个有效样本，其他综合收益波动率（INC_OCI_VOL）、其他综合收益（OCI）、资产收益率及其波动率（ROA、ROA_VOL）的均值和标准差都较小，与模型（5-1）、模型（5-2）的情况一致，样本数据处于正常范围。由于对所有数据进行了1%的缩尾处理以消除极端值的影响，处理后的主体信用评级（RATING）主要集中在16～21，对应A～AAA六个等级，这也从侧面说明，其他综合收益信息披露较好的企业，其信用级别较高。市价比率（M/B）均值为1.585，说明企业创造财富的能力较好，企业发展前景较好，与信用级别整体较高的情况一致。

### 5.4.2 回归分析

表5-4列示了控制年度与行业固定效应的多元线性回归结果，三个模型的F值在1%的水平上显著大于0，表明模型整体显著，确保了回归结果的有效性。三个模型的VIF均值分别为3.21、2.37和3.16，都小于10，说明模型设置较好，不存在严重的多重共线性问题。

表5-4　　　　　　　　　　　　多元线性回归结果

| 变量 | 模型（5-1） | | 模型（5-2） | | 模型（5-3） | |
|---|---|---|---|---|---|---|
| | 回归系数 | T值 | 回归系数 | T值 | 回归系数 | T值 |
| INC_OCI_VOL | 0.4068216 ** | 2.05 | -0.149647 ** | -2.09 | -3.491495 ** | -2.38 |
| OCI | -0.2200942 * | -1.79 | -0.0157049 | -0.29 | -1.835912 | -1.08 |
| ROA | 0.0667769 * | 1.95 | -0.0329432 ** | -2.56 | 3.911464 *** | 11.54 |
| ROA_VOL | 0.3617741 *** | 6.85 | -0.1476955 *** | -7.39 | -4.233775 *** | -7.51 |
| CIFO | | | 0.006642 | 1.05 | | |
| GROW | | | 0.0073527 *** | 6.59 | -0.1537144 *** | -4.31 |
| OFFER | | | 0.0401245 *** | 4.15 | | |
| LEV | 0.1035604 *** | 7.11 | -0.0237939 *** | -4.33 | -1.2683 *** | -8.58 |
| TANGIBILITY | 0.0373363 *** | 2.83 | -0.0043134 | -0.93 | -0.0858039 | -1.01 |
| LOG_SIZE | 0.0749162 *** | 13.46 | 0.0156188 *** | 7.78 | 2.03278 *** | 44.98 |

| 变量 | 模型 (5-1) | | 模型 (5-2) | | 模型 (5-3) | |
|---|---|---|---|---|---|---|
| | 回归系数 | T 值 | 回归系数 | T 值 | 回归系数 | T 值 |
| ZSCORE | - 0.0023585 *** | - 3.32 | - 0.0000523 | - 0.26 | - 0.0182898 | - 1.21 |
| LOG_LOAN | - 0.0896841 *** | - 20.39 | - 0.0097355 *** | - 6.60 | - 0.3033773 *** | - 8.28 |
| ABNEARN | 0.0335037 | - 0.86 | 0.0451557 *** | 2.62 | - 0.2286661 | - 0.85 |
| M/B | | | | | - 0.0006434 | - 0.02 |
| 年度 | 控制 | | 控制 | | 控制 | |
| 行业 | 控制 | | 控制 | | 控制 | |
| Adj R$^2$ | 0.0863 | | 0.0431 | | 0.6548 | |
| F | 8.39 *** | | 12.23 *** | | 198.88 *** | |
| N | 6726 | | 8218 | | 3235 | |
| VIF 均值 | 3.21 | | 2.37 | | 3.16 | |

注: *** 表示在 1% 的水平上显著相关, ** 表示在 5% 的水平上显著相关, * 表示在 10% 的水平上显著相关。

由表 5-4 模型 (5-1) 可以看出, 其他综合收益波动率的回归系数约为 0.407 (T=2.05), 且在 5% 的水平上统计显著, 说明债务融资成本与其他综合收益波动率之间存在显著的正相关关系, 其他综合收益波动率为债权人在制定债务契约时提供了增量信息, 验证了本章的假设 5-1。

模型 (5-2) 显示, 其他综合收益波动率在 5% 的置信水平上显著负相关, 且回归系数约为 - 0.150 (T = - 2.09), 说明其他综合收益波动率的增加会提升债权人对于企业收益不稳定和高风险的认知, 债权人会要求严格限制贷款额度, 贷款的获得率降低, 新增贷款规模减小, 反映出会计信息对债权人的信贷决策产生了影响, 验证了本章的假设 5-2。

如模型 (5-3) 所示, 在控制了年度和行业的固定效应后, 修正后的拟合优度 (Adj R - squared) 为 0.6548, 说明债务融资成本中的 65.48% 可以由模型所选的变量予以解释。F 值在 1% 的置信水平上显著, 拟合优度较好, 回归效果良好。其他综合收益波动率 (INC_OCI_VOL) 的回归系数为 - 3.491,

且在5%的水平上统计显著，企业主体信用评级（RATING）与其他综合收益波动率负相关，证明了其他综合收益的波动情况可以被信用评级机构捕捉，反映到企业主体评级的等级中，从而为债权人决策提供增量信息，本章的假设5-3得以验证。

### 5.4.3　稳健性检验

本章采用以下方法进行稳健性检验：在计算其他综合收益波动率时，选用了连续四年的数据以进行滚动计算。为了反映不同时间段内其他综合收益中包含的风险信息含量，本章对模型中的其他综合收益波动率（INC_OCI_VOL）、资产收益率波动率（ROA_VOL），分别以三年、五年为一个周期滚动计算的标准差作为替代变量，样本期间分别对应 2014～2018 年五年期、2015～2018 年四年期。运用计算出的波动性数据代入原模型中再次进行回归分析，得到结果如表 5-5、表 5-6 所示。

表 5-5　　　　　　　　　　以三年为周期波动率的稳健性检验回归结果

| 变量 | 模型（5-1） | | 模型（5-2） | | 模型（5-3） | |
|---|---|---|---|---|---|---|
| | 回归系数 | T 值 | 回归系数 | T 值 | 回归系数 | T 值 |
| INC_OCI_VOL | 0.0044092 | 0.02 | -0.1311843* | -1.74 | -2.659716** | -1.97 |
| OCI | -0.2187193 | -0.97 | 0.0453317 | 0.57 | -0.5671025 | -0.53 |
| ROA | -0.0571693 | -1.22 | 0.120115*** | 6.76 | 3.641352*** | 11.80 |
| ROA_VOL | 0.3764614*** | 6.76 | -0.1572138*** | -7.78 | -4.235595*** | -7.96 |
| CIFO | | | -0.0105415* | -1.65 | | |
| GROW | | | 0.0063117*** | 5.65 | -0.1511853*** | -4.48 |
| OFFER | | | 0.055682*** | 5.74 | | |
| LEV | 0.0935947*** | 6.32 | -0.0117025** | -2.08 | -1.32431*** | -9.74 |
| TANGIBILITY | 0.0318236** | 2.40 | 0.0030996 | 0.66 | -0.1521212* | -1.87 |
| LOG_SIZE | 0.0079478*** | 14.06 | 0.0110429*** | 5.43 | 2.033186*** | 48.41 |
| ZSCORE | -0.0020597*** | -2.86 | -0.0002858 | -1.42 | -0.0329916*** | -2.77 |

综合收益信息运用与列报

| 变量 | 模型（5-1） | | 模型（5-2） | | 模型（5-3） | |
|---|---|---|---|---|---|---|
| | 回归系数 | T 值 | 回归系数 | T 值 | 回归系数 | T 值 |
| LOG_LOAN | -0.0909216*** | -20.69 | -0.0085526*** | -5.82 | -0.2695069*** | -8.41 |
| ABNEARN | 0.0026327 | 0.06 | -0.0177909 | -0.93 | -0.1445433 | -0.54 |
| M/B | | | | | 0.0230208 | 0.79 |
| 年度 | 控制 | | 控制 | | 控制 | |
| 行业 | 控制 | | 控制 | | 控制 | |
| Adj $R^2$ | 0.0859 | | 0.0499 | | 0.6472 | |
| F | 8.35*** | | 14.08*** | | 211.04*** | |
| N | 6726 | | 8218 | | 3598 | |
| VIF 均值 | 3.23 | | 2.42 | | 3.10 | |

注：*** 表示在1%的水平上显著相关，** 表示在5%的水平上显著相关，* 表示在10%的水平上显著相关。

表5-6 以五年为周期波动率的稳健性检验回归结果

| 变量 | 模型（5-1） | | 模型（5-2） | | 模型（5-3） | |
|---|---|---|---|---|---|---|
| | 回归系数 | T 值 | 回归系数 | T 值 | 回归系数 | T 值 |
| INC_OCI_VOL | 0.5873182** | 2.49 | -0.0895051 | -1.15 | -2.732092* | -1.72 |
| OCI | -0.3076087 | -1.29 | -0.0679666 | -0.84 | -0.1827281 | -0.11 |
| ROA | -0.1048349* | -1.93 | -0.1387615*** | -4.12 | 5.649873*** | 11.59 |
| ROA_VOL | 0.318553*** | 5.17 | -0.079229*** | -7.07 | -4.21865*** | -7.19 |
| CIFO | | | 0.0085603 | 1.22 | | |
| GROW | | | 0.0061024*** | 5.20 | -0.1671371*** | -4.55 |
| OFFER | | | 0.052759*** | 5.06 | | |
| LEV | 0.1079963*** | 6.29 | -0.0139418** | -2.25 | -1.281412*** | -8.14 |
| TANGIBILITY | 0.040775*** | 2.66 | 0.0002979 | 0.06 | -0.1060152 | -1.12 |
| LOG_SIZE | 0.0862622*** | 13.20 | 0.0101249*** | 4.53 | 1.95907*** | 40.06 |

| 变量 | 模型 (5-1) | | 模型 (5-2) | | 模型 (5-3) | |
|---|---|---|---|---|---|---|
| | 回归系数 | T 值 | 回归系数 | T 值 | 回归系数 | T 值 |
| ZSCORE | -0.0016805 ** | -2.09 | -0.0003888 * | -1.87 | -0.0581189 *** | -4.35 |
| LOG_LOAN | -0.0977519 *** | -19.07 | -0.0079327 *** | -4.98 | -0.2316658 *** | -6.49 |
| ABNEARN | 0.0191279 | 0.36 | 0.0523447 ** | 2.30 | -1.569372 *** | -4.33 |
| M/B | | | | | 0.0285382 | 0.88 |
| 年度 | 控制 | | 控制 | | 控制 | |
| 行业 | 控制 | | 控制 | | 控制 | |
| Adj R² | 0.0994 | | 0.0467 | | 0.6223 | |
| F | 6.67 *** | | 11.09 *** | | 164.24 *** | |
| N | 5156 | | 6597 | | 2973 | |
| VIF 均值 | 3.46 | | 2.43 | | 3.24 | |

注：*** 表示在 1% 的水平上显著相关，** 表示在 5% 的水平上显著相关，* 表示在 10% 的水平上显著相关。

稳健性检验的结果显示，显著性随波动率计算周期的不同而不同：以五年为计算周期的债务融资成本与增量其他综合收益波动率显著正相关，以三年为计算周期的企业新增借款规模与增量其他综合收益波动率显著负相关。原因是债权人对其他综合收益波动率的观察周期会随着被解释变量的不同而不同，对于债务成本，债权人在制定契约时更关注企业在较长期间的信用风险情况，而债权人是否借出款项，则会考虑企业在相对较短期间内的资产波动情况。两种稳健性检验均证明，企业主体信用评级的等级与其他综合收益波动率存在显著的负相关关系，不过，以五年为计算周期的置信水平降到了 10%，可能与波动率的滚动周期变长，样本数据减少，以及企业主体信用等级数据在固定范围内变动，数据变化幅度较小有关。

## 5.5 研究结论

本章以其他综合收益波动性能否提示企业信用风险，从而为债权人决策提供增量信息作为研究方向，从债务融资成本、新增长短期借款规模以及信用评级角度，采用规范研究和实证研究相结合的方法，选取了 2014 ~ 2018 年我国沪深两市 A 股上市公司作为研究对象，本章借鉴霍德等（Hodder et al.，2006）、史密斯（Smith，2017）等学者的研究，构建了增量其他综合收益波动率与债权人决策之间相关关系的模型，利用 2010 ~ 2018 年的综合收益数据，以连续滚动四年期间计算的波动率数据进行回归分析，得到以下结论：

（1）债务融资成本与增量其他综合收益波动率正相关。由于其他综合收益涵盖了受汇率、公允价值变动等外部因素影响的项目，其变动会反映出企业面临的信用风险以及为应对风险所采取措施而产生的影响和效果。其他综合收益波动性能够向债权投资者传递企业的风险信息，体现了该会计信息具有风险相关性，风险提高则表现在债券契约制定中对应更高的债务融资成本。

（2）企业新增借款规模与增量其他综合收益波动率负相关。其他综合收益波动性的增加，降低了债权人对贷款安全收回的预期，为了避免利益受损，债权人会在接收到波动性加剧的信息后减少提供给企业的借款规模。

（3）企业主体信用评级的等级与增量其他综合收益波动率负相关。本章验证了其他综合收益波动性可以反映信用风险，当与其他综合收益相关资产的波动性增大时，会带来信用评级的反向变化。本章发现，我国的信用评级制度虽然发展相对较晚，但随着监管制度的不断完善，投资者专业能力的不断加强，评级制度与国外的差距在逐步缩小，评级公司公信力也逐渐加强。本章所选取的评级公司样本已经将综合收益信息纳入评级标准中，结合企业未实现收益信息，使得企业业绩评价指标更加丰富化，真实可信的企业信用风险情况也得以传递给债权人，为其信贷决策提供增量信息。

在前面的章节中，我们对综合收益信息的决策有用性进行了研究，我们发现，其他综合收益虽然具有信息有用性，但综合收益整体与净利润相比，其信息有用性要弱于净利润。那么此时，我们对综合收益的实证研究陷入了困境。一方面，和众多已有文献一样，我们发现综合收益具有价值相关性，但综合收益中的其他综合收益在预测能力和持续性方面均弱于净利润。另一方面，无论是国际会计准则还是我国企业会计准则均不断推出新的条文规定要求加强综合收益信息的披露。准则制定机构与实证研究的不一致使我们不禁思考实证研究的主题是否与准则制定的真实意图相一致？在对综合收益起源及本质进行研究、对综合收益相关的准则研究和制定进展进行梳理以后，结合前面的研究结论，我们认为，准则制定机构的真正意图很可能是提高信息的透明度。为此，我们提出其他综合收益信息的披露主要是为了提高盈余透明度，从而降低企业信息分析成本，提高会计信息的价值相关性，以实现理论研究与会计准则的统一。这包括两个层面的内容：一是其他综合收益信息本身，作为额外的信息披露，有助于提高盈余的透明度，降低信息分析成本；二是其他综合收益作为净利润信息的补充列示，其结构上的逻辑关系能够提高内部盈余信息的透明度，有助于投资者理清盈余信息的来源及构成，并预测未来盈余。据此，我们进一步利用实证研究，在本章中具体分析其他综合收益信息是否有助于提高盈余透明度。

## 6.1 本章研究切入点及研究思路

综合收益或其他综合收益作为一种财务信息，以往绝大多数研究聚焦于其信息有用性（Dhaliwal et al.，1999；Hirst and Hopkins，1998；Chambers et al.，2007；Kanagaretnam et al.，2009；Jones and Smith，2011；Khan and Bradbury，2016；王鑫，2013；徐经长和曾雪云，2013），但由于其他综合收益高波动性的特点，对于综合收益总额的有用性是否高于净利润，以及其他综合收益是否能够提供超出净利润之外的服务于投资者决策的信息一直没有统一的结论。理论界的争执促使相关准则制定的不断完善并反过来指导理论研究与实务工作。

纵观综合收益或其他综合收益准则制定历程不难发现，其他综合收益的列报位置主要发生了三次变化，最初在报表附注中披露，2009年转移到所有者权益表，2014年之后放在利润表，并详尽划分为日后可重分类进损益和不可重分类进损益的其他综合收益进行分类列示。我们认为，在有效市场假设下，列报形式及位置的改变（并未确认新的其他项目）并不会对报表使用者的价值判断产生影响。所以，准则不断完善其他综合收益列报与披露的根本目的不是期望综合收益总额这一指标的信息有用性高于净利润，而是通过其他综合收益这一辅助性的盈余信息的列报，改变盈余信息的结构，提高透明度。这主要通过三种途径来实现：首先，其他综合收益的披露有助于投资者挑选出有用的信息，降低投资者获取、分析和使用信息的成本，提高决策效率；其次，以往模糊、混乱的其他综合收益列报，往往导致其他综合收益成为管理层进行盈余管理的"蓄水池"，更清晰透明的列报可以抑制盈余管理的动机；最后，企业财务信息的主要使用者之一短期投资者主要依赖净利润信息作出财务决策，而长期投资者则更关注除净利润之外的反映公司长期业绩的信息，其他综合收益特别是在以后期间可重分类进损益的其他综合收益作为净利润的补充列示，反映了未来期间其对于净利润的影响程度，反映了公司长期业绩的信息，可从实质上提高信息透明度，IASB（2015）就突出强调了透明的准则列报要求对于促进长期投资的重要作用（BCIN. 44）。

所以，从准则制定的历程及为投资者（特别是长期投资者）提供增量信息的意图来看，其更直接的目的是通过其他综合收益的披露提高盈余透明度，并为投资者提供决策有用的信息。国际会计准则理事会2015年颁布的概念框架征求意见稿以及 2018 年颁布的概念框架中都明确指出，国际会计准则理事会的使命在于开发能带来全球金融市场透明、责任和效率的国际财务报告准则，通过提高透明度为投资者和其他市场参与者的经济决策提供信息。国际会计准则理事会在概念框架征求意见稿以及发布的概念框架的结论依据中都明确指出透明的信息是如实表达且具有价值相关性的，并兼具可比性、可验证性、及时性与可理解性特征。意见稿及正式发布的概念框架都将透明的其他综合收益准则列报作为服务于投资者决策、促进长期投资的重要使命。

本章的贡献体现在：第一，从准则制定的本意出发，以更直接的方式验证其他综合收益信息的披露是否提高了盈余透明度，并利用 2014 年新准则的实施这一外生事件考察其对两者关系的影响。这一研究视角不违背准则制定者通过其他综合收益信息披露为投资者提供增量信息的初衷，但又区别于以往文献侧重于从其他综合收益信息的价值相关性或预测性、持续性等视角的研究，有助于更深刻理解其他综合收益列报与披露的真正动机和经济后果。第二，本章丰富了其他综合收益信息披露如何影响盈余透明度的研究。从分析师跟踪数量和预测质量出发，为理解其他综合收益如何影响盈余透明度提供了新的证据。首先，同以往关注其他综合收益预测价值不同，本章是基于准则制定者的真实意图，从盈余透明度的角度进行拓展；其次，本章综合选取了反映盈余透明度的指标，包括分析师跟踪、预测分歧、预测准确性及股价同步性，而不是选择反映 OCI 预测价值的分析师预测误差这一单一指标考察其他综合收益的经济后果。第三，本章的发现有助于理解一直以来关于综合收益信息有用性的激烈讨论，国际会计准则不断完善关于综合收益列报和披露的规定，我国已逐渐与国际准则趋同，并在 2014 年对综合收益列报和披露做了进一步规定，但是由于综合收益信息的波动性和暂时性等特点，其是否能为投资者提供决策有用的信息，一直以来受到很大争议。本书发现，综合收益信息的列示能够提高盈余信息的透明度，表现为更多的分析师跟踪，更高的分析师盈余预测及股价同步性。并且，这一效应在 2014 年新准则实施后表现更加明显。

到此，为了检验准则关于其他综合收益列报与披露的真实意图，本章对其他综合收益是否提高盈余透明度进行了实证检验，并且进一步研究新准则实施对二者关系的影响。本书之所以选取分析师行为和股价同步性作为盈余透明度的度量，主要基于以下考虑：首先，其他综合收益列报的最终目的是为投资者的决策服务，因此，从信息使用者的角度检验其他综合收益披露的经济后果才能捕捉到准则制定者的真实意图。其次，分析师作为资本市场的重要信息中介，对促进资本市场的信息效率发挥重要作用。作为主要的信息使用者之一，其他综合收益信息对分析师的预测有重要影响。因为绝大多数其他综合收益未来期间均可重分类进损益，并影响未来净利润，从而影响分析师预测。最后，参考已有文献，股价同步性高低在一定程度上是盈余透明度及信息效率的反映。基于此，本书综合选取了分析师跟踪、预测质量及股价同步性作为盈余透明度的度量，依据准则制定的意图，考虑其他综合收益的披露及列报改进对盈余透明度的影响。

## 6.2 准则制定意图及透明度相关文献评述

### 6.2.1 准则制定意图

准则关于其他综合收益制定的意图是资产负债观计量及全面收益观观点的必然要求。在资产负债观下，计量的核心是资产与负债的价值，因为在理想状态下，两者价值的变化就是收益，此时利润表没有信息含量。在资产负债观下的收益既包括反映在利润表中的净利润，也包括计入其他综合收益的公允价值变动损益。而全面收益观认为企业所有的收入、费用、利得和损失均应作为收益项目进行列示，这其中就包括 2009 年之前作为所有者权益项目，之后作为收益项目列示于利润表或综合收益表的其他综合收益。改进综合收益及其具体项目列报方式有以下两个方面的决策效果：（1）信息本身具有盈余信息增量价值；（2）提高盈余透明度。具体而言在路径（1）中，由于其他综合收益个别项目本身就具有盈余信息内在价值，例如可供出售金融资产公允价值变动，披露该盈余项目会帮助市场准确定价，减少信息处理成本。而路径（2）则是通过对盈余信息内部重要性进行区分，提高盈余透明度帮助投资者准确、便利地作出决策，识别评估出盈余第一层次中"净利润"的质量和重要性。但是现有文献中却缺少对准则期望达到的第二种提高盈余透明度效果研究，而且最重要的是准则指定机构也仅是提出综合收益信息决策应用的初衷和目标，并没有对盈余透明度作进一步解释与界定。目前各国其他综合收益的列报模式都是按照"净利润＋其他综合收益"的方式进行列报，这导致的问题是，综合收益的列报方式基本上有两种不同的理论观点：利润按收入费用观列报，而其他综合益按资产负债观列报。准则制定者不是没有意识到这一问题，只是受目前的认知和技术条件限制的无奈之举。当对所有资产负债进行公允价值计量的条件成熟时，这种过渡性的列报方法就可以摒弃，从而完全按照资产负债观的理念进行列报。因此，在学术研究关于综合收益信息有用性未形成一致结论的情况下，国际及各国准则制定机构不断完善综合收益列报与披露的规定，先是将散落在附注中的其他综合收益纳入表内列报，其次再变更表内列报的位置，从所有者权益表转移到利润表或综合收益表，这种做法的真实目的在于：在现有公允价值计量的限制条件下，通过其他综合收益的列报改变盈余信息的结构，提高盈余透明度。

其他综合收益列报对于盈余透明度的影响具体表现在：（1）降低财务报表使用者收集和加工信息的成本。投资者最终获取信息的总量取决于信息获取带来的收益与所付出成本的权衡。将其他综合收益列示于业绩表中时，一方面可以增加投资者对于其他综合收益信息的关注度，增强其信息获取的动机；另一方面，更显性清晰的列示有助于投资者迅速获取能够服务其决策的信息，避免因信息散落而遗落及搜集整理的成本。（2）便于觉察公司的盈余管理行为。公司的盈余管理直接来说便是对业绩的操纵。其他综合收益信息可与净利润信息形成直接对照，便于投资者检测企业是否存在利用其他综合收益进行盈余管理的行为，降低以往利用散落在附注或列示于所有者权益变动表的其他综合收益"脏盈余"进行盈余操纵的动机。另外，其他综合收益及其具体项目列示于业绩表中，能够更加吸引投资者对于其他综合收益信息的关注度，增加企业盈余管理行为被发现的概率。

已有绝大多数文献围绕其他综合收益和净利润的信息特征，从价值相关性、预测性、持续性等角度分析了两者之间的差异，为综合收益的研究提供了丰富的研究视角及研究结论。但现有文献缺乏从准则制定的真实意图，即综合收益是否提高盈余透明度这一视角进行研究。从国际与国内相关准则制定来看，国际会计准则委员会直观地表达了通过其他综合收益的列报提高盈余透明度的意图，并指出净利润仍然是主要的盈余信息，而其他综合收益是辅助性的盈余信息。通过利润表中详尽列示其他综合收益，有助于改变传统的盈余结构，并从降低投资者信息获取及分析成本、抑制管理层盈余管理，以及提供更

第6章　综合收益、盈余透明度与信息分析成本

多反映公司长期业绩的信息等方面提高盈余透明度。这在 2013 年概念框架讨论稿及 2015 年征求意见稿中均可找到相关文字依据。以往大部分实证研究更多地关注了综合收益的信息特征，鲜有文献从准则制定的真实意图，即盈余透明度的角度，探索综合收益或其他综合收益列报的经济后果。比较综合收益与净利润的特征差异，还在一定程度上造成了综合收益在决策应用中与净利润的对立。列报位置变化（从所有者权益变动表转移至利润表列示）的实验研究发现，在利润表中列示其他综合收益能够提高信息透明度，抑制管理层盈余管理。这种分析思路与准则意图较为接近，但由于我国没有列报位置选择性列报的政策背景，研究结论的推广及普适性受限。因此综合收益信息的决策应用评价始终缺少一个较好的研究切入点，致使相关综合收益学术文献研究缺乏系统性和清晰的目标导向，如何评价综合收益信息决策有用成为现有文献研究中的重大缺位。本书认为正确的综合收益研究需要扎根于实际准则环境中，将学术研究与准则实践相结合，更好的理解综合收益信息决策提高盈余透明度的内涵，为下一步学术研究与准则制定提供指引与借鉴，尤其是为理解准则所期望达到的提高盈余透明度作出深入研究。

### 6.2.2　关于盈余透明度

现阶段关于透明度的学术文献很多，各种透明度专业术语也层出不穷。我们在对盈余透明度作定义前，先对学术文献中相关透明度作系统性梳理，从中剖析内在共识和差异，为后续的定义与度量提供指引与支撑。

首先盈余透明度的文献研究往往与会计透明度交互出现，导致两者在概念与度量选择上存在一定的混淆。那么高会计透明度的信息是什么样的会计信息？布洛姆菲尔德（Bloomfield，2002），麦恩斯和麦克丹尼尔（2000），赫什莱佛和赵（Hirshleifer and Teoh，2003），霍奇·肯尼迪和麦恩斯（Hodge，Kennedy and Maines，2004）普遍将高会计透明度理解为信息使用者能够更加便捷、低成本地处理会计信息，并在度量选择方式中普遍采用盈余管理程度来度量会计透明度。我国学者高雷和宋顺林（2007），王亚平、刘慧龙和吴联生（2009），谭劲松（2010），黎文靖和孔东民（2013），李春涛等（2013），陈红等（2014），辛清泉（2014）等都开展了与会计透明度相关的学术研究，将盈余管理、披露违规、自愿性披露、深交所上市公司信息披露考评结果、分析师跟踪人数和盈余预测准确性以及是否为国际四大审计等作为度量选择，极大地推动了国内会计透明度的研究进程。但是这些研究中都没有对会计透明度做正面定义，或者探讨会计透明度与盈余透明度的内在差异。

巴塔查里亚等（Bhattacharya et al.，2003）首次较为详细地定义盈余不透明度的概念，将盈余不透明度定义为财务报告的会计盈余分布能反映真实经济盈余分布的程度。但由于盈余不透明度受到管理层操纵、会计准则以及审计质量的影响，很难对这些影响因素和真实经济盈余分布进行度量，导致盈余不透明度存在内在计量困境。所以作者从盈余不透明度的直接决定要素转向可能导致盈余不透明的相关联要素：盈余激进度、损失规避度以及盈余平滑度。继此之后，后绪学者在此基础上进行了大量研究，有的直接引用巴塔查里亚等（2003）的盈余透明度度量方式进行学术研究，有的沿用信息披露质量、盈余管理等来衡量盈余透明度。盈余透明度的定义标准尚未统一，度量标准也存在差异。

结合已有的文献来看，目前对于盈余透明度的研究大部分存在以下缺陷：（1）将盈余透明度简单理解为盈余管理程度。（2）没有正确辨析盈余透明度与会计透明度之间的差异，没有结合研究目的进行透明度指标选择。（3）从研究视角来看，大多从信息提供者的角度出发，没有考虑信息使用者的决策信息需求。

### 6.2.3　关于盈余透明度与信息分析成本

尽管盈余透明度的定义未形成一致的结论，但高盈余透明度的信息能够更好地服务于投资者决策得到了一致认同。杨之曙和彭倩（2004）认为以往研究大多从信息披露（即从信息提供者）的角度静态定义盈余透明度，概念涵盖范围较窄，且披露本身并不必然导致更加透明。信息披露有限，但信息使用者能够迅速从中提取反映企业盈利状况的信息，也是高盈余透明度的表现。因此鉴于现有文献中广泛将盈余管理与盈余透明度相关联起来，忽略了两者的本质差异，如何认知信息处理的过程成为理解透明度的关键。以往的研究将重点放在信息真假本身上，而没有理解透明度的真谛，即信息识别的成本（鉴别盈余信息真假的处理成本）。

据此，盈余透明度的检验还是需要落实到信息使用者角度之中。因为会计盈余信息不清晰、不透明的直接经济后果就是信息决策使用者会直接转向其他来源的信息，支撑其作出决策判断。但是毫无疑问的是这种做法不论从时间耗费还是金钱花费上，其成本都是巨大的，所以最直接、最有效的盈余透明度评价与度量方式应该将信息发布与实际决策相结合起来。综上所述，最终我们将盈余透明度定义为外部信息使用者对信息的分析成本。从外部信息使用者角度定义的盈余透明度是一个动态的、全面的概念，不仅包括从信息提供者角度出发的信息披露数量，还囊括信息从发布到传递给信息使用者的传递过程，包括信息的搜集、整理与处理等。因此，如果其他综合收益能够服务于投资者决策及分析师预测，即其他综合收益信息能够服务信息使用者对企业真实经营状况作出更准确的判断，那么就说明其他综合收益信息能够提高盈余的透明度。

基于此，我们认为分析其他综合收益及其列报改进对于盈余透明度的改善具有三层含义：首先，同会计信息的披露目标一致，高透明度的其他综合收益信息披露及列报方式改进应该是有助于投资者决策的；其次，判断是否提高盈余透明度的标准应该立足于信息使用者的角度，信息提供者创造的会计信息最终目的是服务于信息使用者的，能够有助于信息使用者判断决策的其他综合收益信息是高透明度的；最后，其他综合收益的透明度不仅包括其单个具体项目的信息含量，而且还包括净利润与其他综合收益所形成的盈余结构的透明度。更详细的信息列示或更透明的信息结构有助于投资者了解盈余信息的来龙去脉，从而提高信息的使用效率及抑制管理层的盈余操纵。因此，如果其他综合收益能够服务于投资者决策及分析师预测，即其他综合收益信息能够服务信息使用者对企业真实经营状况作出更准确的判断，那么就说明其他综合收益信息能够提高盈余的透明度。基于此，我们从分析师及资本市场效率的角度，利用分析师跟踪数量、预测质量及股价同步性度量盈余透明度（Flannery et al.，2004；Howe and Stephen Haggard，2012；李春涛等，2013）。在公司外部信息环境中，分析师作为资本市场中重要的信息使用者之一，在降低信息不对称，提高资本市场效率等方面发挥着重要作用。同一般投资者不同，分析师较强的专业能力降低了信息收集、处理的成本，改善了外部投资者的信息不对称，促使更多的公司特质信息被信息使用者吸收，从而改善信息的透明度。也就是说，在信息的生产、传播到被信息使用者利用的过程中，分析师发挥着促进信息生成、传递及吸收的中介作用，这一过程的目标的实现恰恰是盈余透明度的目标所在。另外，其他综合收益，特别是未来可重分类进损益的其他综合收益会影响未来的净利润，进而影响分析师预测。因此，其他综合收益信息对于分析师预测质量的改善程度是盈余透明度的反映；股价同步性反映了股价中融入的公司特质信息的多寡，一般认为，透明度越高，信息搜集成本的降低会增强投资者获取私有信息的动机，促进更多的特质性信息及时地反映在股价之中。李增泉等（2011）、研究股价同步性与信息透明度之间关系时，发现公司透明度与股价同步性显著正相关。

## 6.3 盈余透明度、分析成本与价值相关性

### 6.3.1 其他综合收益、盈余透明度与分析师行为及股价同步性的关系

其他综合收益表外披露与表内列报方法选择及列报方式改进的核心问题是如何提高其他综合收益的信息有用性。以往学者通过对比综合收益总额和净利润在价值相关性、持续性、预测性等信息特征的差异，以判断其他综合收益是否具有增量信息的研究结论多元化。但其他综合收益信息披露及其列报方式的改进是透明度不断提高的过程，包括自 2009 年之后由附注披露变为在所有者权益表中列示，再到 2014 年之后在利润表或综合收益表中列示（杨有红，2017）。其他综合收益提高盈余透明度的途径主要有两个：（1）降低报表使用者获取及加工信息的成本。首先，其他综合收益本身具有增量信息。其他综合收益是资产负债观下资产与负债价值变动的结果，符合全面收益观下盈余的性质，反映了由于公允价值变动导致的已确认但未实现的利得和损失。相比之下，净利润只是历史成本计量下的盈余，无法对由公允价值计量的，收益变动以外的盈余作出预测。综合利用净利润及作为补充信息的其他综合收益进行收益预测，可以在保留净利润信息较强盈余预测能力的同时，利用其他综合收益的信息辅助投资者进行决策。只有将其他综合收益包含在盈余中才能反映企业的全面盈余及囊括创造股东财富的所有因素。只有考虑了其他综合收益的分析师预测，才能用于股票估值，只有综合收益才能对市盈余进行精确的解释（Linsmeier et al.，1997）。其次，其他综合收益从散落在附注中披露，到从所有者权益表转到利润表或综合收益表中列示，从计入所有者权益项目中的"资本公积"到作为独立会计科目"其他综合收益"进行列示，其目的在于通

过列报位置的显性变化吸引信息使用者的关注，突出其他综合收益的盈余性质，使信息使用者能够清晰地辨明全面盈余信息的结构及来源，增强盈余的透明度进而降低信息使用者信息收集与整理的成本。（2）更易察觉企业盈余管理行为，在一定程度上扼制管理层的盈余操纵。首先，其他综合收益中包含的以公允价值计量的未实现盈余可与净利润信息形成勾稽关系并有助于减少管理层操纵，有助于管理层关注所有创造股东财富的经济活动。只关注净利润，忽视其他综合收益信息，管理层可以通过两者盈余之间的转化进而调节净利润。其他综合收益信息能够对净利润信息起到补充作用，使信息使用者清晰地观察到所有收益的来源与结构关系，抑制管理层通过金融工具重分类或已持有金融工具的买卖等活动进行盈余管理的行为，大大缩小利润操纵空间，提高盈余的透明度。其次，将其他综合收益散落附注中披露或在所有者权益表中列报，会人为地割裂全面盈余的信息结构及减弱投资者对于其他综合收益信息的关注程度，助长管理层利用其他综合收益"脏盈余"进行盈余管理的行为，而将其他综合收益与净利润信息汇总在一张单独的、更能吸引投资者注意的业绩报表或综合收益表，提高了管理层机会主义行为的显性程度，有助于投资者及时发现高管的盈余管理行为，并抑制管理层的盈余管理动机。

从分析师跟踪来看，已有文献发现，上市公司的分析师跟踪数量是分析师供给与需求的均衡量（Bhushan，1989）。并且上市公司的信息披露会影响分析师的供给与需求（Lang and Lundholm，1996；Nichols and Wieland，2009）进一步证实信息披露同分析师跟踪数量正相关。所以，其他综合收益信息的披露也会在供给和需求两方面影响分析师跟踪数量。首先，分析师会综合权衡跟踪上市公司的成本与收益，以最大化其预期效用为目标决定是否跟踪（Barth and Kasznik，2001）。分析师搜集公司私有信息的主要目的在于识别被市场错误定价的公司，提出是否购买，持有或出售股票的投资建议，并直接或间接从跟踪公司的交易中获利。在没有分析师跟踪时，其他综合收益的波动性特点、暂时性增加了投资者与管理层之间的信息不对称及投资者的信息处理成本，所以，存在其他综合收益，特别是大量综合收益的上市公司同其他公司相比更可能无法反映出其真实的价值。在这种情况下，这些公司通过获取分析师的私有信息来纠正市场对其公司价值的错误判断的需求增加。因此，有更多 OCI 的公司会吸引更多的分析师跟踪。其次，其他综合收益作为净利润的辅助信息，可以为分析师提供更多的信息来源，尤其是以后可重分类进损益的其他综合收益会直接影响分析师对于未来净利润的预测，所以，其他综合收益信息的披露将会增加分析师的关注度，进而增加分析师服务的供给。并且我们认为分析师跟踪被市场错误定价的公司的需求是持续性的。因为，分析师跟踪的减少会导致错误定价的增加，反过来会增加分析师跟踪的供给，并最终导致分析师跟踪数量增多。据此，我们提出如下研究假设：

假设6-1：其他综合收益信息同分析师跟踪正相关。

其他综合收益作为净利润的补充，可从以下几个方面提高分析师预测质量：首先，以净利润为基础预测的未来盈余是不完整的及有偏的。其他综合收益是资产负债观下公允价值变动所产生的资产与负债的价值变化，而净利润只是历史成本计量下的盈余。从预测的角度来说，未来收益的预测值往往依据当前及以前报告期确认的收益，同时，当期的收益则是以前报告期的预测收益。因此，仅以净利润为基础预测未来盈余是不全面且有偏差的，它无法反映当期确认但在未来期间实现的盈余变动的影响。这部分具有预测价值的盈余变动恰恰是其他综合收益。其次，其他综合收益按照是否可重分类进损益进行分类列报后，提供了增量信息。以前年度确认当期重分类进损益的其他综合收益影响当期净利润，而当期确认在未来年度可重分类进损益的其他综合收益则会对未来某一期间的盈余产生影响。这种勾稽关系将降低分析师利用当期业绩预测未来盈余的不确定性，分析师可利用未来满足一定条件将重分类进损益的其他综合收益进行盈余预测，包括预测盈余变动的方向与程度。以往研究发现，当其他综合收益列报不规范时，很容易转化为高管调节利润的工具，调节的方式通常是其他综合收益与净利润两者的互相转化，因此，其他综合收益被作为"脏盈余"（dirty earnings）的回收站。其他综合收益与净利润项目间的勾稽关系可以显现企业存在的盈余管理行为，从动机方面减轻盈余管理对投资者价值判断的误导，将分析师的错误估计调整到正常水平（Hirst and Hopkins，1998）。分析师预测信息的主要来源是公开财务报告信息，预测分歧的程度取决于分析师对于私人信息的依赖程度。当信息披露质量较高，提高分析师预测准确性的同时，分析师对私人信息的依赖程度较小，分析师之间的预测分歧较小。

另外，关于透明度与股价同步性的国内外研究未形成统一的结论。主要的原因是，在不同的制度环境及信息环境下，股价同步性的内涵不同。较低的股价同步性是反映了更多的公司特质信息，还是更多的私有信息或是噪音，具体情况需要具体分析。国外的大部分研究发现，较高的透明度有助于更多的公司特质信息融入股价，从而降低股价同步性。如赫顿等（Hutton et al.，2009）的研究发现，欧美国家的股票市场噪声较低，信息透明度与股价同步性显著负相关。然而国内学者在探讨透明度与股价同步性关系时产生了多样化的研究结论。一部分学者认为较低的股价同步性代表较高的信息效率，但还有一部分学者发现，信息透明度越低，股价同步性越低。如李增泉等（2011）、王亚平等（2009）利用国内上市公司数据探讨二者关系时，发现信息透明度与股价同步性显著正相关。我们认为结论差异的原因在于企业自身信息环境的差异。在不同的信息环境下，透明度对股价同步性的影响不同，或者股价同步性反映的公司特质信息的含量不同。较好的信息环境有助于更高透明度的公司特质信息融入股价，从而降低股价同步性；而当信息环境较差时，股价主要受私有信息的影响，较高的透明度反而削弱了私有信息对股价的影响程度，此时较高的股价同步性反而代表较高的信息效率。结合我国较差的制度与信息环境，我们认为，股价主要受私有信息主导，当透明度较高时，私有信息累积对股价的影响降低，表现为较高的股价同步性。因此，其他综合收益信息的披露将通过提高盈余透明度从而带来更高的股价同步性。据此，我们提出如下研究假设：

假设 6 - 2：其他综合收益信息影响分析师预测分歧、预测准确性及股价同步性，具体包括以下三个子假说：

假设 6 - 2 - 1：其他综合收益信息同分析师预测分歧负相关；

假设 6 - 2 - 2：其他综合收益信息同分析师预测准确性正相关；

假设 6 - 2 - 3：其他综合收益信息同股价同步性正相关。

### 6.3.2　研究设计

#### 6.3.2.1　样本数据

2009 年之前，其他综合收益散落在附注中，自 2009 年开始在所有者权益表中列示，之后又转移至利润表。因此，本章数据的研究起点从 2009 年开始。选择 2009～2015 年上市公司数据作为研究样本，并对样本作了如下处理：（1）剔除模型中数据缺失及异常（资产负债率大于 1)① 的样本；（2）只保留非金融行业数据②；（3）对于没有分析师跟踪的公司，将当年对应的分析师跟踪数量替换为 0 (Barth et al.，2001)，并进行加 1 取自然对数的处理。最终共保留了 2950 家公司、共计 11541 个有效观测，本章的分析师预测及跟踪数据来自 CSMAR；股票价格、机构投资者持股数据来自 WIND。相关连续变量均在 1% 水平上进行 Winsorize 处理。

### 6.3.2.2 变量的选择和度量

通过对已有研究的梳理，发现国内外文献主要采用三种方法度量透明度：第一种是直接利用信息披露指数，典型的如深交所信息披露指数；第二种是自己设计一套透明度的评价体系或指标；第三种则是直接利用企业的盈余管理程度度量透明度，代表性指标如盈余激进度和盈余平滑度等。第一种方法受限于样本数量，无法观测沪市上市公司；自行设计的透明度评价指标主观性较高，并且无法验证该指标的普适性；而企业的盈余管理包括应计和真实盈余管理，随着准则的不断完善，应计盈余管理的行为在很大程度上受到抑制，真实盈余管理反映的是企业供产销活动的盈余管理程度，与其他综合收益不符。而且，以盈余管理程度度量的透明度反映了信息产出的质量，无法观测其是否有助于信息使用者的决策。因此，结合其他综合收益的列报目标及准则制定意图，从信息使用者，如分析师的角度探索其对于盈余透明度的影响更符合本书的研究目的，也更有助于观测到其他综合收益作用于盈余透明度的经济后果。

基于此，我们立足于信息使用者角度，选取分析师，包括分析师跟踪数量和预测质量，以及股价同步性度量盈余透明度，来检验其他综合收益信息披露的经济后果。相关的变量定义如下所示。

1. 被解释变量

我们综合选取分析师跟踪、预测分歧、预测准确性及股价同步性作为因变量。分析师跟踪数量（AnalystFollow）利用分析师年度预测的平均数加 1 取自然对数来度量。这样做的目的：一是避免损失分析师跟踪数量为零的样本；

---

① 根据金智（2010）；黄俊和郭照蕊（2014），资产负债率大于 1，说明每股净资产为负，会对股价同步性产生异常影响，故剔除。

② 删除金融公司数据原因在于：首先，金融行业的经营业务同其他行业不具可比性；其次，由于金融行业的 OCI 项目较多，且主要以可供出售金融资产为主，为了避免某一特殊行业或特定资产构成的影响，我们删除金融行业公司。但是，稳健性检验中我们将金融行业包括在内，结论不变。

二是取对数后使样本分布更均匀。对于同一分析一年内作出多次预测的样本，我们进行了剔重处理。在稳健性检验中，我们也尝试更改分析师跟踪数量的度量方法，利用跟踪上市公司的分析师人数，分析师发布盈余预测的总次数重新检验本章的研究问题。

$$AnalystFollow_{i,t} = \ln\left(\frac{NumForecast_{i,t}}{NumAnalyst_{i,t}} + 1\right) \qquad 公式（6-1）$$

其中，$NumForecast_{i,t}$ 表示公司 i 的所有分析师在 t 年度发布的盈余预测的总数量，$NumAnalyst_{i,t}$ 表示在 t 年度对公司 i 发布盈余预测的分析师总人数。

分析师预测准确性。依照已有文献的做法，我们利用分析师盈余预测误差的绝对值乘以（−1），再除以股票年初价格度量分析师预测准确性（Lang and Lundholm，1996；Behn et al.，2008）具体计算公式如下：

$$Accuracy_{i,t} = (-1) \times |MFeps_{i,t} - Eps_{i,t}| / Shareprice_{i,t-1} \qquad 公式（6-2）$$

其中，$MFeps_{i,t}$ 表示 t 年度分析师盈余预测的中位数，$Eps_{i,t}$ 表示第 t 年度的实际盈余，$Shareprice_{i,t-1}$ 代表第 t−1 年度的股票收盘价格。在稳健性检验中，我们也重新利用每股盈余预测的均值度量准确性重新进行检验，发现结论不变。

分析师预测分歧。借鉴先前已有文献，利用经股票价格标准化的分析师每股盈余预测标准差度量分析师预测分歧（Lang and Lundholm，1996），

$$Dispersion_{i,t} = Std(Feps_{i,t}) / Shareprice_{i,t-1} \qquad 公式（6-3）$$

其中，$Dispersion_{i,t}$ 代表分析师预测分歧，$Feps_{i,t}$ 表示每股收益的预测值。

股价同步性。先利用市场收益率对个股收益率回归求 $R^2$，继而再对 $R^2$ 进行对数化处理，即可得到股价同步性（Jin and Myers，2006）。

$$R_{i,w,t} = \alpha + \beta \times R_{m,w,t} + \varepsilon_{i,w,t} \qquad 公式（6-4）$$

$$Syn_{i,t} = \ln\left[R_{i,t}^2 / (1 - R_{i,t}^2)\right] \qquad 公式（6-5）$$

其中，$Syn_{i,t}$ 为股价同步性，$R_{m,w,t}$ 和 $R_{i,w,t}$ 分别代表经流通市值加权的平均收益率及考虑现金红利再投资的个股收益率。

2. 解释变量

本章的解释变量为其他综合收益 OCI，为每年的 OCI 总额。在获取原始数据之后，我们做了一些简单处理。首先，我们认为不管其他综合收益是正值还是负值均为影响分析师预测及股价同步性，据此，我们将 OCI 取绝对值。其

次，由于很多公司的 OCI 为 0，我们采用对 OCI 加 1 取自然对数的方式使样本分布更均匀。

3. 其他控制变量

借鉴以往文献，本章从公司层面、市场层面综合选取了公司规模（Size）、公司成长性（Growth）、财务杠杆（Lev）、机构持股比例（Inst）、管理层盈余公告数量（Mf）、研发费用（R&D）、广告费用（Adv）、股票月度回报的标准差（Std_ret）、公司相对市场的年累积交易率（Ret）、年累积交易天数（Trade_day）、回报率的峰度（Kurt）及回报率的偏度（Skew）共同作为检验其他综合收益信息披露与盈余透明度关系的控制变量。变量的定义和度量如表6.1 所示。

表 6.1　　　　　　　　　　　　　　变量的定义和度量

| 变量 | 符号 | 定义和度量 |
|---|---|---|
| 因变量 | AnalystFollow | 分析师跟踪，分析师年度盈余预测的平均次数；见公式（6－1） |
| | Dispersion | 分析师预测分歧，预测值的标准差/上期年末收盘股价；见公式（6－3） |
| | Accuracy | 分析师预测准确性；预测误差乘以（－1）/上期年末收盘股价；见公式（6－2） |
| | Syn | 股价同步性；见公式（6－4）和公式（6－5） |
| 解释变量 | OCI | 利润表中披露的其他综合收益绝对值加 1 的自然对数 |
| | OCI_P | 正的其他综合收益加 1 自然对数 |
| | OCI_N | 负的其他综合收益的绝对值加 1 自然对数 |
| 控制变量 | Size | 公司规模，总资产的自然对数 |
| | Growth | 公司成长性 |
| | Inst | 机构投资者持股比例 |
| | Mf | 管理层公告的盈余预测数量 |
| | Ret | 公司相对市场的年累积收益率 |
| | Trade_day | 公司相对市场的年累积交易天数 |
| | Adv | 广告支出，用销售费用占营业总成本比例代替 |
| | R&D | 研发支出占营业总成本的比例 |
| | Std_ret | 股票回报标准差 |

| 变量 | 符号 | 定义和度量 |
|---|---|---|
| 控制变量 | Lev | 资产负债率 |
| | Roa | 盈利能力，净利润/总资产 |
| | BM | 账面市值比，公司账面价值/市场价值 |
| | Controller | 产权性质，国有控制取 1，否则取 0 |
| | Central | 股权集中度，第一大股东持股比例 |
| | Skew | 偏度，等于当期回报率的偏度 |
| | Kurt | 峰度，等于当期回报率的峰度 |
| | Big4 | 四大取 1，否则取 0 |

注：根据黄俊，郭照蕊（2014），金智（2010）等发现我国一股独大现象十分严重，故用第一大股东持股比例度量股权集中度。

### 6.3.2.3　实证模型

模型（6-1）至模型（6-3）分别检验了其他综合收益与分师跟踪数量（AnalystFollow）、预测质量（Forecast_Property）及股价同步性（Syn）的关系，以此观测其他综合收益是否提高了盈余透明透明度。自变量 OCI 代表其他综合收益总额，若假设 6-1 和假设 6-2 成立，则模型（6-1）至模型（6-3）中的 $\beta_1$ 系数应显著，具体为模型（6-1）中的 $\beta_1$ 显著为正，在模型（6-2）中，若因变量是分析师预测分歧（Dispersion），则 $\beta_1$ 显著为负，若因变量是分析师预测准确性（Accuracy），则 $\beta_1$ 显著为正。

其他综合收益同分析师跟踪数量的关系：

$$AnalystFollow_{i,t} = \beta_0 + \beta_1 OCI_{i,t} + \beta_2 Size_{i,t} + \beta_3 Growth_{i,t} + \beta_4 Lev_{i,t} + \beta_5 Inst_{i,t}$$
$$+ \beta_6 Mf_{i,t} + \beta_7 Adv_{i,t} + \beta_8 \text{Trade\_day}_{i,t} + \beta_9 \text{Ret}_{i,t} + \beta_{10} \text{R\&D}_{i,t}$$
$$+ \beta_{11} \text{Std\_ret}_{i,t} + \varepsilon \qquad 模型（6-1）$$

其他综合收益同分析师预测质量的关系：

$$Forecast\_Property_{i,t} = \beta_0 + \beta_1 OCI_{i,t} + \beta_2 Size_{i,t} + \beta_3 Growth_{i,t} + \beta_4 Lev_{i,t} + \beta_5 Inst_{i,t}$$
$$+ \beta_6 Mf_{i,t} + \beta_7 Adv_{i,t} + \beta_8 \text{Trade\_day}_{i,t} + \beta_9 \text{Ret}_{i,t} + \beta_{10} \text{R\&D}_{i,t}$$
$$+ \beta_{11} \text{Std\_ret}_{i,t} + \varepsilon \qquad 模型（6-2）$$

其中，$Forecast\_Froperty_{i,t}$ 指分析师预测分歧、预测准确性。

检验其他综合收益同股价同步性之间的关系：

$$Syn_{i,t} = \beta_0 + \beta_1 OCI_{i,t} + \beta_2 Size_{i,t} + \beta_3 BM_{i,t} + \beta_4 Inst_{i,t} + \beta_5 lev_{i,t} + \beta_6 Roa_{i,t}$$
$$+ \beta_7 Controller_{i,t} + \beta_8 Central_{i,t} + \beta_9 Skew_{i,t} + \beta_{10} Kurt_{i,t} + \beta_{11} Std\_ret_{i,t}$$
$$+ \beta_{12} Big4_{i,t} + \varepsilon \qquad\qquad\qquad 模型（6-3）$$

### 6.3.3 实证结果分析

#### 6.3.3.1 描述性统计结果

由表 6.2 中 Panel A 列示了主要相关变量的描述性统计结果，可以发现：其他综合收益总额的均值自然对数为 7.44，中位数为 7.52。其他综合收益大于 0 或小于 0 的绝对值中位数均为 0，均值分别为 3.62 和 3.81，表明存在大量公司的其他综合收益为 0；分析师跟踪数量的均值及中位数分别为 1.18 和 1.39，表明平均一个分析师每年发布 1.18 个盈余预测。分析师预测准确性、预测分歧的均值分别为 -0.04 和 0.02，说明我国分析师的预测准确性或透明度整体偏低。平均市场收益率对个股收益率的拟合程度 $R^2$ 为 0.364，远高于美国报告的 0.193（Piotroski and Roulstone，2004）。说明同发达资本主义市场相比，我国的股价同步性偏高。

Panel B 是对应的单变量检验结果，我们按其他综合收益绝对值自然对数的中位数将其分为两组，高其他综合收益组和低其他综合收益组，并分别比较两组的分析师跟踪数量、预测质量及股价同步性的差异。结果发现，无论是均值检验还是中位数检验，其他综合收益金额较大的公司均表现出较多的分析师跟踪数量、较高的预测准确性及股价同步性。单变量检验的结果初步验证了假设 6-1 和假设 6-2。另外，我们也按照其他综合收益绝对值均值分组，重新进行均值检验及中位数检验，得到了相同的研究结论。

表 6.2　　　　　　　　　　　　变量的描述性统计

A 栏：全样本描述性统计

| 变量 | 观测值 | 均值 | 标准差 | 25% 分位数 | 中位数 | 75% 分位数 |
|---|---|---|---|---|---|---|
| AnalystFollow | 11541 | 1.18 | 0.73 | 0.69 | 1.39 | 1.70 |
| Dispersion | 9134 | 0.02 | 0.03 | 0.01 | 0.02 | 0.03 |
| Accuracy | 9793 | -0.04 | 0.04 | -0.05 | -0.02 | -0.01 |

综合收益信息运用与列报

A 栏：全样本描述性统计

| 变量 | 观测值 | 均值 | 标准差 | 25% 分位数 | 中位数 | 75% 分位数 |
|---|---|---|---|---|---|---|
| $R^2$ | 13311 | 0.364 | 0.179 | 0.231 | 0.364 | 0.497 |
| Syn | 11954 | -0.77 | 1.09 | -1.25 | -0.59 | -0.04 |
| OCI | 11541 | 7.44 | 7.63 | 0 | 7.52 | 14.80 |
| OCI_P | 11541 | 3.62 | 6.52 | 0 | 0 | 0 |
| OCI_N | 11541 | 3.81 | 6.56 | 0 | 0 | 9.36 |
| Size | 11541 | 21.90 | 1.22 | 21.03 | 21.74 | 22.59 |
| Growth | 11541 | 0.17 | 0.27 | 0.02 | 0.13 | 0.25 |
| Lev | 11541 | 0.44 | 0.22 | 0.27 | 0.44 | 0.62 |
| Inst | 11541 | 0.39 | 0.23 | 0.20 | 0.39 | 0.56 |
| Mf | 11541 | 3.29 | 1.63 | 2.00 | 3.00 | 4.00 |
| Trade_day | 11541 | 0.94 | 0.12 | 0.95 | 0.99 | 1.00 |
| Ret | 11541 | 7.75 | 29.22 | 0.00 | 1.27 | 3.26 |
| Adv | 11541 | 0.07 | 0.08 | 0.02 | 0.04 | 0.09 |
| R&D | 11541 | 0.15 | 0.30 | 0 | 0 | 0 |
| Std_ret | 11541 | 0.14 | 0.07 | 0.10 | 0.12 | 0.17 |
| Roa | 11954 | 0.04 | 0.06 | 0.01 | 0.03 | 0.06 |
| BM | 11954 | 0.97 | 0.93 | 0.39 | 0.66 | 1.18 |
| Controller | 11954 | 0.15 | 0.35 | 0 | 0 | 0 |
| Central | 11954 | 0.36 | 0.15 | 0.24 | 0.35 | 0.48 |
| Skew | 11954 | 0.18 | 0.68 | -0.26 | 0.15 | 0.58 |
| Kurt | 11954 | 2.81 | 1.03 | 2.07 | 2.55 | 3.26 |
| Big4 | 11954 | 0.06 | 0.24 | 0 | 0 | 0 |

B 栏：按其他综合收益（中位数）高低分组描述性统计检验

| 变量 | 低 OCI | | 高 OCI | | Difference tests | |
|---|---|---|---|---|---|---|
| | Mean | Median | Mean | Median | T test | Wilcoxon Z |
| Analyst Follow | 1.143 | 1.386 | 1.220 | 1.396 | -5.630 *** | -5.119 *** |
| Dispersion | 0.024 | 0.015 | 0.024 | 0.016 | -0.716 | -1.450 |
| Accuracy | -0.035 | -0.019 | -0.032 | -0.017 | -2.470 ** | -3.778 *** |
| Syn | -0.844 | -0.662 | -0.675 | -0.509 | -8.490 *** | -8.956 *** |

#### 6.3.3.2　其他综合收益与分析师预测属性、股价同步性

表 6.3 检验其他综合收益与分析师跟踪数量的关系。(1)~(4) 列分别探讨了其他综合收益总额绝对值的自然对数,其他综合收益利得和损失的绝对值自然对数,以及其他综合收益的分位数对分析师跟踪数量的影响。前两列的结果发现,无论其他综合收益总额是正的或负的,其他综合收益均与分析师跟踪数量显著负相关。这与表 6.2 单变量的检验结果存在差异。原因在于:首先,本章的数据样本时间跨度是 2009~2015 年,即大部分在 2014 年新准则实施前,我们知道,在此之前,由于其他综合收益都在所有者权益表中列报,并未引起投资者足够的重视,分析师在盈余预测时也可能并未有效利用其他综合收益。本章在后续部分会继续检验新准则的影响;其次,这一结果受公司其他综合收益金额大小的影响。从第(3)列和第(4)列的回归结果可以看出,当其他综合收益金额绝对值在前三分位数时,此时,其他综合收益的增多均导致分析师跟踪数量的增加,而当其他综合收益金额绝对值在第四分数时,显著减少了分析师跟踪的数量。这时,其他综合收益金额较大的公司将会大大提高分析师的信息处理成本及发布错误盈余预测报告的可能性,分析师会出于职业生涯的忧虑而放弃跟踪。已有研究发现,分析师发布的盈余预测报告的质量在很大程度上影响分析师的职业生涯(Mikhail et al.,1999;Hong and Kubik,2003)。

**表 6.3　　　　　　　　　其他综合收益与分析师跟踪**

| 变量 | (1) AnalystFollow | (2) AnalystFollow | (3) AnalystFollow | (4) AnalystFollow |
|---|---|---|---|---|
| OCI | -0.004 *** | | | |
| | (-3.54) | | | |
| OCI_P | | -0.004 *** | | |
| | | (-3.39) | | |
| OCI_N | | -0.004 *** | | |
| | | (-3.03) | | |
| OCI_Q1 | | | | 0.108 *** |
| | | | | (4.84) |
| OCI_Q2 | | | 0.046 | 0.154 *** |

| 变量 | (1) AnalystFollow | (2) AnalystFollow | (3) AnalystFollow | (4) AnalystFollow |
|---|---|---|---|---|
| | | | (0.85) | (2.75) |
| OCI_Q3 | | | 0.013 | 0.121*** |
| | | | (0.67) | (5.52) |
| OCI_Q4 | | | −0.108*** | |
| | | | (−4.84) | |
| Size | 0.257*** | 0.256*** | 0.261*** | 0.261*** |
| | (29.08) | (29.08) | (29.84) | (29.84) |
| Growth | 0.408*** | 0.409*** | 0.404*** | 0.404*** |
| | (12.08) | (12.08) | (12.02) | (12.02) |
| Lev | −0.892*** | −0.892*** | −0.888*** | −0.888*** |
| | (−17.72) | (−17.72) | (−17.70) | (−17.70) |
| Inst | 0.323*** | 0.323*** | 0.320*** | 0.320*** |
| | (8.26) | (8.27) | (8.22) | (8.22) |
| Mf | 0.043*** | 0.043*** | 0.042*** | 0.042*** |
| | (8.62) | (8.61) | (8.38) | (8.38) |
| Trade_day | 0.157** | 0.157** | 0.150** | 0.150** |
| | (2.21) | (2.21) | (2.12) | (2.12) |
| Ret | 0.002*** | 0.002*** | 0.002*** | 0.002*** |
| | (9.13) | (9.12) | (9.11) | (9.11) |
| Adv | 0.889*** | 0.889*** | 0.890*** | 0.890*** |
| | (7.74) | (7.74) | (7.76) | (7.76) |
| R&D | 0.056** | 0.056** | 0.056** | 0.056** |
| | (1.96) | (1.96) | (1.97) | (1.97) |
| Std_ret | 0.193 | 0.193 | 0.195 | 0.195 |
| | (1.47) | (1.47) | (1.49) | (1.49) |
| Constant | −4.606*** | −4.602*** | −4.706*** | −4.814*** |
| | (−22.85) | (−22.84) | (−23.39) | (−23.15) |
| Year and Ind | Yes | Yes | Yes | Yes |
| N | 11184 | 11184 | 11184 | 11184 |
| Adj_R$^2$ | 0.249 | 0.249 | 0.251 | 0.251 |

注：括号内的数值为 t 值，\*\*\* 、\*\* 、\* 分别表示在1%、5%和10%水平上显著，回归中对股票代码进行了 Cluster 处理，并用 Robust 选项控制了异方差问题，下同。

在表 6.4 我们呈现了其他综合收益与分析师预测质量及股价同步性的回归结果。第（1）、（3）和（5）列自变量是其他综合收益总额绝对值自然对数，在第（2）、（4）和（6）列中我们进一步检验了其他综合收益利得与损失对盈余透明度的经济后果。结果发现，其他综合收益总额越大时，分析师预测准确度越高；预测分歧越小时，股价同步性越高。并且，这一结果无论在自变量是其他综合收益利得还是其他综合收益损失时均成立。这表明，其他综合收益信息能够提高盈余的透明度，具体表现为提高分析师预测准确性，降低预测分歧，并且通过降低私有信息交易对股价的影响，提高股价同步性。表 6.4 的结果证实了研究假设 6−2。

表 6.4　　　　　　　　其他综合收益同分析师预测属性、股价同步性

| 变量 | (1)<br>Accuracy | (2)<br>Accuracy | (3)<br>Dispersion | (4)<br>Dispersion | (5)<br>Syn | (6)<br>Syn |
|---|---|---|---|---|---|---|
| OCI | 0.000 *** | | − 0.000 *** | | 0.004 ** | |
| | (4.03) | | (− 4.35) | | (2.37) | |
| OCI_P | | 0.000 *** | | − 0.000 *** | | 0.004 *** |
| | | (4.27) | | (− 4.33) | | (2.61) |
| OCI_N | | 0.000 *** | | − 0.000 *** | | 0.003 * |
| | | (2.87) | | (− 3.38) | | (1.72) |
| Size | − 0.005 *** | − 0.005 *** | 0.006 *** | 0.006 *** | 0.065 *** | 0.065 *** |
| | (− 8.31) | (− 8.30) | (15.35) | (15.35) | (4.10) | (4.10) |
| Growth | 0.033 *** | 0.033 *** | − 0.015 *** | − 0.015 *** | | |
| | (15.81) | (15.79) | (− 12.39) | (− 12.38) | | |
| Lev | − 0.033 *** | − 0.033 *** | 0.006 *** | 0.006 *** | − 0.923 *** | − 0.922 *** |
| | (− 9.82) | (− 9.81) | (2.98) | (2.97) | (− 13.06) | (− 13.05) |
| Inst | 0.024 *** | 0.024 *** | − 0.009 *** | − 0.009 *** | − 0.372 *** | − 0.373 *** |
| | (11.26) | (11.27) | (− 6.83) | (− 6.83) | (− 7.01) | (− 7.02) |
| Mf | − 0.004 *** | − 0.004 *** | 0.002 *** | 0.002 *** | | |
| | (− 13.95) | (− 13.92) | (11.63) | (11.62) | | |
| Trade_day | 0.004 | 0.004 | 0.000 | 0.000 | | |
| | (1.02) | (1.02) | (0.17) | (0.17) | | |

| 变量 | (1)<br>Accuracy | (2)<br>Accuracy | (3)<br>Dispersion | (4)<br>Dispersion | (5)<br>Syn | (6)<br>Syn |
|---|---|---|---|---|---|---|
| Ret | 0.000*** | 0.000*** | −0.000*** | −0.000*** | | |
| | (11.73) | (11.73) | (−5.07) | (−5.07) | | |
| Adv | 0.009* | 0.009* | −0.011*** | −0.011*** | | |
| | (1.66) | (1.66) | (−3.68) | (−3.68) | | |
| R&D | 0.005*** | 0.005*** | −0.003*** | −0.003*** | | |
| | (3.16) | (3.16) | (−2.94) | (−2.94) | | |
| Std_ret | 0.013* | 0.013* | 0.006 | 0.006 | −2.516*** | −2.519*** |
| | (1.84) | (1.83) | (1.35) | (1.36) | (−11.86) | (−11.88) |
| Roa | | | | | −0.979*** | −0.979*** |
| | | | | | (−4.13) | (−4.13) |
| BM | | | | | 0.235*** | 0.235*** |
| | | | | | (12.15) | (12.15) |
| Controller | | | | | −0.013 | −0.012 |
| | | | | | (−0.41) | (−0.39) |
| Central | | | | | 0.142* | 0.143* |
| | | | | | (1.85) | (1.85) |
| Skew | | | | | −0.032** | −0.032** |
| | | | | | (−2.23) | (−2.24) |
| Kurt | | | | | 0.010 | 0.011 |
| | | | | | (1.08) | (1.10) |
| Big4 | | | | | −0.071 | −0.070 |
| | | | | | (−1.47) | (−1.46) |
| Constant | 0.086*** | 0.085*** | −0.107*** | −0.107*** | −0.985*** | −0.990*** |
| | (7.30) | (7.26) | (−16.06) | (−16.03) | (−3.00) | (−3.02) |
| Year and Ind | Yes | Yes | Yes | Yes | Yes | Yes |
| N | 10094 | 10094 | 9446 | 9446 | 11839 | 11839 |
| Adj_R$^2$ | 0.213 | 0.214 | 0.251 | 0.251 | 0.335 | 0.335 |

注: 括号内的数值为 t 值, ***、**、* 分别表示在 1%、5% 和 10% 水平上显著。

### 6.3.3.3 进一步检验

**1. 其他综合收益与股价同步性**

在表 6.4 中我们发现其他综合收益与股价同步性显著正相关，本书认为这一结果的原因在于在我国的制度与信息环境下，股价同步性主要受私有信息影响，而其他综合收益信息的披露对于透明度的提高降低了私有信息累积对股价同步性的影响，所以，较高的股价同步性反而代表更高的信息效率。如果这条逻辑思路正确，那么其他综合收益与股价同步性两者之间的关系应该在不同的内外信息环境下存在差异。即当信息环境较差时，其他综合收益对股价同步性的促进作用更加明显，而当信息环境较好时，其他综合收益披露带来的透明度提高会促进更多公司特质信息融入股价，降低股价同步性。据此，借鉴以往文献，我们利用累计的操纵性应计衡量公司内部信息环境（Hutton et al.，2009；Kim et al.，2011a，2011b；潘越等，2011），具体做法是先分别计算出每年的操纵性应计，前三年的加总即是本年公司的累积操纵性应计 EM（Dechow et al.，1995）同时，依据朗等（Lang et al.，2003）、潘越等（2011）、吴战篪和李晓龙（2015）的做法，利用分析师跟踪数量度量公司外部信息环境。具体在实证检验中，我们利用两种方法验证本章结论：加入虚拟变量交乘项和分组。具体的处理方法是设置公司信息环境虚拟变量（Opaque），根据分析师跟踪数量及累积操纵性应计的中位数将样本分为好信息环境组和差信息环境组，如果公司的分析师跟踪数量高于同行业同年度分析师跟踪数量的中位数，视为较好的外部信息环境；同理，如果公司过去三年累计可操纵性应计低于同行业同年度样本中位数，则视为较好的内部信息环境。Opaque 取 1 表示信息环境较好，0 表示信息环境较差。

表 6.5 第（1）～（4）列是信息环境 Opaque 与其他综合收益（OCI）交乘的回归结果。其中，第（1）～（2）列是按公司外部信息环境进行区分，第（3）～（4）列是按公司内部信息环境进行区分。第（1）列和第（3）列的结果显示，OCI 的系数显著为正，表明在信息环境较差时，OCI 信息披露的透明度提高了股价同步性。OCI 与 Opaque 的交乘项系数均显著为负表明，当信息环境较好时，OCI 信息披露会降低股价同步性。第（2）列和第（4）列我们重新利用其他综合收益利得与损失的绝对进行检验，发现了相同的结论。表 6.5 的结果整体验证了我们前面的推论。即 OCI 信息提高的透明度对股价同

第 6 章　综合收益、盈余透明度与信息分析成本

147

步性的影响要因公司内外部信息环境差异区别对待。不同的信息环境下，股价同步性的主要驱动因素不同。但 OCI 信息透明度的提高均有助于股价中公司特质信息的提高，即促进了资本市场信息效率。

表 6.5　　　　　　　　　　　　股价同步性的进一步检验

| 变量 | （1）AnalystFollow 组 | （2）AnalystFollow 组 | （3）EM 组 | （4）EM 组 |
|---|---|---|---|---|
| | Syn | Syn | Syn | Syn |
| OCI | 0. 008 *** | | 0. 008 *** | |
| | (4. 12) | | (3. 42) | |
| Opaque | 0. 074 *** | 0. 074 *** | 0. 078 *** | 0. 079 *** |
| | (2. 61) | (2. 61) | (2. 23) | (2. 24) |
| OCI × Opaque | − 0. 009 *** | | − 0. 006 ** | |
| | ( − 3. 67) | | ( − 2. 17) | |
| OCI_P | | 0. 008 *** | | 0. 009 *** |
| | | (3. 96) | | (3. 35) |
| OCI_N | | 0. 007 *** | | 0. 007 *** |
| | | (3. 32) | | (2. 80) |
| OCI_P × Opaque | | − 0. 009 *** | | − 0. 006 ** |
| | | ( − 3. 26) | | ( − 2. 09) |
| OCI_N × Opaque | | − 0. 009 *** | | − 0. 005 * |
| | | ( − 3. 07) | | ( − 1. 72) |
| Size | 0. 073 *** | 0. 073 *** | 0. 072 *** | 0. 072 *** |
| | (4. 50) | (4. 50) | (3. 97) | (3. 97) |
| Lev | − 0. 890 *** | − 0. 889 *** | − 0. 928 *** | − 0. 927 *** |
| | ( − 12. 65) | ( − 12. 64) | ( − 10. 80) | ( − 10. 80) |
| Inst | − 0. 379 *** | − 0. 380 *** | − 0. 429 *** | − 0. 429 *** |
| | ( − 7. 17) | ( − 7. 17) | ( − 6. 16) | ( − 6. 17) |
| Roa | − 1. 097 *** | − 1. 096 *** | − 0. 933 *** | − 0. 933 *** |
| | ( − 4. 55) | ( − 4. 54) | ( − 3. 49) | ( − 3. 49) |
| BM | 0. 206 *** | 0. 206 *** | 0. 227 *** | 0. 227 *** |

| 变量 | (1)<br>AnalystFollow 组 | (2)<br>AnalystFollow 组 | (3)<br>EM 组 | (4)<br>EM 组 |
|---|---|---|---|---|
| | Syn | Syn | Syn | Syn |
| | (10. 75) | (10. 75) | (10. 89) | (10. 89) |
| Controller | −0. 012 | −0. 011 | −0. 004 | −0. 004 |
| | ( −0. 38) | ( −0. 36) | ( −0. 12) | ( −0. 11) |
| Central | 0. 138 * | 0. 139 * | 0. 213 ** | 0. 214 ** |
| | (1. 80) | (1. 80) | (2. 20) | (2. 21) |
| Big4 | −0. 070 | −0. 069 | −0. 040 | −0. 040 |
| | ( −1. 43) | ( −1. 43) | ( −0. 77) | ( −0. 77) |
| Skew | −0. 032 ** | −0. 0322 ** | −0. 027 | −0. 027 |
| | ( −2. 20) | ( −2. 21) | ( −1. 63) | ( −1. 63) |
| Kurt | 0. 011 | 0. 011 | 0. 009 | 0. 009 |
| | (1. 13) | (1. 14) | (0. 81) | (0. 83) |
| Std_ret | −2. 562 *** | −2. 565 *** | −2. 299 *** | −2. 302 *** |
| | ( −12. 13) | ( −12. 13) | ( −8. 69) | ( −8. 70) |
| Constant | −1. 194 *** | −1. 199 *** | −1. 238 *** | −1. 242 *** |
| | ( −3. 54) | ( −3. 56) | ( −3. 29) | ( −3. 30) |
| Year and Ind | Yes | Yes | Yes | Yes |
| N | 11839 | 11839 | 9258 | 9258 |
| Adj_R$^2$ | 0. 335 | 0. 335 | 0. 344 | 0. 344 |

注：括号内的数值为 t 值，*** 、** 、* 分别表示在 1% 、5% 和 10% 水平上显著。

另外，我们也对样本分组进行了检验。分为公司内外部信息环境较好（分析师跟踪数量较多，可操纵性应计较低）和内外部信息环境较差组（分析师跟踪数量较少，可操纵性应计较高），发现只有在第二种情况，即公司内外信息环境较差时，其他综合收益才与股价同步性显著正相关；而当在高分析师跟踪组、低可操纵性应计组，即公司内外信息环境较好情况下，其他综合收益与股价同步性未表现出显著的相关关系。除了分组回归之外，我们还进行了组间系数检验，发现其他综合收益与股价同步性的回归系数在分析师跟踪数量较高组与较低组之间是存在显著差异的（$\chi^2$ 值为 3. 04，P 值为 0. 08），这一结果同时也表明分析师作为资本市场信息传递的中介，在降低企业信息不对称方面发挥重要作用。同时，从表6.6还可以发现，在分析师跟踪较多，可操纵性应计较低，即企业内外信息环境较好时，其他综合收益与股价同步性不存在显著的相关关系。这与我们的直观感觉不符。我们认为，主要存在两种原因：首先，我们虽然已经尝试从企业内部和外部对信息环境进行划分，但企业信息环境的优势可能受多种因素影响，因此，利用单一指标进行划分可能并不能完全反映信息环境的好坏。其次，分析师能否完全利用其他综合收益中的信息还未形成统一的结论。但是表6.5和表6.6的结果可以说明，随着信息环境的改善，其他综合收益信息的披露将促进更多的公司特质信息融入股价，降低股价同步性。本部分的结论同时也对以往文献关于透明度与股价同步性结论不一致的研究发现提出了新的解释，即以往文献有的认为透明度的提高有助于降低股价同步性，另有一部分学者认为透明度与股价同步性显著正相关。我们认为造成这一结论差异的原因在于未区分企业所处的信息环境，在不同的内外部信息环境下，透明度对股价同步性的影响不同，但就其他综合收益而言，信息的披露是有助于提高透明度，改善资本市场信息效率的。

表6.6　　　　　　　　　　　　股价同步性的进一步检验

| 变量 | (1)<br>High_AnalystFollow<br>Syn | (2)<br>Low_AnalystFollow<br>Syn | (3)<br>Low_EM<br>Syn | (4)<br>High_EM<br>Syn |
|---|---|---|---|---|
| OCI | 0.001 | 0.005 *** | 0.003 | 0.007 *** |
| | (0.68) | (3.32) | (1.41) | (3.46) |
| Size | 0.041 ** | 0.104 *** | 0.054 *** | 0.091 *** |
| | (2.53) | (6.39) | (2.96) | (5.20) |
| Lev | − 0.814 *** | − 0.904 *** | − 1.077 *** | − 0.794 *** |
| | (− 8.87) | (− 13.64) | (− 11.44) | (− 9.05) |
| Inst | − 0.452 *** | − 0.251 *** | − 0.429 *** | − 0.465 *** |
| | (− 7.66) | (− 4.27) | (− 5.58) | (− 6.32) |
| Roa | − 1.753 *** | − 0.454 * | − 0.672 ** | − 1.039 *** |
| | (− 5.66) | (− 1.82) | (− 2.09) | (− 3.63) |

| 变量 | (1)<br>High_AnalystFollow | (2)<br>Low_AnalystFollow | (3)<br>Low_EM | (4)<br>High_EM |
|---|---|---|---|---|
| | Syn | Syn | Syn | Syn |
| BM | 0. 204 *** | 0. 184 *** | 0. 231 *** | 0. 234 *** |
| | (11. 01) | (9. 34) | (10. 93) | (10. 42) |
| Controller | 0. 011 | − 0. 039 | − 0. 014 | 0. 011 |
| | (0. 31) | ( − 1. 21) | ( − 0. 40) | (0. 30) |
| Central | 0. 099 | 0. 132 | 0. 369 *** | 0. 053 |
| | (1. 17) | (1. 60) | (3. 42) | (0. 53) |
| Big4 | − 0. 021 | − 0. 069 | − 0. 009 | − 0. 072 |
| | ( − 0. 46) | ( − 1. 09) | ( − 0. 16) | ( − 1. 09) |
| Skew | − 0. 018 | − 0. 032 * | − 0. 016 | − 0. 031 |
| | ( − 0. 84) | ( − 1. 68) | ( − 0. 68) | ( − 1. 33) |
| Kurt | 0. 020 | 0. 008 | 0. 014 | 0. 006 |
| | (1. 42) | (0. 64) | (0. 98) | (0. 41) |
| Std_ret | − 1. 299 *** | − 3. 553 *** | − 2. 530 *** | − 2. 026 *** |
| | ( − 4. 44) | ( − 13. 70) | ( − 7. 56) | ( − 5. 78) |
| Constant | − 0. 710 ** | − 1. 626 *** | − 0. 783 ** | − 1. 606 *** |
| | ( − 2. 02) | ( − 4. 71) | ( − 1. 99) | ( − 4. 35) |
| Year and Ind | Yes | Yes | Yes | Yes |
| N | 5446 | 6393 | 4634 | 4624 |
| Adj_R$^2$ | 0. 323 | 0. 359 | 0. 356 | 0. 334 |
| $X_2$<br>( p – value) | 3. 04 (0. 08) | | 2. 15 (0. 14) | |

注：括号内的数值为 t 值，*** 、** 、* 分别表示在 1% 、5% 和 10% 水平上显著。

**2. 公司业务复杂程度对其他综合收益与分析师行为关系的调节效应**

以上结论表明，研究其他综合收益与股价同步性关系时需要区分企业所面临的信息环境的好坏，当信息环境较差时（较低的分析师跟踪数量，较高的盈余管理程度），其他综合收益信息披露会导致股价同步性提高，而信息环境的改善可以显著降低股价同步性。关于其他综合收益对分析师行为的影响，我们进一步研究公司业务复杂程度对两者关系的调节效应。当公司经营业务较复杂时，信息不对称问题严重，这对于分析师的知识宽度、分析能力和投入成本等提出了更高的要求，增加了分析师分析业务实质的难度。此时，分析师可能很难挖掘、甄别和吸收有关公司的信息；同时，在经营业务较复杂的公司内，更可能存在大量复杂性交易形成的由公允价值计量的其他综合收益。所以，如果其他综合收益信息能够提高盈余信息的透明度，改善分析师预测质量，那么，这种效应应该在经营业务较复杂的公司更加明显。参考储一昀和谢香兵（2008）、黄俊和李挺（2016），我们用控股子公司数量（segment）来衡量上市公司的业务复杂程度。结果如表6.7所示：整体而言，公司经营业务的复杂性对其他综合收益与盈余透明度的关系具有调节效应。公司的经营业务越复杂，分析师对于其他综合收益信息的需求越强，同时预测的质量也越高，表现为更高的预测准确性，更低的预测分歧。

表 6.7　　业务复杂度对其他综合收益与分析师行为关系的调节效应

| 变量 | AnalystFollow | Accuracy | Dispersion |
|---|---|---|---|
| OCI | | 0.000 | − 0.000 * |
| | | (1.49) | ( − 1.88) |
| OCI#Segment | | 0.000 *** | − 0.000 *** |
| | | (2.72) | ( − 2.85) |
| OCI_Q1 | 0.107 *** | | |
| | (3.96) | | |
| OCI_Q2 | 0.073 | | |
| | (0.86) | | |
| OCI_Q3 | 0.125 *** | | |
| | (4.40) | | |
| OCI_Q1#Segment | 0.001 | | |
| | (0.60) | | |
| OCI_Q2#Segment | 0.008 * | | |
| | (1.72) | | |
| OCI_Q3#Segment | − 0.001 | | |
| | ( − 0.55) | | |

152

| 变量 | AnalystFollow | Accuracy | Dispersion |
|---|---|---|---|
| Segment | 0. 001 *** | − 0. 000 | 0. 000 |
|  | (2. 75) | ( − 0. 37) | (0. 86) |
| Size | 0. 250 *** | − 0. 006 *** | 0. 006 *** |
|  | (26. 35) | ( − 8. 75) | (14. 66) |
| Growth | 0. 395 *** | 0. 032 *** | − 0. 015 *** |
|  | (11. 68) | (15. 63) | ( − 12. 28) |
| Lev | − 0. 890 *** | − 0. 034 *** | 0. 006 *** |
|  | ( − 17. 46) | ( − 10. 00) | (3. 21) |
| Inst | 0. 327 *** | 0. 025 *** | − 0. 009 *** |
|  | (8. 27) | (11. 87) | ( − 7. 22) |
| Mf | 0. 043 *** | − 0. 004 *** | 0. 002 *** |
|  | (8. 53) | ( − 13. 46) | (11. 25) |
| Trade_day | 0. 166 ** | 0. 004 | 0. 000 |
|  | (2. 30) | (0. 89) | (0. 06) |
| Ret | 0. 002 *** | 0. 000 *** | − 0. 000 *** |
|  | (9. 13) | (11. 43) | ( − 5. 25) |
| Adv | 0. 886 *** | 0. 007 | − 0. 010 *** |
|  | (7. 68) | (1. 29) | ( − 3. 28) |
| R&D | 0. 056 ** | 0. 004 *** | − 0. 002 ** |
|  | (1. 96) | (2. 81) | ( − 2. 51) |
| Std_ret | 0. 166 | 0. 013 * | 0. 005 |
|  | (1. 25) | (1. 80) | (1. 14) |
| Constant | − 4. 604 *** | 0. 098 *** | − 0. 111 *** |
|  | ( − 20. 71) | (6. 64) | ( − 12. 18) |
| Year and Ind | Yes | Yes | Yes |
| N | 10, 759 | 9, 730 | 9, 119 |
| Adj_R$^2$ | 0. 250 | 0. 217 | 0. 255 |

注：括号内的数值为 t 值，*** 、** 、* 分别表示在1%、5%和10%水平上显著。

### 6.3.3.4 稳健性检验

#### 1. 变更其他综合收益的度量

在以上主假设检验的过程中，自变量其他综合收益都是用的绝对值，我们也尝试用相对值，其他综合收益与总资产的比值（OCI_Asset）进行度量，并对模型（6-1）和模型（6-2）进行再次检验，其中，OCI_Asset_Q1，OCI_Asset_Q2，OCI_Asset_Q3 分别为 OCI_Asset 的第一、第二、第三分位数，以控制 OCI 重要性对于分析师行为的影响。多元回归结果如表6.8所示，发现解释变量取相对值后，自变量 OCI 仍然与分析师跟踪数量、预测准确性显著正相关，与分析师预测分歧显著负相关。

表6.8 OCI_Asset 与分析师行为

| 变量 | AnalystFollow | AnalystFollow | Accuracy | Dispersion |
| --- | --- | --- | --- | --- |
| OCI_Asset | -4.209*** | | 0.090** | -0.058** |
| | (-5.63) | | (2.35) | (-2.14) |
| OCI_Asset_Q1 | | 0.090*** | | |
| | | (4.26) | | |
| OCI_Asset_Q2 | | 0.129** | | |
| | | (2.41) | | |
| OCI_Asset_Q3 | | 0.099*** | | |
| | | (4.88) | | |
| Size | 0.248*** | 0.251*** | -0.005*** | 0.006*** |
| | (29.64) | (29.22) | (-7.59) | (14.74) |
| Growth | 0.405*** | 0.407*** | 0.033*** | -0.015*** |
| | (12.04) | (12.09) | (15.71) | (-12.30) |
| Lev | -0.895*** | -0.887*** | -0.033*** | 0.006*** |
| | (-17.86) | (-17.66) | (-9.86) | (3.08) |
| Inst | 0.320*** | 0.321*** | 0.024*** | -0.009*** |
| | (8.20) | (8.22) | (11.26) | (-6.81) |
| Mf | 0.043*** | 0.042*** | -0.004*** | 0.002*** |
| | (8.52) | (8.47) | (-13.98) | (11.67) |
| Trade_day | 0.162** | 0.154** | 0.004 | 0.001 |

| 变量 | AnalystFollow | AnalystFollow | Accuracy | Dispersion |
|------|---------------|---------------|----------|------------|
| | (2. 29) | (2. 18) | (0. 90) | (0. 32) |
| Ret | 0. 002 *** | 0. 002 *** | 0. 000 *** | − 0. 000 *** |
| | (9. 06) | (9. 09) | (11. 84) | ( − 5. 22) |
| Adv | 0. 887 *** | 0. 891 *** | 0. 008 | − 0. 011 *** |
| | (7. 69) | (7. 76) | (1. 58) | ( − 3. 60) |
| R&D | 0. 052 * | 0. 056 ** | 0. 005 *** | − 0. 003 *** |
| | (1. 86) | (1. 97) | (3. 37) | ( − 3. 19) |
| Std_ret | 0. 197 | 0. 198 | 0. 013 * | 0. 006 |
| | (1. 50) | (1. 51) | (1. 84) | (1. 38) |
| Constant | − 4. 426 *** | − 4. 582 *** | 0. 074 *** | − 0. 099 *** |
| | ( − 22. 57) | ( − 22. 73) | (5. 37) | ( − 11. 83) |
| Year and Ind | Yes | Yes | Yes | Yes |
| N | 11, 184 | 11, 184 | 10, 094 | 9, 446 |
| Adj_R$^2$ | 0. 251 | 0. 250 | 0. 212 | 0. 249 |

注：括号内的数值为 t 值，*** 、** 、* 分别表示在 1%、5% 和 10% 水平上显著。

### 2. 其他稳健性检验

本章还改变了某些控制变量的度量方式进行了稳健性检验，如改变总资产的度量方式，用总市值自然对数度量，改变公司成长性的度量方式，用账面市值比度量。发现结果均保持不变。

之前的分析考虑到金融行业的特殊性，样本中是不包括金融行业数据的，但同时金融行业中的其他综合收益是最多的，因此，本书重新将金融行业的数据包括在内，发现结果不变。

## 6.4  盈余透明度提升的经验证据

### 6.4.1  2014 年新准则对于其他综合收益和分析师行为、股价同步性关系的影响

2014 年会计准则 CAS30 修订了关于综合收益列报与披露的规定，其主要变化有：其他综合收益（OCI）信息的披露从原来在所有者权益表中进行披

露，转而在利润表中进行披露；并将其他综合收益按照能否重分类进损益分两类进行列报；在资产负债表中列示其他综合收益累计余额。准则规定将其他综合收益作为净利润的补充列示旨在投资者提供增量价值相关的信息，我们认为其更直接的目的是通过其他综合收益提高盈余透明度，这与为投资者提供增量信息是具有内在一致性的。通过以上的检验，我们发现，其他综合收益信息的披露从两方面提高了盈余透明度：一是从数量上（特别在其他综合收益金额居中时），其他综合收益信息披露增加了具有资本市场信息挖掘功能的分析师跟踪数量，从而能够减少信息不对称，为投资者提供决策有用的信息；二是从质量上，其他综合收益信息披露提高了分析师预测准确性，降低了预测分歧，并提高了股价同步性。在以上结论的基础上，2014 年其他综合收益信息的披露，包括披露位置、详细程度以及报表间的勾稽关系均得到了大幅度改善，由原来的在所有者权益表中列示到在利润表中列示增加了投资者的关注度，导致有其他综合收益的上市公司对分析师服务的需求增多。同时，更加详细的列报有助于降低投资者搜集、使用信息的成本，提高分析师预测质量。最后，将其他综合收益与净利润一同列示在利润表中，有助于改善盈余信息的透明度，使分析师能够更加清晰地估计当期确认的其他综合益对于未来盈余的影响，或者根据过去的其他综合收益调整当期的盈余预测。同时，其他综合收益透明度的提高也有助于减轻私有信息交易对股价的影响，从而增加股价中公司特质信息的含量。据此，我们认为，如果其他综合收益能够增加分析师跟踪数量、提高预测质量及股价同步性，即提高盈余的透明度，那么这一效应在 CAS30 后更加明显。据此，本章提出研究假设 6 - 3：

假设 6 - 3：2014 年新准则显著提高了有其他综合收益发生公司的盈余透明度。

### 6.4.2 研究设计

2014 年新准则将综合收益的列报位置由所有者权益变动表转移到利润表，并将其他综合收益分为日后满足一定条件可重分类进损益的其他综合收益和不可重分类进损益的其他综合收益分别进行列示。列报方式及信息披露的改进突出了其他综合收益的盈余性质，改变了传统的盈余信息结构，提高了盈余透明度。本章利用 2014 年 CAS30 实施作为一个自然事件检验其他综合收益与盈余透明度的关系。双重差分模型使用的前提是需要满足平行性假设，即在外生事件发生之前，实验组与控制组不存在显著差异，而外生事件发生后，两组发生了显著的差异变化。为此，我们利用 PSM 的方法选取一系列匹配变量对控制组与实验组的公司特征进行匹配。实验组与控制组分组的标准是以公司是否有其他综合收益发生为标准，有其他综合收益发生组为实验组，否则为控制组。由于本书的盈余透明度由多个指标共同度量，为了更好地满足 PSM 方法的平衡性假设，在每个因变量下，我们均使用不同的匹配变量挑选出控制组与实验组[①]。具体地，当因变量是分析师跟踪数量时，我们利用公司规模（Size）、资产负债率（Lev）、机构持股比例（Inst）、累积收益率（Ret）、广告支出（Adv）和研发支出（R&D）进行匹配；而当因变量是分析师预测分歧时，利用公司规模（Size）、资产负债率（Lev）、机构持股比例（Inst）、管理层盈余预测（Mf）、累积收益率（Ret）、广告支出（Adv）和研发支出（R&D）进行匹配；当因变量是分析师预测准确性时，匹配变量分别为公司规模（Size）、资产负债率（Lev）、机构持股比例（Inst）、管理层盈余预测（Mf）、累积收益率（Ret）、广告支出（Adv）和公司成长性（Growth）；最后当因变量为股价同步性时，匹配变量为公司规模（Size）、资产负债率（Lev）、机构持股比例（Inst）、第一大股东持股比例（Central）、产权性质（Controller）、四大审计（Big4）和回报率的偏度（Skew）。匹配方法是采用实验组与控制组 1∶2 的匹配方法。接着，我们研究 2014 年新准则实施前后两年控制组与实验组其他综合收益与分析师跟踪数量、预测质量及股价同步性的关系是否显著有别。重点关注 $Time_{i,t} \times OCI_{i,t}$ 系数 $\beta_3$，在假设 6 - 3 的情况下，$\beta_3$ 应显著。

$$Analysts_{i,t} = \beta_0 + \beta_1 \times OCI_{i,t} + \beta_2 \times Time_{i,t} + \beta_3 \times Time_{i,t} \times OCI_{i,t}$$
$$+ \beta_4 ControlVariables_{i,t} + \varepsilon \qquad \text{模型（6-4）}$$

在上述模型中，$Time_{i,t}$ 为时间虚拟变量，在 2014 年之前赋值为 0，2014 年及之后赋值为 1。$OCI_{i,t}$ 为其他综合收益本年发生额。

---

① 匹配变量的选择原则是按照特定的被解释变量进行匹配后，控制组和处理组间呈现均衡性。当被解释变量是分析师行为时（分析师跟踪、预测分歧、预测准确性），我们也统一采用 Size，Growth，Lev，Inst，Ret，Adv，R&D，Mf 这些同时影响分析师行为和 OCI 信息披露的变量进行重新匹配选取控制组，当被解释变量是股价同步性时，采用影响股价同步性的全部控制变量进行重新匹配，主要实证结果均保持不变。本书还在后面的稳健性测试中也选择不同的匹配方法，主要实证结果保持不变。

### 6.4.3 实证结果分析

利用 PSM 的设计方法一方面可以检验 2014 年新准则实施前后其他综合收益对盈余透明度的影响。同时也可减轻潜在的内生性问题。表 6.9 是双重差分的回归结果。为简便起见，书中以下表格不再列示控制变量的回归结果。可以发现，在以四种指标度量盈余透明度时，OCI 的系数大部未表现出明显的显著性，这说明在新准则实施之前，有其他综合收益发生的公司与没有其他综合收益发生公司的盈余透明度不存在显著差异。但 $Time_{i,t} \times OCI_{i,t}$ 的系数均显著，具体表现第（1）列 $Time_{i,t} \times OC\ I_{i,t}$ 的系数显著为正，说明相比没有 OCI 的企业而言，有 OCI 的企业的分析师跟踪数量在 2014 年新准则之后出现更显著的增长；同理，第（2）列 $Time_{i,t} \times OC\ I_{i,t}$ 系数显著为负，说明新准则的实施使有 OCI 企业的分析师预测分歧同没有 OCI 公司相比呈现更显著的降低；第（3）列 $Time_{i,t} \times OC\ I_{i,t}$ 的系数显著为正，说明相比没有 OCI 的企业而言，有 OCI 的企业的分析师预测准确性在 2014 年新准则之后出现更显著的提高；表（4）列 $Time_{i,t} \times OC\ I_{i,t}$ 系数在 1% 的水平下显著，说明新准则的实施使有 OCI 公司的股价同步性同没有 OCI 的公司相比呈现更显著的升高，此时，高股价同步性代表较高的透明度。综合来看，新准则实施后，有 OCI 的企业呈现出更高的分析师跟踪数量，更低的分析师预测分歧，更高的股价同步性，进一步验证了 OCI 信息披露有助于从数量和质量上提高盈余透明度。假设 6 - 3 得到验证。

表 6.9　　　　　　　　新准则对其他综合收益与透明度关系的影响

| 变量 | （1）<br>AnalystFollow | （2）<br>Dispersion | （3）<br>Accuracy | （4）<br>Syn |
|---|---|---|---|---|
| Time | − 0.088 *** | − 0.019 *** | 0.025 ** | − 1.367 *** |
|  | （− 3.24） | （− 15.82） | （11.47） | （− 28.88） |
| OCI | − 0.074 *** | − 0.001 | − 0.000 | 0.016 |
|  | （− 2.82） | （− 0.90） | （− 0.17） | （0.47） |
| Time × OCI | 0.075 ** | − 0.003 ** | 0.005 ** | 0.084 * |

| 变量 | (1)<br>AnalystFollow | (2)<br>Dispersion | (3)<br>Accuracy | (4)<br>Syn |
|---|---|---|---|---|
| | (2.42) | (-1.98) | (2.01) | (1.72) |
| Constant | -4.342*** | -0.117*** | 0.091*** | -0.771* |
| | (-17.61) | (-10.29) | (4.54) | (-1.80) |
| Other Variables | Controlled | Controlled | Controlled | Controlled |
| Year and Ind | Yes | Yes | Yes | Yes |
| N | 6806 | 5751 | 6128 | 6703 |
| Adj_R² | 0.223 | 0.258 | 0.204 | 0.344 |

注：括号内的数值为 t 值，***、**、* 分别表示在1%、5%和10%水平上显著。

### 6.4.4 稳健性检验

#### 6.4.4.1 PSM 匹配平衡性检验

采用 PSM 方法的前提是控制组与实验组必须平衡性检验。即按照选定的变量匹配后，控制组与实验组在匹配变量间不存在显著性差异。如果这一条件不成立，首先，运用 PSM 这一方法的前提就不满足，进而后续在此基础上的一些结论的说服力也会下降。因此，利用 PSM 对控制组和实验组进行匹配之后，回归之前需要进行匹配变量的平衡性检验。表 6.10 ~ 表 6.13 是因变量分别为分析师跟踪数量、预测分歧、预测准确性及股价同步性时，匹配变量的平衡性检验结果。从表中可以发现，绝大多数匹配变量标准偏差的绝对值均显著小于10①，从均值 T 检验的 P 值来看，在因变量为分析师预测分歧及预测准确性时，除了股票回报的标准差（Std_ret）、公司相对市场的年累积交易天数（Trade_day），其他变量在两组之间均没有显著性偏差（1% 显著性水平）。而当因变量为分析师跟踪数量及股价同步性，所有匹配变量均未在 1% 显著性水平上发现差异。标准偏差及 T 检验的显著性水平均表明，我们选用的 PSM 方法满足均衡性检验，在此基础上进行的回归分析结果也是可靠的。

---

① Rosenbaum and Donald 指出，当匹配变量的标准偏差值的绝对值大于 20 时可认为匹配效果不好。

表 6.10　　　　分析师跟踪的匹配平衡检验结果（2012～2015 年）

| 可观测变量 | 均值 | | 标准偏差 | T 值 | P 值 |
|---|---|---|---|---|---|
| | 处理组 | 对照组 | | | |
| Std_ret | 0.1527 | 0.1515 | 1.5 | 0.66 | 0.5120 |
| Trade_day | 0.9234 | 0.9304 | −5.3 | −2.43 | 0.0150 |
| Size | 22.2700 | 22.2780 | −0.7 | −0.31 | 0.7540 |
| Growth | 0.1642 | 0.1607 | 1.3 | 0.59 | 0.5530 |
| Lev | 0.4574 | 0.4612 | −1.8 | −0.78 | 0.4360 |
| Inst | 0.4129 | 0.4160 | −1.3 | −0.59 | 0.5550 |
| Ret | 10.8600 | 10.9920 | −0.4 | −0.17 | 0.8680 |
| Adv | 0.0709 | 0.0700 | 1.0 | 0.47 | 0.6400 |
| R&D | 0.1785 | 0.1705 | 2.6 | 1.11 | 0.2660 |
| Mf | 3.3480 | 3.3630 | −0.9 | −0.40 | 0.6880 |

表 6.11　　　　分析师预测分歧的匹配平衡检验结果（2012～2015 年）

| 可观测变量 | 均值 | | 标准偏差 | T 值 | P 值 |
|---|---|---|---|---|---|
| | 处理组 | 对照组 | | | |
| Std_ret | 0.1519 | 0.1459 | 8.0 | 3.38 | 0.0010 |
| Trade_day | 0.9279 | 0.9405 | −10.4 | −4.49 | 0.0000 |
| Growth | 0.1785 | 0.1760 | 1.1 | 0.42 | 0.6720 |
| Size | 22.4240 | 22.4110 | 1.1 | 0.43 | 0.6680 |
| Lev | 0.4499 | 0.4437 | 3.0 | 1.21 | 0.2250 |
| Inst | 0.4229 | 0.4370 | −6.0 | −2.46 | 0.0140 |
| Ret | 11.2980 | 11.2300 | 0.2 | 0.08 | 0.9400 |
| Adv | 0.0740 | 0.0721 | 2.1 | 0.9 | 0.3660 |
| R&D | 0.1941 | 0.1883 | 1.8 | 0.73 | 0.4630 |
| Mf | 3.3817 | 3.3840 | −0.1 | −0.06 | 0.9550 |

表 6.12　　　　分析师预测准确性的匹配平衡检验结果（2012～2015 年）

| 可观测变量 | 均值 | | 标准偏差 | T 值 | P 值 |
| --- | --- | --- | --- | --- | --- |
| | 处理组 | 对照组 | | | |
| Std_ret | 0.1521 | 0.1463 | 7.7 | 3.37 | 0.0010 |
| Trade_day | 0.9266 | 0.9381 | -9.3 | -4.09 | 0.0000 |
| Size | 22.3880 | 22.3730 | 1.3 | 0.51 | 0.6120 |
| Lev | 0.4529 | 0.4447 | 3.9 | 1.65 | 0.0990 |
| Inst | 0.4212 | 0.4318 | -4.5 | -1.90 | 0.0580 |
| Mf | 3.3648 | 3.3894 | -1.5 | -0.64 | 0.5250 |
| Ret | 11.0350 | 11.7190 | -1.8 | -0.79 | 0.4310 |
| Adv | 0.0729 | 0.0726 | 0.3 | 0.13 | 0.8940 |
| R&D | 0.1896 | 0.1826 | 2.2 | 0.92 | 0.3600 |
| Growth | 0.1741 | 0.1680 | 2.4 | 1.03 | 0.3020 |

表 6.13　　　　股价同步性的匹配平衡检验结果（2012～2015 年）

| 可观测变量 | 均值 | | 标准偏差 | T 值 | P 值 |
| --- | --- | --- | --- | --- | --- |
| | 处理组 | 对照组 | | | |
| Std_ret | 0.1426 | 0.1406 | 2.9 | 1.28 | 0.2000 |
| Kurt | 2.8298 | 2.8912 | -5.8 | -2.52 | 0.0120 |
| Roa | 0.0360 | 0.03488 | 2.2 | 0.98 | 0.3290 |
| BM | 1.1089 | 1.1721 | -6.4 | -2.63 | 0.0090 |
| Size | 22.4840 | 22.4740 | 0.8 | 0.35 | 0.7300 |
| Lev | 0.4817 | 0.4759 | 2.7 | 1.2 | 0.2310 |
| Inst | 0.4376 | 0.4428 | -2.3 | -1.00 | 0.3190 |
| Big4 | 0.0697 | 0.0790 | -3.9 | -1.56 | 0.1190 |
| Skew | 0.2175 | 0.2181 | -0.1 | -0.04 | 0.9700 |
| Controller | 0.1293 | 0.1259 | 1.0 | 0.44 | 0.6580 |
| Central | 0.3679 | 0.3716 | -2.4 | -1.04 | 0.2980 |

### 6.4.4.2 DID 平行趋势检验

运用 DID 检验方法需满足平行趋势，即控制组与实验组在外生事件发生之前不存在显著差异。我们在模型（6-4）的基础上引入时间虚拟变量，样本研究期间为 4 年，所以只需引入 3 个时间虚拟变量，如模型（6-5）所示。

$$Analysts_{i,t} = \beta_0 + \beta_1 \times OCI_{i,t} + \beta_2 \times t2012_{i,t} + \beta_3 \times t2013_{i,t} + \beta_4 \times t2014_{i,t}$$
$$+ \beta_5 \times OCI_{i,t} \times t2012_{i,t} + \beta_6 \times OCI_{i,t} \times t2013_{i,t}$$
$$+ \beta_7 \times OCI_{i,t} \times t2014_{i,t} + \beta_8 ControlVariables_{i,t} + \varepsilon \quad 模型（6-5）$$

其中，t2012~t2015 为时间虚拟变量，比如当年度为 2012 年时，t2012 为 1，否则为 0。t2013~t2015 按照同样的方法进行定义。我们关注的变量是系数 $\beta_5$、$\beta_6$ 和 $\beta_7$。

表 6.14 列示了模型（6-5）的回归结果，当因变量为分析师跟踪时，OCI×t2013 不显著，而 OCI×t2014、OCI×t2015 显著为正，说明 2014 年新准则实施前，控制组与实验组分析师跟踪人数无显著差异，而新准则实施后，有 OCI 发生公司的分析师跟踪人数同没有 OCI 发生的公司相比增长更多。当因变量为分析师预测质量和股价同步性时，OCI×t2012、OCI×t2013 均不显著，而 OCI×t2014 显著，说明在 2014 年新准则实施前，有 OCI 发生公司的分析师预测质量（预测准确性与预测分歧）、股价同步性同没有 OCI 发生公司相比没有显著差异，而新准则实施后，有其他综合收益发生公司的分析师预测质量及股价同步性相比没有 OCI 发生公司得到了更加显著的提高。

表 6.14                            DID 平行趋势检验

| 变量 | AnalystFollow | Dispersion | Accuracy | Syn |
|---|---|---|---|---|
| OCI | −0.110*** | −0.002* | 0.001 | 0.054 |
|  | （−3.31） | （−1.76） | （0.45） | （1.05） |
| t2012 |  | 0.021*** | −0.026*** | −0.486*** |
|  |  | （13.23） | （−9.46） | （−7.67） |
| t2013 | −0.195*** | 0.030*** | −0.037*** | −1.256*** |
|  | （−5.61） | （18.85） | （−13.33） | （−20.02） |
| t2014 | −0.096*** | 0.019*** | −0.019*** | −1.977*** |
|  | （−2.74） | （11.83） | （−6.89） | （−30.32） |

| 变量 | AnalystFollow | Dispersion | Accuracy | Syn |
|---|---|---|---|---|
| t2015 | $-0.156^{***}$ | | | |
| | $(-4.05)$ | | | |
| t2012 × OCI | | 0.000 | $-0.004$ | $-0.058$ |
| | | (0.10) | $(-1.36)$ | $(-0.82)$ |
| t2013 × OCI | 0.069 | 0.002 | 0.001 | $-0.021$ |
| | (1.53) | (1.18) | (0.45) | $(-0.30)$ |
| t2014 × OCI | $0.091^{**}$ | $-0.003^{*}$ | $0.007^{**}$ | $0.164^{**}$ |
| | (1.97) | $(-1.66)$ | (2.10) | (2.32) |
| t2015 × OCI | $0.131^{***}$ | | | |
| | (2.88) | | | |
| Constant | $-4.323^{***}$ | $-0.137^{***}$ | $0.119^{***}$ | $-0.510$ |
| | $(-20.77)$ | $(-15.02)$ | (7.55) | $(-1.37)$ |
| Other variables | Controlled | Controlled | Controlled | Controlled |
| Year&Ind | Yes | Yes | Yes | Yes |
| Observations | 6806 | 5751 | 6128 | 6703 |
| Adjust_R$^2$ | 0.223 | 0.259 | 0.205 | 0.352 |

注：括号内的数值为 t 值，***、**、* 分别表示在 1%、5% 和 10% 水平上显著。

### 6.4.4.3  变更主要解释变量

表 6.15 是按照表 6.5 的匹配标准进行 PSM 后 DID 的结果，以研究 2014 年新准则实施后 OCI_Asset 对分析师行为的影响，可以看到，交乘项系数（Time × OCI_Asset）均显著，表明准则实施后，分析师跟踪数量及预测质量均得到显著提高。同前面主回归的结论一致。

**表 6.15**　　　　　　　　　　　**新准则对 OCI_Asset 与分析师行为**

| 变量 | AnalystFollow | Accuracy | Dispersion |
|---|---|---|---|
| Time | $-0.088$ | 0.025 | $-0.002$ |
| | $(-3.24)^{***}$ | $(11.47)^{***}$ | $(-2.07)^{**}$ |
| OCI_Asset | $-0.074$ | $-0.000$ | $-0.001$ |

| 变量 | AnalystFollow | Accuracy | Dispersion |
|---|---|---|---|
| | $(-2.82)^{***}$ | $(-0.17)$ | $(-0.90)$ |
| Time × OCI_Asset | 0.075 | 0.005 | $-0.003$ |
| | $(2.42)^{**}$ | $(2.01)^{**}$ | $(-1.98)^{**}$ |
| Constant | $-4.341$ | 0.091 | $-0.117$ |
| | $(-17.61)^{***}$ | $(4.54)^{***}$ | $(-10.29)^{***}$ |
| Other Variables | Controlled | Controlled | Controlled |
| Year&Ind | Yes | Yes | Yes |
| N | 6806 | 6128 | 5751 |
| Adjust_R$^2$ | 0.223 | 0.204 | 0.258 |

注：括号内的数值为 t 值，*** 和 ** 分别表示在 1% 和 5% 水平上显著。

### 6.4.4.4 双重差分模型的重新设计

之前我们利用 PSM 匹配实验组与控制组时是利用 1∶2 的比例进行匹配。现在我们变更匹配比例，即采用 1∶1 的方法进行匹配。同样，以 2014 年新准则实施作为中介点，当年度为 2014 年或 2015 年时，Time 取值为 1；而当年度为 2012 年或 2013 年时，Time 取值为 0。改变匹配方法后，样本量减少。表6.16 是利用重新匹配后的样本进行 DID 回归的结果。发现，当因变量为分析师跟踪数量或预测准确性时，Time × OCI 的交乘项系数显著为正；当因变量为分析师预测分歧时，Time × OCI 的交乘项系数显著为负，表明新准则实施后，有 OCI 发生公司的分析师跟踪数量及预测质量同没有 OCI 发生公司相比得到了更大幅度的提高。同时我们也注意到，当因变量为股价同步性时，Time × OCI 的交乘项系数为正但不显著，这可能是因为新准则实施后，其他综合收益信息披露的透明度提高，从而减弱了原来显著的正相关关系。表 6.16 的结果证实本章前面表 6.13 的结论稳健。

表 6.16　新准则对其他综合收益与透明度关系的影响：DID 模型的重新设计

| 变量 | (1) AnalystFollow | (2) Dispersion | (3) Accuracy | (4) Syn |
|---|---|---|---|---|
| Time | $-0.120^{***}$ | $-0.002$ | $0.009^{***}$ | $-1.366^{***}$ |
| | $(-3.25)$ | $(-1.16)$ | $(3.65)$ | $(-24.40)$ |

| 变量 | (1)<br>AnalystFollow | (2)<br>Dispersion | (3)<br>Accuracy | (4)<br>Syn |
|---|---|---|---|---|
| OCI | − 0. 070 ** | − 0. 000 | − 0. 000 | 0. 027 |
|  | ( − 2. 43) | ( − 0. 25) | ( − 0. 05) | (0. 68) |
| Time × OCI | 0. 079 ** | − 0. 004 ** | 0. 006 ** | 0. 077 |
|  | (2. 25) | ( − 2. 39) | (2. 11) | (1. 36) |
| Constant | − 4. 313 *** | − 0. 113 *** | 0. 084 *** | − 0. 694 |
|  | ( − 16. 61) | ( − 9. 50) | (3. 97) | ( − 1. 58) |
| Other Variables | Controlled | Controlled | Controlled | Controlled |
| Year and Ind | Yes | Yes | Yes | Yes |
| N | 5886 | 5028 | 5324 | 5890 |
| Adjust_R$^2$ | 0. 219 | 0. 258 | 0. 200 | 0. 348 |

注：括号内的数值为 t 值，*** 和 ** 分别表示在 1% 和 5% 水平上显著。

我们也尝试改变某些控制变量的度量，重新进行回归分析。如利用公司总市值自然对数度量公司规模，利用账面市值比度量公司成长性，发现结论均未发生变化。

考虑到金融行业的特殊性，之前的分析均未将金融行业数据包括在内，在稳健性检验中，重新将金融行业数据包含在内，主要的结论未发生变化。

## 6.5　研究发现

本章选取 2009 ~ 2015 年中国上市公司数据，并以 2014 年 CAS30 的颁布与实施为研究契机，探讨了其他综合收益对于盈余透明度的影响，盈余透明度的指标选取了分析师行为及股价同步性。整体上，本章提供了其他综合收益及其列报提高盈余透明度，降低企业分析成本，从而提高会计信息的价值相关性的经验证据，实现了理论研究与会计准则的统一。具体研究结果如下：（1）公司分析师跟踪数量同其他综合收益金额大小有关，当其他综合收益金额居中（位于第二分位数时）会吸引分析师跟踪，而当其他综合收益金额较大（在第四分位数时），分析师会权衡其预测的风险与收益，放弃跟踪。但新会计准则的实施，使有其他综合收益公司的分析师跟踪数量增长幅度更大。（2）多元回归结果表明，其他综合收益信息的披露使分析师预测分歧降低，预测准确性提高，股价同步性增大。（3）透明度与股价同步性的关系受企业所处内外部信息环境水平的影响，在企业信息环境较差时，其他综合收益信息与股价同步性显著正相关，而当信息环境较好时，两者呈现显著负相关的关系。（4）相比准则实施前，有其他综合收益发生公司的分析师预测分歧在准则实施后显著下降，股价同步性显著提高，整体支持了准则实施后提高了企业盈余透明度的结论，这说明准则的实施这一外生事件会给有其他综合收益公司更大的触动，从而增加其他综合收益与盈余透明度之间的关系。这些结论在经过多次稳健性检验，如变更控制组与实验组的匹配方法，变更关键自变量、因变量及控制变量的度量方法之后均未发生改变。

本章研究结论可能的理论及现实意义如下：首先，以往研究绝大部分关注综合收益或其他综合收益的信息特征研究，如价值相关、持续性、预测性，或者比较综合收益和净利润在信息特征方面的差异。本书认为，准则关于其他综合收益列报与披露的真实意图在于改变传统以净利润为核心的盈余结构，结合更显现的列报方式，通过降低投资者信息搜集、加工与使用的成本，抑制管理层通过其他综合收益的盈余管理，提高投资者决策效率等方面提高盈余的透明度。传统的研究方向是将综合收益与净利润信息特征的比较，为本书提供了丰富的研究结论，但没有把握住准则制定的真实意图。其次，目前理论界及实务界对综合收益或其他综合收益的决策有用性尚未形成一致的结论，原因可能在于未选择一个较好的研究切入点，这大大阻碍了综合收益在实务工作中的应用，也使准则制定工作受阻。理论界关于综合收益的价值相关性进行了大量探讨，但在风险管理及业绩评价方面的文献则相对较少。因此，未来的研究可以从盈余透明度的角度探讨综合收益在风险控制与业绩评价方面的应用，将综合收益的理念充分地运用到企业实践。最后，目前国际会计准则及我国相关准则均强调了综合收益的重要性，认为将综合收益而不是净利润作为业绩评价的指标更具全面性、客观性。但受制于传统习惯以及对全部资产和负债均采用公允价值计量的限制，目前企业的业绩评价核心指标，如每股收益、市盈率等仍是以净利润为基础，对其他综合收益的关注度较低。因此，若要将综合收益逐渐植入企业实践，需要建立一套以综合收益为核心或基础的业绩评价指标或体系，不仅如此，类似公司上市、退市和银行借贷的评价指标，也可以围绕综合收益进行建立。这将有助于将准则制定的意图、学术研究的成果扎根于企业实践，为投资者价值判断、公司的风险管理以及业绩评价等服务。

# 第7章
## 综合收益运用于业绩评价

现有关于综合收益信息的运用研究大多从决策有用论出发，关于综合收益的决策价值已经在本书相关章节中得到充分论述。本章从委托代理的角度出发，结合多种研究方法，首先论述现有以净利润为基础的业绩评价体系的缺陷，再对综合收益在业绩评价中的运用价值和合理性进行深度分析，最终提出了融合综合收益信息和净利润信息的企业业绩评价体系，以弥补现有以净利润为主导的业绩评价体系的不足。

### 7.1　本章研究切入点和研究思路

业绩评价指标通常度量了一个公司如何利用其主要业务模式中的资产产生相应收入，这一术语也被用作衡量一个公司在一定时期内整体财务状况的一般指标。衡量企业业绩的指标有很多，常见的主要包括主营业务收入、经营活动现金流、净利润等。作为企业管控控制系统的重要组成部分，业绩评价提供了对控制行为的必要反馈，是企业与利益相关者沟通的重要内容。同时业绩评价与企业的激励系统密切相关。对企业而言，如何对管理层进行有效激励，以激发管理层经营的动力，核心就在于形成合理的业绩评价体系。实践中，由于非财务指标取数难度大，大部分公司的业绩评价指标体系构建主要围绕财务指标，其中净利润指标（如 ROA、ROE 等）或者以净利润指标作为基础，进行若干调整的其他价值指标（如剩余收益指标 RI、经济增加值指标 EVA 等）通常是财务业绩评价指标体系的核心，在管理层业绩评价和激励体系中处于主导地位①。

随着综合收益概念的提出，"业绩"的概念延伸到"综合收益"，两者都是业绩报告中的关键数字。如本书前面所述，综合收益的报告目标应该是提供全面反映业绩因素引起的经济资源、经济资源要求权及其变动的信息，以此满足投资者评价企业未来现金净流量的需求。因此对股东而言，综合收益相比净利润更具有价值，它所反映的业绩更接近于企业经济收益，而经济收益则是实现有用决策和评价管理者受托责任所需要的信息。本章第 2 节通过理论结合一个典型案例进行分析，初步探讨现行的以"净利润"为核心构建的综合财务指标进行经理人业绩考核的缺陷。

事实上，尽管目前我国会计界已经规范了综合收益的列报，但还未充分认识到综合收益的信息运用价值，特别是缺乏对于综合收益在管理层业绩评价中运用的研究。本章第 3 节将继续通过理论研究，包括文献回顾和实证研究法，探讨构建综合收益业绩评价体系的重要性。

结合本章第 2 节和第 3 节的理论分析结论，本章第 4 节通过规范研究法进行研究，逐项识别并筛选出更具有信息含量的其他综合收益指标，构建了"以综合收益为基础的业绩评价指标体系"，将其作为当前财务分析指标体系的补充，本章还讨论了 2018 年最新综合收益列报形式变化对于该指标体系的影响。

## 7.2 以净利润指标为核心的业绩评价体系缺陷

### 7.2.1 理论分析

已有研究表明，信息不对称和委托代理问题会导致代理人偷懒、投资过度与投资不足等问题。最优契约理论认为，设计出有效的高管薪酬激励机制以合理评价其业绩，使代理人与股东实现目标一致，是解决代理问题、降低代理成本的有效机制（Jensen and Murphy, 1990）。委托代理理论为最优契约研究提供

---

① 事实上，尽管准则制定机构并没有在概念框架层面上对财务业绩进行界定，理论上也确实难以用单一指标评价。在会计学领域中，最直观、最根深蒂固的财务业绩计量指标无疑是净收益。许多报表使用者将损益视为一个有用的业绩衡量指标。不同使用者在他们的分析中结合损益项目，或者作为分析未来的起点，或者作为现实报告主体业绩的主要指标（黄世忠和黄晓辉，2018）。

了理论基础（Jensen and Meckling，1976），高管薪酬与企业业绩关系领域的研究在此之后得到了充分发展。与此同时，基于会计的业绩指标（主要是净利润）在契约设计中的应用逐渐成为理论和实务的主流。原因在于，在会计报表中，净收益无疑是最一目了然的、最直接的业绩计量指标。尽管 FASB 认为，我们不能仅仅关注报表"最后一行"的指标，这些指标包括了诸如损益、每股收益或其他高度简略的数据，但是，在实际工作中，财务报表使用者在使用财务报表的过程中最关注的指标往往是最后一行数字。IASB 之前也承认，当前大多数的报表使用者（如投资者、债权人等）都将净利润视为最有用的业绩衡量指标，但随着综合收益的引入，是否将净利润继续作为业绩评价的核心指标成为一个值得讨论的问题。支持方认为，相对于"其他综合收益 + 净利润"形成的综合收益，只考虑损益的利润指标可以有效排除被重新计量或受制于外部条件变化（如金融资产的市场价格波动）产生的那部分利得和损失，这些利润和损失具有不确定性强的特点，且难以持续产生，对企业未来经营活动产生的净现金流的预测程度较低，因此，和综合收益相比，净利润对企业未来收益前景具有更大的预测价值。此外，当期损益是企业日常经济活动产生经济后果的直接反映，而商业模式是企业经营活动结果的主要决定因素。企业的商业模式一旦确定，盈利模型也可以预测，因此以当期损益（净利润）为代表的指标较综合收益相比更具有预测性。然而，在设置了其他综合收益项目的前提下，仍然选择净利润指标作为业绩评价的主要指标，可能存在以下问题：

第一，净利润仅能反映当期已实现的财务业绩。净利润是狭义的经营成果观的集中体现，以历史成本为计量基础，通过"实现—配比原则"和"稳健性原则"为判断标准的净利润只计量特定经营活动的成果，仅能反映当期经济活动实现的财务业绩，但却不能全面体现当期取得的（包括未实现的）全部财务业绩，导致报表信息使用者无法及时且合理地评价各类经济活动对企业业绩的影响，最终使得净利润的信息含量失准。例如，由于企业日常经营活动之外的一部分非经营性活动并未体现在现行利润表的"净利润"科目中，而却作为"其他综合收益"计入了资产负债表，如果仅仅以净资产报酬率（ROE = 净利润/股东平均权益）来衡量企业在一定经营期间的损益，未免有所失准。如根据准则规定，可供出售金融资产公允价值的变动反映了这部分金融资产实现的利得与损失，记入了资产负债表所有者权益节的"其他综合收益"项目，而没有记入利润表的"净利润"。综合收益则更具有理论优势，它所反映的业绩更接近于真实经济收益，这恰恰是实现决策有用和评价受托责任所需要的信息。

第二，不能适应环境变化。近年来，由于金融行业较传统制造行业具有较高的毛利，吸引了众多制造业企业发展金融产业，企业财务报告中出现了大量金融资产。可供出售金融资产的公允价值变动造成了大量上市公司其他综合收益项目的异常波动，由此可见，以净利润为基础构建的业绩评价指标体系已经越来越难以在资产金融化的时代大背景下反映出大部分企业的业绩状况，构建出以综合收益为基础的业绩评价体系顺应了时代潮流。仍然以"净资产收益率"为例，将其计算公式更改为：净资产收益率＝综合收益/平均股东权益，其中，"综合收益"为基础的业绩评价体系，将更为全面地考察企业在一段时间内实现的全面损益，更符合当下中国企业产融结合的大背景以及企业的多元化发展战略。

第三，会诱导管理层对当期损益关注过度，忽视本应关注的其他综合收益中所包含的重要增量信息，且可能为管理层盈余管理提供机会。管理层可能基于自身利益出发，借机从损益中排除一些不稳定的项目或对企业财务业绩有负面影响的项目，从而藏匿风险。或者出于利润平滑考虑，有针对性地选择准则的处理方法。比如管理层出于减少利润波动等因素的考量，将现分类为可供出售金融资产的权益投资分类为以公允价值计量且其变动计入其他综合收益的金融资产，则在终止确认该项金融资产时相关利得与损失不能计入当期损益。受此调整影响的可供出售权益工具的公允价值变动在未来处置时将无法体现为当期损益，从而对利润产生较大影响。虽然 IASB 在概念框架（2018）中肯定了以净利润为代表的经营性损益的存在价值，视其为企业财务业绩的主要来源，并首次针对何时将收入和费用归于其他综合收益项目提供相关指引，只有在例外条件下并给出具有说服力的理由，才允许其他综合收益项目从正常损益中进行分离。但是随着公允价值计量的进一步发展，其他综合收益的项目的数量必然会迅速增加，伴随其他综合收益披露质量的提高，以净利润为基础的损益预测价值势必会受到较大的冲击（黄世忠和黄晓韡，2018）。

### 7.2.2 案例分析

下面以 SQJT 的典型案例为基础，讨论以净利润为基础构建的业绩评价模式存在的缺陷。

根据 2018 年 SQJT 财务报表，2018 年，公司实现营业收入 8876 亿元，同比增长 3.5%，实现净利润 484 亿元，同比增长 2.7%，近 5 年，SQJT 的利润表主要业绩项目如表 7.1 所示。

表 7.1　　　　　　　　**2014~2018 年 SQJT 主要利润表项目**　　　　单位：亿元

| 项目 | 2018 年 | 2017 年 | 2016 年 | 2015 年 | 2014 年 |
|------|---------|---------|---------|---------|---------|
| 营业收入 | 8876.26 | 8579.78 | 7462.37 | 6613.74 | 6267.12 |
| 营业利润 | 536.74 | 541.10 | 484.33 | 435.88 | 403.34 |
| 净利润 | 484.05 | 471.16 | 439.62 | 400.74 | 382.51 |
| 其他综合收益 | -61.06 | 37.53 | -10.05 | 10.41 | 60.65 |
| 综合收益总额 | 422.98 | 508.69 | 429.57 | 411.15 | 443.16 |

从表 7.1 中，可以看出 SQJT 近 5 年营业收入和净利润逐渐增加，但是其他综合收益变化较大，最高的 2014 年达到 60.65 亿元，约占净利润的 15.8%，2018 年最低为 -61.06 亿元，约占净利润 15.86%。通过分析报表附注，SQJT 的其他综合收益变动主要源自可供出售金融资产公允价值变动损益。原因是 SQJT 近年来持有大量可供出售金融资产，近 5 年，资产负债表中可供出售金融资产余额分别为：239.30 亿元、643.68 亿元、504.85 亿元、654.95 亿元、364.48 亿元，尽管这些可供出售金融资产没有变现，但是持有决策是由管理层作出的，由于持有可供出售金融资产所产生的公允价值变动尽管计入其他综合收益，未纳入净利润，但也应作为管理层业绩的一部分，在评价时予以考虑。因此，现有的基于净利润的业绩评价核心指标，如净资产收益率或者总资

产报酬率等，均有改进空间①。

事实上，不仅是上市公司，许多非上市公司的其他综合收益项目对报表的影响也很大。光大证券研究所整理了 2018 年信用债发行人的财务报表中其他综合收益占净资产比重超过 35% 的公司及其他综合收益的主要来源，部分发行人的占比甚至超过了 50%，如火炬建发、拉萨城投、连云发展等，其中，可供出售金融资产占总资产的比重均比较高，如表 7.2 所示。

表 7.2　　　　　　2018 年其他综合收益/净资产大于 35% 的信用债发行人　　　　单位：%

| 简称 | 申万一级行业分类 | 18 可供出售金融资产/总资产 | 18 投资性房地产/总资产 | 18 其他综合收益/净资产 | 其他综合收益的构成占比 |
|---|---|---|---|---|---|
| 火炬建发 | 建筑装饰 | 0.99 | 51.96 | 62.85 | 存货转为以公允价值计量的投资性房地产 100% |
| 拉萨建投 | 建筑装饰 | 0.27 | 33.90 | 61.38 | 存货或自用房地产转为以公允价值计量的投资性房地产 100% |
| 连云发展 | 综合 | 17.05 | 19.22 | 58.69 | 可供出售金融资产公允价值变动 59.60%，存货或自用转以公允价值计量的投资性房地产 40.39%，外币报表折算差额 0.01% |
| 稻花香酒业 | 食品饮料 | 0.15 | 42.09 | 53.03 | 自用转为以公允价值计量的投资性房地产变动 100% |
| 中庚集团 | 房地产 | 0.01 | 40.49 | 51.39 | 投资性房地产转公允价值计量 100% |

---

①　净资产收益率是最重要的业绩指标，它衡量股东权益资本投资当期获取净利润的能力，净资产收益率越高，则股东可以获得的报酬率越高。但是当前利润表将一部分本属于股东报酬或者保值的损益未计入净利润，而归属其他综合收益，因此，传统的净资产收益率 = 净利润/平均股东权益并不全面；总资产报酬率用于衡量企业总资产所创造的报酬的比率，其计算公式为：总资产报酬率 =（利润总额 + 利息支出）/平均资产总额。企业总资产创造报酬的能力与利息支出无关，因而利润总额不得扣除利息支出，但是基于利润表的总资产报酬率并不符合"资产负债观"，企业的总资产的获利能力应当包含投资获利能力，但是企业的部分未实现的利得与损失并未包含在利润总额中，因此当前利润表下的总资产盈利能力的评价并不完整。即金融资产的投资回报大部分并未计入净利润，而是列入了其他综合收益，分子分母不配比。

| 简称 | 申万一级行业分类 | 18 可供出售金融资产/总资产 | 18 投资性房地产/总资产 | 18 其他综合收益/净资产 | 其他综合收益的构成占比 |
|---|---|---|---|---|---|
| 长影集团 | 传媒 | 1.51 | 24.48 | 47.55 | 存货或自用房地产转为以公允价值计量的投资性房地产100% |
| 中安科 | 计算机 | 0.00 | 19.51 | 47.25 | 外币报表折算107.77%，重新计量设定受益计划变动额 −7.77% |
| 华宇集团 | 房地产 | 2.49 | 27.34 | 46.14 | 投资性房地产转公允价值计量96.41%，可供出售金融资产公允价值变动3.59% |
| 江西和济 | 建筑装饰 | 0.36 | 55.09 | 45.19 | 投资性房地产转公允价值计量100% |
| 远洲控股 | 综合 | 0.56 | 54.59 | 44.70 | 自用房地产转以公允价值计量的投资性房地产99.78%，权益法下不能转损益的其他综合收益0.22% |
| 西永徽电园 | 房地产 | 0.07 | 66.84 | 44.46 | 外币报表折算差额 −0.04%，未披露其他 |
| 世纪域 | 房地产 | 1.38 | 57.07 | 43.52 | 存货或自用房地产转为以公允价值计量的投资性房地产100% |
| 能兴控股 | 综合 | 10.41 | 34.52 | 42.71 | 存货或自用房地产转为以公允价值计量的投资性房地产78%，可供出售金融资产公允价值变动22% |
| 高投集团 | 综合 | 87.19 | 0.26 | 41.70 | 可供出售金融资产公允价值变动99.91%，外币报表折算0.09% |
| 汽运集团 | 交通运输 | 3.00 | 54.51 | 40.00 | 投资性房地产首次转化95.23%，可供出售金融资产公允价值变动4.77% |

第7章 综合收益运用于业绩评价

| 简称 | 申万一级行业分类 | 18 可供出售金融资产/总资产 | 18 投资性房地产/总资产 | 18 其他综合收益/净资产 | 其他综合收益的构成占比 |
|---|---|---|---|---|---|
| 大族控股 | 机械设备 | 0.43 | 38.75 | 37.14 | 存货或自用房地产转为以公允价值计量的投资性房地产 99.30%，可供出售金融资产公允价值变动损益 0.67%，按照权益法核算的在被投资单位以后会计期间重分类进损益的其他综合收益中所享有的份额 0.05%，外币财务报表折算差额 −0.02% |
| 国购投资 | 房地产 | 2.57 | 27.67 | 36.10 | 自用房地产转以公允价值计量的投资性房地产 99.00%，外币财务报表折算差额 1.00% |
| 亿利资源 | 综合 | 1.28 | 21.20 | 36.02 | 非投资性房地产转以公允价值计量的投资性房地产 99.99%，外币财务报表折算差额 0.01% |
| 申能集团 | 公用事业 | 43.95 | 0.45 | 35.08 | 可供出售金融资产公允价值变动损益 88.67%，按照权益法核算的在被投资单位以后会计期间重分类进损益的其他综合收益中所享有的份额 11.33% |

资料来源：光大证券研究所。

　　以申能集团①为例，其可供出售金融资产占比一直比较高，2018 年末，可供出售金融资产总额为 688.20 亿元，占总资产的比重为 44%，其中由于可供

―――――――――

　　① 申能（集团）有限公司是上海市国资委出资监管的国有独资企业，前身为 1987 年创立的申能电力开发公司，1996 年成立集团公司，注册资本 100 亿元。申能集团目前拥有申能股份有限公司（SH600642）、上海燃气集团、东方证券（SH600958）等十余家二级全资和控股子企业，基本形成"电气并举、产融结合"的产业发展格局。截至 2018 年底，公司总资产 1566 亿元，年营业收入 422 亿元，连续十七年位列中国企业 500 强。

出售金融资产公允价值变动形成的其他综合收益累计达到 364.32 亿元，占到所有者权益的 35％，如图 7.1 所示。很显然，如果在业绩评价时不考虑这部分其他综合收益，将无法全面反映企业的经营成果。

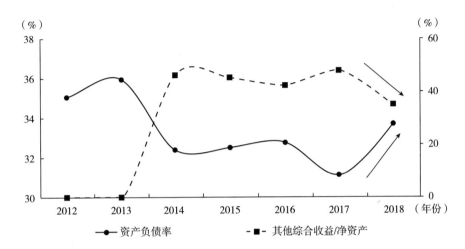

图 7.1　申能集团累计其他综合收益及资产负债率（2012～2018 年）

## 7.3　综合收益业绩评价体系的合理性

### 7.3.1　理论分析

前述的案例已经说明，以净利润为基础而构建的业绩评价体系是不完善的，有必要在净利润的基础上增加反映企业其他综合收益的业绩指标，构成以综合收益为基础的业绩评价指标体系。下面我们从理论上说明在净利润的指标上增加其他综合收益指标构成以"净利润＋其他综合收益"为基础的财务分析和业绩评价体系的合理性。

客观性和全面性是作为企业业绩评价体系中的收益指标需要具备的特性。尽管综合收益被认为可操控性更低（管理层很难通过自身努力操控其他综合收益，对其他综合收益的可控程度较低），收益信息的客观性随业绩可操纵性的上升而下降，因此，以综合收益为基础的业绩评价的全面性和客观性程度会高于净收益。首先，综合收益信息中所包含的未实现收益能够反映资产负债表和利润表之间的勾稽关系，从而降低管理者对盈余的操控，进一步有助于管理者重视所有影响股东价值的经营活动。基于净收益指标构建的业绩评价体系通过净收益项目和其他综合收益项目之间进行转化，从而为达到净收益目标提供了有利条件，而以综合收益为基础的业绩评价体系能够有效抑制管理者通过自用房地产转为投资性房地产等活动进行应计盈余操纵和真实盈余操纵的能力，从而大大降低企业的利润操纵空间。其次，收益的全面性原则要求收益指标包含构成收益的所有因素，综合收益很好地满足了这一要求。FASB 将综合收益定义为"一个主体在特定期间除去与业主进行交易之外的企业净资产的变动"，我们可以从该定义中看到，收益实现概念要求收益的确认由原来的已实现演变为可实现。FASB 对收益内涵的扩展使得综合收益相对于净收益来说更能全面真实地反映企业财务业绩。其他综合收益能够反映净利润无法反映的业务和经济活动信息，比如自用房地产转为投资性房地产带来的公允价值变动，可供出售金融资产的公允价值变动等项目，全面反映了经理人进行投资活动的信息，这些指标的变化应该在薪酬合约中得到有效监控。另外，综合收益中包含着目前尚未实现、将来能否实现存在一定风险的收益（即其他综合收益），所以报告综合收益能够促使管理层关注收益的质量和收益的可持续性。比如，当将其他综合收益纳入评价房地产经理人业绩的指标体系时，经理人在经营管理的活动中会不断加强对于市场的了解，学习市场知识的过程，有助于其就市场可能发生的风险进行正确的预测。

可见，构建以综合收益为基础的业绩评价体系，可以有效抑制管理层追逐短期利益行为，避免管理者短视（management myopia）行为的发生，驱动管理者关注所有影响所有者财富的因素。2008 年西方国家发生的经济危机，导致业界对采用综合收益为企业业绩评价的基本标准产生了抵触，这是由于在经济危机时期其他综合收益的大幅度波动带来了综合收益的大幅波动，为此，许多人将业绩波动的根本原因归为综合收益指标在业绩评价中的运用导致了企业经营业绩的波动。事实上，无论是采取综合收益，还是采取净利润进行业绩评价，企业经营业绩的波动都是客观存在的，只是综合收益信息更全面系统性地反映了企业业绩的波动状况。如同公允价值计量的广泛运用不会引起资产、负债价值的波动并最终给企业制造更多的风险，而只是更真实地反映资产、负债的价值波动，以综合收益为基础构建的管理层业绩评价体系也应该得到更多的关注和运用。同时，企业经营中始终存在着管理层难以掌控的因素，采用净收益衡量管理层业绩并不能完全消除某些客观存在的因素。根据可控性原则，虽然使用综合收益衡量业绩客观上增加了管理层难以掌控的因素，但能够驱使管理层在决策之前就充分且全面地考虑到更多因素对其业绩的影响。另外，采用任何单一指标评价经理人业绩都是片面且不足的，在管理层业绩评价中尝试运用综合收益的信息并不意味着只采用综合收益一个指标，而是建立包含了更多信息的业绩评价体系，更何况，在评价过程中，评价体系的设计者还可以根据需求，剔除或调整某一具体因素来满足评价要求，使得指标体系更加客观全面。

为体现经理人对其经营资产的受托责任，以会计业绩为基础的薪酬契约模型被广泛运用（Natarajan，1996），管理者薪酬理论基于代理模型出发，认为可以通过引入以公允价值计量为基础的现值会计减少滞后确认，此时管理人员努力的回报可以更多地体现在本期的收益中，最终提高会计业绩指标的灵敏度，而灵敏度作为管理者薪酬契约的一个特征，是薪酬契约设计是否合理的一个评价维度（Banker and Datar，1989）。综合收益正是基于现值会计核算基础下的当期收益，能够更真实、更全面地反映当期交易、事项和情况，准则制定机构关于综合收益列报与披露的改进也反映出提高财务报告的透明度和降低信息不对称的意图（Naor，2006）。首先，综合收益概念从资产负债观的角度区分了价值创造和价值分配，所有者投资和分配给所有者的款项属于价值分配，除此之外的所有者权益变动属于当期的价值创造，即当期综合收益核算的内容。其次，其他综合收益代表的是管理层受托的企业相关资产的公允价值变动，尽管这部分相关资产的价值变动可能超出管理者的控制力，其价值的波动取决于市场的影响，但却可以反映出管理者对受托资产管理的有效性。以高管购买金融资产的投资决策为例，如果高管决定购买一项金融资产，以公允价值确认计量且其公允价值变动计入其他综合收益，虽然本项金融资产的公允价值变动取决于市场行情，但是高管要对这项投资决策负责，此时其他综合收益的变动额能够反映出高管的投资管理水平。当该项资产的公允价值上升，反映出高管的投资决策是正确的；反之，当公允价值下降时，表明高管购买该项金融资产的决策失误，需要及时调整。因此，利用其他综合收益可以为评价管理人员的受托责任提供增量信息，即综合收益更适用于对高管的业绩进行评价。

### 7.3.2 实证分析

#### 7.3.2.1 综合收益在我国上市公司高管业绩评价中的运用现状

目前，关于综合收益在业绩评价中的应用存在不同的观点：报表使用者、准则制定者、制度监管者以及其他利益相关方对于综合收益能否用于契约理论进行高管业绩评价是存在争议的。支持者认为综合收益作为公允价值计量属性的应用及资产负债观普及的产物，包含更全面地反映公司业绩的信息，能够更好地进行业绩评价，比如其他综合收益项目能够捕捉到传统盈余项目所不能反映的管理层能力与努力的信息；当期确认的在未来实现的利得或损失有助于预测公司未来业绩；其他综合收益与净利润之间的信息结构关系提高了盈余的透明度，对于管理层的盈余操纵行为具有一定抑制作用（Dechow et al.，1994）。因此，综合收益能够更好地评价高管业绩。但反对者认为，综合收益包含了很多诸如重新计量或受制于外部市场价格波动的利得和损失，而这部分利得和损失不具有可持续性且波动性强，对未来净现金流的预测性较低。同时所有已确认已实现的收入都包含在损益中，这是作为股利分配或发放绩效奖金的一个稳健的财务指标，相反地，对未实现收益的分配会导致企业现金流量的过度流出，危及资本保全，不利于企业的持续经营。此外，其他综合收益项目分离了混合计量模式下产生的不匹配项目，这部分损益容易对使用者判断未来收益前景造成干扰，这就导致净利润比综合收益更"干净"。因此，将综合收益用于高管薪酬契约会降低契约效率。更重要的是，其他综合收益项目大多以公允价值计量，利用其对高管业绩进行评价可能导致高管以牺牲股东利益为代价的风险或投机行为。但是在理论界与实务界存在如此巨大分歧情况下，国际会计准则制定机构（FASB 和 IASB）均认为同其他收益指标相比，综合收益更符合全面收益概念框架下的标准，并将列报综合收益作为进一步提高财务报告透明度的准则导向。

已有文献中，比德尔和崔（Biddle and Choi，2006）发现净利润在解释高管现金薪酬方面优于综合收益，表明综合收益（其他综合收益）在薪酬契约方面的应用弱于净利润。班贝尔等（Bamber et al.，2010）发现较强股权激励和较低工作稳定性的 CEO 更可能在所有者权益表中列示其他综合收益。除此之外，作者运用美国上市公司综合收益列报位置发生变化的小样本的检验结果发现，将综合收益列报位置从利润表转变为所有者权益表的倾向性动机随着CEO股权激励的加强而增强，随着CEO工作保障性的降低而减弱。也就是说，尽管FASB和IASB将在所有者权益变动表中列示其他综合收益作为次优的选择，但CEO股权激励和高管工作稳定性程度仍然选择在所有者权益表中进行列示综合收益。这些研究结论，同李等（Lee et al.，2006）发现盈余管理和披露质量影响列报位置选择的结论一致，即管理层的薪酬契约是影响综合收益或其他综合收益列报位置变化的决定性因素。

目前，关于我国上市公司高管业绩评价和激励的研究已非常丰富，基本的结论是上市公司高管的薪酬激励与利润显著正相关，即上市公司高管激励的确定与以利润为核心的业绩评价指标挂钩。但是，目前尚无研究我国上市公司中综合收益在业绩评价和激励中作用的文献。本部分从薪酬业绩敏感性角度出发，检验上市公司中以"净利润+其他综合收益"为基础构建的业绩评价指标体系的现状。

1. 研究设计

为了检验其他综合收益或综合收益是否被上市公司采用，作为公司高管的业绩评价标准，采用如下模型进行检验：

$$Pay = \alpha_0 + \alpha_1 ROA + \alpha_2 Controls + \varepsilon \qquad (7-1)$$

$$Pay = \alpha_0 + \alpha_1 ROA + \alpha_2 Oci + \alpha_3 Controls + \varepsilon \qquad (7-2)$$

$$Pay = \alpha_0 + \alpha_1 Ci + \alpha_2 Controls + \varepsilon \qquad (7-3)$$

参考已有研究（Kato et al.，2006；辛清泉等，2009；方军雄，2009），因变量Pay表示CEO薪酬，以公司前3名高管薪酬的平均值取对数来度量。对于会计业绩指标（Net Income），借鉴已有的研究（辛清泉、谭伟强，2009；Conyon and He，2011；方军雄，2012），采用资产利润率ROA作为会计利润的衡量。

借鉴已有文献（Kato and Long，2006a；Conyon and He，2011），其他控制变量包括公司规模（Size）、有息负债占比（Debt）、两职合一（Duality）、独立董事人数（Independ）、是否存在控股股东的哑变量（Hold_con）、公司的成长性（Growth，即市场价值和账面价值之比）、机构投资者持股比率（所有机构投资者持股比率之和，Ins_share）。此外，还在模型中控制了行业和年度的固定效应。变量的定义和度量如表7.3所示。

表7.3 变量的定义和度量

| 变量 | 符号 | 定义和度量 |
|---|---|---|
| 因变量 | Pay | 公司前 3 名高管薪酬的平均值取对数 |
| 解释变量 | OCI | 利润表中披露的其他综合收益除以资产总额 |
| | ROA | 总资产报酬率,净利润除以资产总额 |
| 控制变量 | Size | 公司规模,总资产的自然对数 |
| | Debt | 有息负债占比,有息负债总额除以资产总额 |
| | Duality | 两职合一的哑变量,董事长和总经理交叉任职为 1,否则为 0 |
| | Independ | 独立董事人数的自然对数 |
| | Hold_con | 是否存在控股股东的哑变量,存在为 1,不存在为 0 |
| | Growth | 公司成长性,公司总市值除以账面价值 |
| | Ins_share | 机构投资者持股比率 |

为了克服异方差性的影响,我们参考彼得森(Petersen,2009)和陈等(Chen et al.,2013)的方法,对上述 3 个回归模型的标准误经过公司层面和年份的群聚调整(Cluster at firm and year)。

2. 数据选取

由于财政部在 2009 年 6 月印发的《企业会计准则解释第 3 号》中首次规定在利润表每股收益项下增列其他综合收益项目和综合收益总额项目,本章以实际发生的综合收益数据为标准,选择 2009～2016 年度中国境内沪市主板 A 股上市的公司作为样本,并剔除 ST、*ST、SST 公司以及数据不全的样本。

财务报表项目及股权性质相关数据取自 CSMAR 数据库,同时手工收集 2009～2016 年度上市公司报表附注中所披露的其他综合收益具体项目数据,删除了缺失值,经过上述筛选,共获得公司年度观测 5051 个。为避免异常值的影响，对所有模型上下 1% 分位数范围内的数值进行 Winsorize（缩尾）处理。

3. 实证结果

（1）描述性统计分析。从表 7.4 描述性统计的结果来看，其他综合收益并未呈现出非常高的波动性，标准差仅为 0.01，低于以净利润为基础计算的 ROA（0.06）。

表 7.4　　　　　　　　　　　　　　描述性统计

| variable | N | mean | sd | min | p50 | max |
|---|---|---|---|---|---|---|
| Pay | 5051 | 13.81 | 0.89 | 9.34 | 13.81 | 17.38 |
| ROA | 5051 | 0.03 | 0.06 | −0.42 | 0.03 | 0.26 |
| OCI | 5051 | 0.00 | 0.01 | −0.07 | 0.00 | 0.18 |
| CI | 5051 | 0.04 | 0.06 | −0.39 | 0.03 | 0.29 |
| $Pay_{adjust}$ | 5051 | −0.14 | 0.40 | −4.73 | −0.09 | 4.07 |
| $\Delta MarketCap$ | 4795 | −0.28 | 1.10 | −8.87 | −0.12 | 5.63 |
| $\Delta NI$ | 5051 | −0.01 | 0.07 | −0.59 | −0.00 | 0.46 |
| $\Delta OCI$ | 3955 | 0.00 | 0.02 | −0.11 | 0.00 | 0.30 |
| $\Delta CI$ | 4353 | 0.00 | 0.07 | −0.47 | 0.00 | 0.44 |
| Size | 5051 | 21.92 | 1.45 | 13.08 | 21.80 | 29.02 |
| Debt | 5051 | 0.56 | 0.94 | −0.19 | 0.51 | 41.94 |
| Growth | 4914 | 2.82 | 2.27 | 0.76 | 2.09 | 21.04 |
| Independ | 5020 | 1.18 | 0.20 | 0.00 | 1.10 | 2.08 |
| Duality | 5051 | 0.80 | 0.40 | 0.00 | 1.00 | 1.00 |
| Hold_con | 5051 | 0.99 | 0.09 | 0.00 | 1.00 | 1.00 |
| Ins_share | 4203 | 5.48 | 5.72 | 0.07 | 3.77 | 69.53 |

（2）相关系数矩阵。表 7.5 矩阵列示了各主要变量之间的相关系数，可以看到，ROA 和大多数变量都具有显著的相关性，而 OCI 和各类变量的相关性不高。

综合收益信息运用与列报

表 7.5

## 相关系数矩阵

| | Pay | Pay$_{adjust}$ | ROA | OCI | CI | Size | Debt | Growth | Independ | Duality | hold con | Ins share |
|---|---|---|---|---|---|---|---|---|---|---|---|---|
| Pay | 1.000 | | | | | | | | | | | |
| Pay$_{adjust}$ | -0.1759* | 1.000 | | | | | | | | | | |
| ROA | 0.2436* | -0.0972* | 1.000 | | | | | | | | | |
| OCI | -0.027 | -0.005 | 0.001 | 1.000 | | | | | | | | |
| CI | 0.2242* | -0.0941* | 0.9494* | 0.2490* | 1.000 | | | | | | | |
| Size | 0.5976* | -0.0419* | 0.0883* | -0.013 | 0.0778* | 1.000 | | | | | | |
| Debt | -0.0827* | 0.003 | -0.1678* | -0.005 | -0.1612* | -0.0604* | 1.000 | | | | | |
| Growth | -0.0740* | -0.006 | -0.0414* | 0.000 | -0.0417* | -0.1428* | 0.3133* | 1.000 | | | | |
| Independ | 0.2975* | 0.016 | 0.010 | -0.008 | 0.011 | 0.3722* | 0.012 | -0.0517* | 1.000 | | | |
| Duality | 0.0942* | 0.009 | 0.008 | -0.003 | 0.008 | 0.1773* | -0.014 | -0.001 | 0.1374* | 1.000 | | |
| hold con | -0.1408* | 0.005 | 0.008 | 0.003 | 0.008 | -0.1230* | -0.005 | -0.008 | -0.0675* | 0.007 | 1.000 | |
| Ins share | 0.1949* | -0.016 | 0.2046* | -0.005 | 0.1988* | 0.0875* | -0.022 | 0.006 | 0.0583* | -0.007 | -0.021 | 1.000 |

注：＊表示在 10% 的水平上显著。

182

（3）模型回归分析结果。表7.6列示了模型（7-1）至模型（7-3）的最小二乘回归结果，根据结果分析，净资产收益率（ROA）和高管的业绩关联性显著且正相关，说明我国大部分上市公司在制定高管的薪酬合约时都以ROA为代表的利润指标为基础，与大量已有研究的发现一致（方军雄，2009；辛清泉、谭伟，2009）。

表7.6 综合收益的薪酬业绩敏感性分析

| VARIABLES | (7-1)<br>Pay | (7-2)<br>Pay | (7-3)<br>Pay |
|---|---|---|---|
| ROA | 3.059 | 3.059 | |
| | (17.02)\*\*\* | (17.02)\*\*\* | |
| OCI | | -0.011 | |
| | | (-0.01) | |
| CI | | | 2.758 |
| | | | (15.96)\*\*\* |
| Size | 0.280 | 0.280 | 0.282 |
| | (32.79)\*\*\* | (32.78)\*\*\* | (32.90)\*\*\* |
| Debt | -0.001 | -0.001 | -0.004 |
| | (-0.07) | (-0.07) | (-0.28) |
| Growth | 0.000 | 0.000 | 0.000 |
| | (1.08) | (1.08) | (1.12) |
| Independ | 0.413 | 0.413 | 0.406 |
| | (7.83)\*\*\* | (7.83)\*\*\* | (7.68)\*\*\* |
| Duality | -0.020 | -0.020 | -0.020 |
| | (-0.79) | (-0.79) | (-0.75) |
| hold_con | -0.322 | -0.322 | -0.321 |
| | (-3.01)\*\*\* | (-3.01)\*\*\* | (-2.98)\*\*\* |
| Ins_share | 0.013 | 0.013 | 0.014 |
| | (7.12)\*\*\* | (7.12)\*\*\* | (7.42)\*\*\* |
| Constant | 6.973 | 6.973 | 6.915 |
| | (31.48)\*\*\* | (31.45)\*\*\* | (31.09)\*\*\* |
| Year Effect | Yes | Yes | Yes |
| Industry Effect | Yes | Yes | Yes |
| Observations | 4129 | 4129 | 4129 |
| $R^2$ | 0.422 | 0.422 | 0.418 |

注：括号中的数值为t值；\*\*\*表示在1%的水平上显著；\*\*表示在5%的水平上显著；\*表示在10%的水平上显著。

第7章 综合收益运用于业绩评价

其他综合收益（OCI）和高管薪酬（Pay）负相关（－0.011）且不显著（t＝－0.01），而以"净利润＋其他综合收益"为基础构建的综合收益指标对高管薪酬带来的影响系数为2.758，低于以净利润为基础计算的ROA对高管薪酬的影响（3.059）。

4. 研究结论

综合收益的薪酬业绩敏感性低于净利润的薪酬业绩敏感性，说明在当前我国上市公司实践中，普遍未使用综合收益作为高管业绩评价的主要指标，业绩评价仍然以净利润相关指标为主。另外，我国其他综合收益信息的披露质量有待提高，2006年新准则实施后，许多企业并未在财务报告中充分披露其他综合收益信息[①]。

本章的研究表明，当前我国还鲜有企业使用综合收益替代净利润作为高管薪酬合约的主要业绩指标，综合收益的薪酬业绩敏感性低于净利润，主要原因是由于当下我国其他综合收益的披露质量还不高，综合收益不具备足够的敏感性和准确性。客观上，我国企业还不具备使用综合收益作为管理层业绩评价指标的条件。但是，在准则大量提供综合收益信息的背景下，一方面要继续提高其他综合收益披露的质量，另一方面有必要尝试性、渐进地构建并运用以综合收益为基础的业绩评价指标，通过优化代理人的薪酬合约，解决管理者和外部投资者的代理问题，维护外部投资者的合法利益，使得企业内外部利益趋于一致。

### 7.3.2.2　综合收益作为业绩评价指标的前瞻性分析

大量已有研究已经证实可控性原则对于设计绩效激励指标体系时的重要性，所谓可控性原则是指绩效评价指标只有在该指标能够为管理者行动提供信息时才能发挥作用。也就是说，如果评价指标中不包含管理者在采取行动后可能产生何种结果的信息，我们就说该指标的可控性低。从理论上来说，综合收益的绩效评价指标有些是不可控的，管理者可以很好地控制经营成本，并最终影响收益，但是，一些可能会影响综合收益的决策是由更高级别的公司章程规定的，不是管理者可以控制的。比如，公司所有者可能决定进行一项可供出售

---

① 处理数据时，笔者发现数据缺失量高达2/3，即60%的企业并未披露其他综合收益的信息，其他综合收益的数据缺失量和王鑫（2011）、杨有红（2018）的缺失比率基本一致。

金融资产的投资，这项决策不是经理人能够控制的，将出现金融资产跌价带来的损失将计入其他综合收益，这时如果继续使用综合收益考察经理人的业绩可能有失公允（Rees L L, Shane P B. , 2012）。

根据实证分析（一）的结果，我们发现，目前我国还鲜有企业使用"净利润＋其他综合收益"作为高管的业绩评价指标，大多数企业以可控性原则为由将其他综合收益的相关指标剔除在经理人的业绩评价指标体系之外。但是，如果从可控性原则出发全盘否定综合收益可能在绩效评价中的运用恐怕有些偏颇。

首先，我们并不能准确地界定什么项目可控，而且可控性的界定非常主观，很可能随着不同的行业和公司有所变化；比如可供出售金融资产的公允价值变动对一般行业的从业者来说不可控，而对一些金融行业的从业者来说却是可控的（他们可以根据经验判断作出套期保值的行为）；绩效评价的时间区间长短也可能影响指标的可控性，一些现阶段看似对经理人来说不可控的指标可能在若干年后变得可控。

其次，正如兰伯特（Lambert，2001）所述，由于企业经营的不确定性，对于经理人来说，没有一个指标是完全可控的，可控性这种说法本身就是"误称"（*Misnomer*）。他们将"可控性"定义为代理人的行动能够对指标产生影响的概率分布。在这种定义下，代理理论为将"可控性"原则包含在薪酬契约指标的选取中提供了理论支持，然而，代理理论也为将那些不可控的业绩评价指标包含在薪酬合约中提供了理论支持，这是因为不可控因素同样可以影响代理人的行为。比如，当委托人没有放权给代理人直接作出了资本预算投资决策时，这项看似不可控的资本预算决策会成为薪酬激励契约的一个影响因素最终影响代理人的行为。因为这项资本预算投资决策可能会对已有的一些投资决策指标（如 NPV，ROI）的值产生影响，导致委托人认为该指标失真，从而在薪酬合约中放弃其中某一项绩效指标。在这种情况下委托人使用资本预算投资决策，这一非可控的因素最终对薪酬合约中不合理的部分进行了修正。

综合收益"满足了会计估值理论的要求，强化了会计信息对权益估值和评价管理业绩的有用性"（Linsmeier et al. , 1997），能够更好地体现资产负债观替代收入费用观的发展趋势。杨有红（2017）认为，资产负债观下的财务报告逻辑要求财务报告"提供企业经济资源、经济资源要求权及其变动的信息"，只有用综合收益才能全面反映业绩因素引起的经济资源、经济资源要求权及其变动的信息，才能满足报表使用者评价企业未来现金净流量的业绩信息需求。尽管理论界的已有研究对综合收益的决策有用性争论不休，但资产负债观作为理论基础支持了将综合收益作为表内列示的实践（杨有红，2017），同时，杨有红（2018）的实证研究结果发现，综合收益可以改善盈余透明度，提升信息效率。如果综合收益能够在净利润的基础上提供更多关于未来价值变化的增量信息，我们可以预期，将其纳入业绩评价体系将会增加相应激励机制的有效性，因为它将引导管理层更加关注公司未来价值的提升。因此，本节分析综合收益指标能否提升前瞻性业绩指标在管理层薪酬确定中的作用。

面向未来的前瞻性业绩评价指标（forward – looking performance measures）的有用性已经普遍得到西方学者的关注，诸如客户满意度和能够反映管理者决策信息的指标会在滞后多期后反映在企业的财务指标中（Ittner et al. 1997；Ittner and Larcker 1998；Banker et al. 2000；Nagar and Rajan 2001，2005）。班克等（Banker et al.，2000）发现，客户满意度指标可以反映利润指标中没有反映的未来现金流量，最终提升未来财务业绩；鲍恩和克罗斯（Bowens and Kross，2016）则发现，前瞻性评价指标可以帮助企业预测未来的预算目标值。迪克里等（Dikolli et al.，2013）通过企业股票市值的变化作为企业未来现金流变化的反映，将其作为面向未来的前瞻性业绩指标的替代变量，他们的研究发现，公司股东更有可能对短视的 CEO 采用基于未来企业经济收益的激励调整，这种做法可以有效防止 CEO 短视行为。

收到款项或取得收款权利不应该作为收益实现的标准，它只是收益所对应的财富的存在形式或收益的实现方式（杨有红，2017）；相对净利润，综合收益能更加全面地反映出经济资源的要求变动权，至于是否收到款项或取得收益权利不应该作为收益实现的标准。从本质上，相对净利润，综合收益能够更加体现企业未来对经济资源的总要求权，而净利润则局限于当前实现的收益权或企业在当前某一期间收到的款项。其他综合收益在净利润的基础上，提供了企业未来经济资源的要求权，因此预期会增加前瞻性业绩指标在薪酬确定中的作用。

1. 研究设计和数据选取

参考迪克里等（2013）的模型，首先分析不存在综合收益时反映企业未来现金流量的前瞻性绩效指标（ΔMarketCap）对于薪酬契约调整的影响：

$$Pay_{adjust} = \alpha_0 + \beta_0 \Delta MarketCap + \beta_1 \Delta Ni + \beta_2 Controls + \varepsilon \qquad (7-4)$$

$$Pay_{adjust} = \alpha_0 + \beta_0 \Delta MarketCap + \beta_1 \Delta Ni + \beta_2 \Delta Oci + \beta_3 \Delta Oci \times \Delta MarketCap$$
$$+ \beta_4 Controls + \varepsilon \qquad (7-5)$$

$Pay_{adjust}$ 为薪酬业绩合约的调整额度，使用本期高管薪酬减去前一期的高管薪酬计算得到，$\Delta MarketCap$ 为市值变动额，使用本期企业股权市值加债权市值总额减去前一期的相应数据得到，Controls 为控制变量。

然后在模型中加入其他综合收益的变动额 $\Delta Oci$ 以及其他综合收益变动与市值变动的交乘项，该模型用来检验其他综合收益指标能否提升前瞻性业绩指标在管理层薪酬契约中的作用。模型的控制变量选择和实证分析 7.3.2 的控制变量相同，数据选取和实证分析 7.3.2 一致，变量定义和度量方法如表 7.7 所示。

表 7.7　　　　　　　　　　　　　变量的定义和度量

| 变量 | 符号 | 定义和度量 |
|------|------|-----------|
| 因变量 | $Pay_{adjust}$ | 调整变动值，前后两年公司前 3 名高管薪酬的平均值取对数差额 |
| 解释变量 | $\Delta MarketCap$ | 市值变动额，本期企业股权市值总额减去前一期的相应数据得到 |
| | $\Delta Oci$ | 其他综合收益的变动额，本期其他综合收益减去前一期的其他综合收益得到 |
| | $\Delta Ni$ | 净利润变动额，本期净利润减去前一期净利润得到 |
| 控制变量 | Size | 公司规模，总资产的自然对数 |
| | Debt | 有息负债占比，有息负债总额除以资产总额 |
| | Duality | 两职合一的哑变量，董事长和总经理交叉任职为 1，否则为 0 |
| | Independ | 独立董事人数的自然对数 |
| | Hold_con | 是否存在控股股东的哑变量，存在为 1，不存在为 0 |
| | Growth | 公司成长性，公司总市值除以账面价值 |
| | Ins_share | 机构投资者持股比率 |

## 2. 实证结果

具体实证结果如表 7.8 所示。

表 7.8　　　其他综合收益对前瞻性业绩指标和薪酬调整关系的调节作用

| Variables | (1)<br>Pay$_{adjust}$ | (2)<br>Pay$_{adjust}$ |
|---|---|---|
| ΔMarketCap | 0.028*** | 0.034*** |
|  | (4.15) | (4.50) |
| ΔNi | 0.509*** | 0.443*** |
|  | (4.24) | (3.27) |
| ΔOci |  | −0.464* |
|  |  | (−1.95) |
| ΔMarketCap × ΔOci |  | 0.705* |
|  |  | (1.73) |
| Growth | −0.000 | −0.000 |
|  | (−0.22) | (−0.44) |
| Independ | 0.041* | 0.036 |
|  | (1.68) | (1.37) |
| Dual | 0.018 | 0.013 |
|  | (1.47) | (1.01) |
| hold_con | −0.021 | −0.006 |
|  | (−0.37) | (−0.11) |
| Ins_share | −0.001 | −0.000 |
|  | (−0.72) | (−0.46) |
| Constant | 0.025 | −0.088 |
|  | (0.21) | (−0.73) |
| Ind Effect | Yes | Yes |
| Year Effect | Yes | Yes |
| Observations | 4041 | 3193 |
| R − squared | 0.036 | 0.040 |

注：括号内的数值为 t 值。***表示在 5% 的水平上显著；*表示在 10% 的水平上显著。

由模型（7-4）的回归结果可知，$\beta_0$ 显著为正（0.028，t = 4.15），表明企业市值变动越大，即和未来现金流量相关的前瞻性绩效指标变动越大时，高管薪酬的波动越大。说明企业在设计高管激励制度时，会将对未来现金流产生影响的前瞻性绩效指标囊括在高管薪酬合约之中。同时，$\beta_1$ 显著且为正（0.509，t = 4.24），说明以净利润为代表的传统会计利润仍然是企业进行高管薪酬合约设计时的主要参考因素。

由模型（7-5）的回归结果，$\beta_1$ 显著且为正（0.705，t = 1.73），表明在加入了其他综合收益的变动额（$\Delta Oci$）之后，使得前瞻性绩效指标对高管业绩薪酬调整的影响更为显著（相关系数由模型 1 中的 4.15 变为模型 2 中的 4.50）。也就是说，其他综合收益的波动能够帮助企业所有者更多地关注与未来现金流量有关的前瞻性绩效指标，使得企业所有者在设计薪酬合约时，更多地考虑到能够对企业未来现金流产生影响力的绩效指标，更好地激励经理人，防止经理人的短视行为。因此，其他综合收益对于前瞻性绩效指标和高管薪酬设计具有调节效果，即其他综合收益波动越大，企业所有者在设计高管薪酬合约时会更加考虑到未来现金流量波动可能对高管绩效水平带来的影响，从而为了设计更优的业绩合约，而更多的激励高管完成前瞻性的业绩指标，避免管理层短视行为的发生。

### 7.3.3 结论与分析

前述实证研究的结果表明，其他综合收益作为一项业绩评价指标，还未在我国上市公司的高管绩效评价中得到广泛使用，净利润的薪酬业绩敏感性显著高于"净利润 + 其他综合收益"的薪酬业绩敏感性，是由于其他综合收益的披露质量还不高，敏感性和准确性都较低。理论分析表明，"净利润 + 其他综合收益"的业绩评价体系未必不能为代理人提供净利润之外的增量信息，使他们的效用变好，并且其他综合收益可以和净利润一起构成互补性的绩效衡量指标。本小节的进一步实证分析也表明，其他综合收益对于前瞻性绩效指标和高管薪酬设计具有调节效果，即企业所有者通过在设计高管薪酬合约时考虑其他综合收益，将未来现金流量波动可能对高管绩效水平带来的影响体现在当期激励中，避免管理层短视行为的发生。

## 7.4 构建以综合收益为基础的业绩评价指标体系

以净利润为基础的业绩评价体系在决策、分析、管控以及高管薪酬管理中起着重要的作用，仍然是占主导地位的指标体系。构建以综合收益为基础的业绩评价指标体系作为现有指标体系的补充，并与现有指标体系进行对比分析，将有助于提升财务分析的准确度和前瞻性。

### 7.4.1 核心评价指标及计算依据

本章前两部分的结论表明，虽然目前我国企业鲜有使用其他综合收益作为高管业绩评价指标体系的构成部分，但以"净利润 + 其他综合收益"构建高管业绩评价体系并纳入高管薪酬合约体系之中，有助于企业高管关注与企业更多未来经营活动相关的前瞻性绩效指标。核心的思路是以综合收益代替净利润作为业绩评价中的盈利指标。主要的指标包括净资产综合收益率、总资产综合报酬率、综合经济增加值[①]等。

其计算公式如下：

净资产综合收益率 = 综合收益/平均净资产 × 100% = （净利润 + 其他综合收益）/平均净资产 × 100%

总资产综合报酬率 = （利润总额 + 利息支出 + 税前其他综合收益）/总资产

综合经济增加值 = NOPAT + OCIAT − WACC × TC

其中，NOPAT 为税后净经营利润，OCIAT 为其他综合收益税后净额，TC 为总资产，等于债务资本加权益资本，WACC 表示加权平均资本成本。作为一个全新的企业财务经营业绩评价指标，综合经济增加值强调的是资本的经济收益能力，它既不同于传统会计的资产收益率，也不同于经济利润。

当然，在上述指标的计算中，并非所有其他综合收益项目都有理由纳入业绩评价的指标体系中。下面逐项分析可重分类进损益的各项目纳入业绩评价体系的合理性。

---

① 该指标是针对在经济增加值（EVA）指标的修正，EVA 是由斯腾斯特公司提出的业绩评价指标，用以衡量公司扣除权益资本成本和债务资本成本后的剩余收益，目前已作为核心指标纳入国资委对国有企业负责人经营业绩考核的指标体系。

#### 7.4.1.1 可供出售金融资产公允价值变动产生的其他综合收益

1. 相关概念定义

可供出售金融资产是指交易性金融资产和持有至到期投资以外的其他的债权证券和权益证券。企业购入可供出售金融资产的目的是获取利息、股利或市价增值，既不像交易性金融资产那样持有时间短、投机性强，主要赚取短期交易回报为主，也不同于持有至到期投资那样以长期持有为目的，获取固定本金和利息。

2. 纳入以综合收益为基础的评价体系的必要性

可供出售金融资产公允价值变动计入其他综合收益是因为管理层对于可供出售金融资产没有明确的处置计划，与之有关的变动损益是否最终实现存在较大的不确定性，如果直接计入损益会造成净利润波动，影响投资者判断，只有可供出售金融资产真正出售时才会计入损益。

建立以综合收益为基础的绩效评价体系，将可供出售金融资产公允价值变动情况考虑在内，有助于股东等报表信息使用者对管理者在可供出售金融资产等方面的投资情况有详细的了解，从而督促管理者加强对于可供出售金融资产的管理，例如采用衍生金融工具进行风险对冲，以降低对综合收益的负面影响，充分地披露了有助于降低双方信息不对称程度，从而减少代理问题的影响。

#### 7.4.1.2 外币报表折算差额变动产生的其他综合收益

1. 相关概念定义

外币报表折算是从事国际经营活动的公司，使用其记账本位币重新表述会计报表中，按外币计量的资产、负债、收入和费用的会计程序和方法。对于跨国公司而言，要定期将其分布在不同国家和地区的子公司以及分支机构的会计报表进行合并，以全面综合地反映企业集团总的财务状况和经营成果。由于在国外的子公司通常是使用所在国本地货币编制会计报表，其编报货币与母公司的编报货币不同，因而在合并报表之前，要先将以外币表示的子公司的会计报表进行折算，这是从事国际经营的公司在会计处理方面必不可少的步骤。

为了与我国《企业会计准则第 33 号——合并财务报表》所采用的实体理论保持一致，我国外币折算准则基本采用现行汇率法。即资产负债表中的资产和负债项目，采用资产负债表日的即期汇率折算，所有者权益项目除

"未分配利润"项目外，其他项目采用发生时的即期汇率折算。利润表中的收入和费用项目，采用交易发生日的即期汇率折算；也可以采用按照系统合理的方法确定的、与交易发生日即期汇率近似的汇率折算。产生的外币财务报表折算差额，在编制合并财务报表时，应在合并资产负债表中的"其他综合收益"项目中列示。这一折算方法考虑了境外经营作为相对独立实体的情况，着重于汇率变动对报告企业在境外经营的投资净额的影响，折算中并没有发生实际的货币交换和应予记账的交易，其结果使境外经营的会计报表中原有的财务关系不因折算而改变，就如同把外文译成中文一样，只是文字表述形式的不同罢了：以资产负债表为例，资产负债所有者权益的固有价值、相互之间的比例不会发生变动，所改变的仅是各项目因核算币种改变而带来的金额的变化。

2. 外币报表折算差额的影响因素

外币报表折算差额主要产生于外汇波动带来的折算风险和经济风险。其中，外币报表折算风险又称会计风险或者转移风险，是指企业在会计期末将外币余额转换为本币时，由于汇率变动所产生的收益或者损失，通常体现在其他综合收益下的外币报表折算差额这一会计科目上。外币经济风险是指因为汇率现在或者将来的变化进而影响企业未来现金流的现值，即影响现金流量的折现率（影响销售额和毛利率等），对企业影响极其复杂。

3. 纳入以综合收益为基础的评价体系的必要性

由外币报表折算差额变动带来的综合收益变动应当纳入以综合收益为基础的绩效考核指标体系：

理论上，汇率的变动在很大程度上不受企业自行控制，而外部环境不确定性因素引起的综合收益变动，根据业绩评价的可控性原则不该纳入业绩评价指标体系。但是，构建基于这些指标的业绩评价体系可以有效激励经理人采取相应行动规避不可控因素带来的风险，激励管理者采取相应的措施。

如果企业采取以净利润为基础的综合财务指标对管理者进行业绩评价，将综合收益而不是仅仅以净利润作为企业管理者绩效评价标准，管理者业绩评价得分会随外汇汇率波动而波动，为了避免外币报表折算差额使得综合收益下降后对管理者业绩产生不良影响，管理者会有动力主动学习金融市场知识，选择合适的衍生金融工具对冲风险，以减少消极的外币报表折算差额对于综合收益的冲击。

### 7.4.1.3 受金融资产重分类影响产生的其他综合收益

1. 相关概念

管理层可以根据持有意图或客观环境的变化对金融资产进行重分类。与综合收益相关的金融资产重分类往往涉及可供出售金融资产,重分类时被计入"其他综合收益"的部分可能会作为利润的蓄水池,被管理者用来平滑利润。

金融资产重分类能够体现管理者意图:

（1）持有至到期投资重分类为可供出售金融资产的一种情况为"持有意图或者能力发生改变",明显是基于管理层的主观判断和决策,而另一种情况则是发生除企业无法控制、预期不会重复发生且难以预计的独立事项以外的事项,其中的主观"预期"也是会计政策利用点。

（2）初始确认为长期股权投资的应当以公允价值计量而公允价值无法可靠计量的权益性投资,在公允价值能够可靠计量时,可重分类为可供出售金融资产。而公允价值估值取决于管理层的主观判断,在主观需要的时点进行重分类。

（3）可供出售金融资产划分为持有至到期投资中,持有意图或能力的改变,或是可供出售金融资产的公允价值不再能可靠计量都可以成为重分类的理由。

2. 纳入以综合收益为基础的评价体系的必要性

将金融资产重分类影响下的其他综合收益变动纳入管理者绩效评价体系中,可以有效降低管理者因弥补不作为而带来业绩下滑的盈余操纵行为,且将净利润与其他综合收益变动作为考核的整体研究,其内部互相的转移将不会给绩效评价指标带来影响,从而降低了管理者隐藏不良业绩的可能性,也从一定程度上激励管理者提高金融资产的管理运营能力,进而保障企业股东以及债权人的利益。

### 7.4.1.4 权益法下受被投资单位其他综合收益变动影响产生的其他综合收益

1. 相关概念定义

在权益法核算下,被投资单位确认的其他综合收益及其变动,也会影响被投资单位所有者权益总额,进而影响投资企业应享有被投资单位所有者权益的份额。因此,当被投资单位其他综合收益发生变动时,投资企业应当按照归属于本企业的部分，相应调整长期股权投资的账面价值，同时增加或减少其他综合收益。

2. 纳入以综合收益为基础的评价体系的必要性

虽然子公司的行为在一定程度上属于不可控因素，按业绩评价的可控性原则不应纳入业绩评价指标体系，但是该评价体系可以有效激励经理人采取相应行动规避不可控因素带来的风险。企业可以通过改变股权投资持股比例或委派董事、监事或高管人员对被投资单位产生影响，通过对其施加影响，了解被投资单位的经营状况，加强对于长期股权投资的整体把握。将权益法核算的长期股权投资的变动纳入管理者绩效评价，有助于加强母公司管理者对于长期股权投资的重视，提高信息透明度，缓解母子公司管理者之间存在的代理问题。

母公司管理者可以通过长期股权投资核算方式的转换以及处置，将权益法下被投资单位其他综合收益变动作为调节利润的蓄水池。

（1）核算方式转化方面：非交易性权益工具投资分类为以公允价值计量且其变动计入其他综合收益的金融资产，在按照转换时点的公允价值确认长期股权投资，该公允价值与账面价值之间的差额计入当期损益外，原确认计入其他综合收益的前期公允价值变动也应结转入当期损益。

（2）资产处置方面：采用权益法核算的长期股权投资，原计入其他综合收益中的金额，如处置后因具有重大影响或共同控制仍采用权益法核算的，在处置时应该进行结转，将与所出售股权相对应的部分，从其他综合收益转入当期损益，若处置后对该投资终止采用权益法，则原来计入其他综合收益中的金额应该全部结转而出，进而影响当期损益。

需要指出的是，本节所提出和分析的指标，无论是净资产综合收益率、总资产综合报酬率还是综合经济增加值，都是基于综合收益对业绩（盈利）衡量指标所做的修正。事实上，在企业业绩评价指标体系中，盈利性指标始终是核心。而且其他方面指标，如资产负债率、资产周转率等并不受综合收益的影响。

### 7.4.2 准则变化对指标体系的影响

#### 7.4.2.1 准则变化

需要注意的是，前面的实证研究全部基于 2009 ~ 2016 年已经披露的财务报告数据，但是，2018 年 6 月财政部发布了《关于修订印发 2018 年度一般企业财务报表格式的通知》（以下简称《通知》），由于相关数据还无法支撑我们开展实证研究，这里仅对新列报形式可能对以综合收益为基础构建的业绩评价指标体系的影响做简要评述，如表7.9所示。

《通知》的一个主要变化在于新增了与新金融工具准则有关的相关项目，除此之外，《通知》在其他综合收益的列报形式方面产生的主要变化是：

（1）利润表中其他综合收益新增"其他权益工具投资公允价值变动""企业自身信用风险公允价值变动""其他债权投资公允价值变动""金融资产重分类计入其他综合收益的金额""其他债权投资信用减值准备""现金流量套期储备"六个项目。

（2）在其他综合收益部分删除与原金融工具准则有关的"可供出售金融资产公允价值变动损益""持有至到期投资重分类为可供出售金融资产损益""现金流量套期损益的有效部分"。

**表7.9** 新列报格式下综合收益评价指标体系变动

| 新增项目名称 | 是否可以重分类进损益 | 是否纳入指标体系 |
|---|---|---|
| 其他权益工具投资公允价值变动 | 否 | 是 |
| 企业自身信用风险公允价值变动 | 否 | 是 |
| 其他债权投资公允价值变动 | 是 | 是 |
| 金融资产重分类计入其他综合收益的金额 | 是 | 是 |
| 其他债权投资信用减值准备 | 是 | 是 |
| 现金流量套期储备 | 是 | 是 |
| 删除项目名称 | 是否可以重分类进损益 | 删除原因分析 |
| 可供出售金融资产公允价值变动损益 | 是 | 拆分并替换 |
| 持有至到期投资重分类为可供出售金融资产损益 | 是 | 并入"金融资产重分类" |
| 现金流量套期损益的有效部分 | 是 | 替换 |

#### 7.4.2.2 对于指标体系构建的影响

1. 未来可以重分类进损益的新项目

对于"其他债权投资公允价值变动""金融资产重分类计入其他综合收益

的金额""现金流量套期储备"等项目,由于这些项目所归集科目背后的经济活动不是企业短期行为,而是反映了非交易性质的长期投资行为,且未来可以重分类进损益,综合收益业绩评价指标体系中应当纳入这些项目,这样做既可以将未来现金流和当期投资损益结合,提高业绩评价的准确性和全面性,又可以避免直接将公允价值变动计入损益,影响当期"净盈余",造成管理层的短视和盈余操控。

2. 未来不能重分类进损益的新项目

"其他权益工具投资公允价值变动"项目,尽管不能重分类进损益,但是该项目属于由管理层决策的非交易性质的长期投资行为,尽管其公允价值变动包含一定的噪音,但是与管理者的投资决策有很大关系,因此应该纳入业绩评价指标的计算。

"企业自身信用风险公允价值变动"项目,由于该项目是由于企业自身的信用风险水平波动产生,笔者认为应当纳入综合收益业绩评价体系。将该项目纳入以综合收益为基础的业绩评价体系,可以敦促管理者重视对自身信用风险控制,特别是在新收入准则实施的背景下,信用风险已经成为金融企业间进行交易和收入确认的一个重要评估环节,该项目虽然无法重分类进损益影响企业以后期间的损益,但却应当成为业绩评价指标体系的重要组成部分。

3. 在其他综合收益列报体系中删除的旧项目

"可供出售金融资产公允价值变动损益"被拆分并替换为"其他权益工具投资公允价值变动""其他债权投资信用减值准备""其他债权投资公允价值变动",其中前者不可重分类进损益,后两者可以重分类进损益,我们可以看出准则制定者越来越希望企业披露更加精细准确的其他综合收益信息。关于这三个新项目是否应当纳入以综合收益为基础的业绩评价指标体系,前面做了评述,这里不再赘述。

"持有至到期投资重分类为可供出售金融资产损益"被并入"金融资产重分类",不再单独列示,体现了准则制定者简化科目,方便报表制作者和使用者的意图。有关于金融资产重分类是否纳入以综合收益为基础的业绩评价指标体系,前文有评述,这里不再赘述。"现金流量套期损益的有效部分"被替换为"现金流量套期储备",应当纳入本章所述的指标体系。

# 第8章

## 综合收益概念框架

　　综合收益概念框架是财务会计概念框架的一个子框架，是对综合收益进行的系统理论阐述，为综合收益的会计确认、计量和报告提供理论指导。概念框架受财务报告所处的经济、法律、政治、技术和社会环境的影响。随着新知识的获取和新研究成果的形成，或者新的交易、事项或状态显示框架中原有的认知或判断已经过时，概念框架应进行相应完善。

　　美国财务会计准则委员会（FASB）在1976年发布的概念框架的范围和应用备忘录中阐述了财务会计概念框架重要性时，将其誉为财务会计领域中的根本大法，认为财务会计概念框架是一个理论体系，它由一系列财务会计发展过程中的基本概念组成，不仅用于评价现有的会计准则，还用于指导现有财务会计准则的修订和新的财务会计准则的制定。1980年，FASB在第2号财务会计概念公告（SFAC2）中正式定义了财务会计概念框架："财务会计概念框架是一个协调一致的体系，该体系的组成部分包含两个部分：一个部分是相互关联的目标；另一个部分是基本概念，这个体系是用来指导并评价会计准则的基本理论框架，对财务会计报告的性质、功能与局限性展开描述。通过提供财务会计与报告结构，为以下公共利益提供服务：提高财务和相关信息有用性，这里的有用性主要指在经济运行中进行资本决策和其他分配稀缺资源功能的有用性。"综合收益概念框架是财务会计概念框架下的一个子框架，它系统化地对财务会计概念框架中的综合收益部分进行理论阐述。

　　本章在文献回顾与分析，对综合收益信息对股权投资者和债权投资者决策有用性以及对综合收益信息在业绩评价中的作用进行研究的基础上，提出综合收益概念框架。

## 8.1 构建综合收益概念框架的必要性

1996 年 6 月，FASB 发布《美国财务会计准则第 130 号——报告综合收益》（SFAS130）草案。关于这项草案，延等（Yen et al.，2007）将收到的 278 封评论信中的观点进行了分类，这些评论信是针对 FASB 的 SFAS130 草案提出的。关于这些评论信，具体来看，83% 的信件声称投资者会被报告方式弄糊涂；70% 的受访者称，综合收益缺乏价值相关性，其中包括管理层无法控制的因素（其他综合收益），并且在衡量业绩上效果不佳；19% 的受访者指出了该草案对公司内部流程/决策的影响（如低效的对冲决策）；18% 的受访者认为财务会计准则委员会需要更多时间来为报告综合收益建立一个概念/理论基础。

FASB 在其概念框架中将综合收益作为财务报表十大要素之一，并明确指出综合收益的构成要素包括收入、费用、利得和损失。这意味着，综合收益是会计要素之一，那么综合收益的概念、构成、确认、计量等问题应该是财务会计概念框架的子集。但是，FASB 的概念框架中并未对综合收益的确认和计量进行阐述。在 FASB 发布的有关综合收益的具体准则中，也未将概念框架中对综合收益的界定和构成贯穿于具体准则。1997 年 6 月，美国财务会计准则委员会（FASB）发布的 SFAS130 规定了综合收益在通用目的的财务报表中列示和表外披露的规则，该准则规定列报的综合收益构成与 SFAC6 中对综合收益要素构成的描述完全不同，但并未对此作出解释，出现了概念框架与具体会计准则相背离的情况。

国际会计准则理事会（IASB）的《财务报告概念框架》和担负着财务会计概念框架角色的我国《企业会计准则——基本准则》均未将综合收益纳入其中，导致与综合收益相关的具体准则的制定缺乏必要的理论指导。尽管在会计理论体系和会计准则制定体系中，我们不需要为每一会计要素、每一个重要的会计指标或概念制定单独的概念框架，但鉴于综合收益在财务报告中的重要性、综合收益的复杂性，为下一步深入研究综合收益的确认与计量、完善综合收益报告提供理论指导，构建综合收益概念框架是十分必要的。具体而言，其必要性体现在以下三个方面。

### 8.1.1 综合收益的重要性

报表使用者为了评估企业控制的经济资源及经济资源要求权的潜在变化，需要关注企业业绩，并通过预测未来盈利能力来判断企业产生未来现金净流量的能力。从理论上讲，只有综合收益才能包括企业盈利的所有信息。只有报告综合收益，财务报表报告的财务业绩才具有完整性和前瞻性。建立在公允价值基础之上的综合收益是评价企业绩效的重要手段，它克服了历史成本会计的缺点。在历史成本会计中，报告价值往往被认为不能代表经济现实。由于公允价值代表了一个理想的市场价格，它包含了市场参与者能够取得的所有信息。所以，公允价值中所包含的信息应该为财务报表使用者提供更完整、更相关、更具有代表性的忠实信息，从而改善决策基础。

从这点来看，采用公允价值计量基础的综合收益满足了对财务业绩衡量的理论需要。资产可以通过增加其公允价值来产生收入，由此产生的收入应与评估管理层的管理工作有关，因为持有资产的决定具有财务报表应披露的经济后果。然而，并非资产和负债的公允价值的所有变化都会对收益产生影响。准则要求将这些变化包括在所有者权益中，其中有的综合收益项目在满足当期收益确认条件时转为当期损益，而有些综合收益项目则永远不能重分类进损益。随着公允价值计量技术的发展，以公允价值计量的资产负债项目会进一步增加，综合收益与净利润的差额会进一步扩大。我们用净利润这一传统财务指标衡量企业业绩的同时，有必要同时用综合收益这一包含更具有丰富盈余信息的指标来反映企业业绩。综合收益指标的运用价值在很大程度上取决于我们对其理论认知的科学性。

### 8.1.2 综合收益的复杂性

在物价波动和大量衍生工具的运用下，收入费用观下的收益客观性减弱，收入费用观开始向资产负债观转变，而综合收益作为会计要素被纳入概念框架中正是这种转变的体现。1985 年，FASB 在 SFAC6 中将综合收益作为会计要素概念加入概念框架之中，并将综合收益定义为："会计主体在报告期内除业主投资和分派业主款以外的交易、事项和情况所产生的一切权益（净资产）的变动"。在 FASB 的会计要素体系中，综合收益要素与资产、负债、所有者权益要素有着明显的不同：资产、负债、所有者权益等是独立要素，而综合收益则是复合性要素，该要素由收入、费用、利得和损失四个要素构成。因此，对综合收益要素而言，准则制定者很难直接规范其确认与计量，而必须通过规范收入、费用、利得和损失四个要素的确认和计量来达到规范综合收益确认与计量的目的。在中国会计准则和 IASB 的会计准则体系中，综合收益尽管是构成财务报表的重要框架，但并未将综合收益作为会计要素看待。

虽然 FASB 对综合收益这一要素的构成进行了论述，但这种理论阐述并未对与综合收益相关的会计准则的制定提供实质性指导。包括 FASB 在涉及综合收益列报的准则中，采用"净利润 + 其他综合收益"的方式列报综合收益，这种做法完全背离了综合收益要素由收入、费用、利得和损失四要素构成的认知。全球其他会计准则制定机构没有对综合收益进行系统的理论阐述，在涉及综合收益列报的准则中毫无二致地采用"净利润 + 其他综合收益"的方式列报综合收益。净利润的确认、计量与列报是相对成熟的，但其他综合收益的本质是什么目前并无定论。全球各会计准则制定机构采取的做法是：（1）对目前已采用公允价值计量的资产负债项目，因公允价值变动产生的未实现损益除直接计入当期净利润的以外，全部计入其他综合收益；（2）将其他综合收益区分为可重分类进损益的其他综合收益和不可重分类进损益的其他综合收益，并将前者在满足准则规定条件的前提下重分类为当期损益。

由于综合收益列报的相关准则规定与概念框架发生背离，甚至在没有理论认知的指导下制定综合收益列报相关准则，再加上综合收益复合要素的特征，造成的问题是无法解决综合收益的确认和计量问题，对综合收益的列报方式和重分类的认识与准则规定长期摇摆不定、处于经常性改变状态。对企业会计从业工作者来说，认知的模糊和缺乏理论指导的准则规定给会计人员的会计核算带来很大的困难。很多会计人员可能并未理解哪些项目应计入净利润，哪些应计入其他综合收益，对于其他综合收益的内部分类更加不能确定。上述状况导致的后果是：（1）净利润和其他综合收益没有令人信服的标准；（2）可重分类进损益的其他综合收益和不可重分类进损益的其他综合收益界线模糊，造成分类混乱。进一步看，会计信息的可靠性、相关性、可理解性等信息质量特征都受到很大的影响。因此，制定综合收益概念框架，有利于澄清人们对综合收益的模糊认识，正确认识综合收益的本质。

### 8.1.3　为与综合收益有关的具体会计准则的制定与修订提供指导

从准则制定角度来看，概念框架是十分重要的。概念框架能够指导具体准则的制定工作，从已有具体准则制定情况可以看出，概念框架的指导作用都已得到体现。国际会计准则委员会（IASB）和美国财务会计准则委员会（FASB）努力将其财务会计准则制定建立在其概念框架中规定的财务报告基本概念的基础上，概念框架对具体会计准则起到指导作用，二者在内容上契合度较高。以美国财务会计准则中的收入为例，收入准则的制定，包括具体准则中收入的确认、计量皆严格遵循着概念框架对收入的界定以及对收入特征的描述，收入的确认、计量和披露就是概念框架中规定的收入确认、计量和披露的具体化。资产、负债等会计要素的具体准则也有着相同特征，即遵循概念框架基本要求。在准则制定过程中，FASB首先提出概念框架，其具体准则按照概念框架的要求制定，概念框架与具体准则结合度较高。但是，综合收益在概念框架中的描述与在具体准则中的规定存在严重背离的情况。作为制定具体准则的理论指导，概念框架中认为综合收益由收入、费用、利得和损失四部分构成，但是目前涉及综合收益具体准则则要求将综合收益按照净利润加其他综合收益的方式进行列报。另外，利得和损失的概念也发生了变化，传统的利得和损失并不考虑未实现这一情况，利得指的是非经常性的没有预测价值的收入，损失指的非经常性支出，在其他综合收益中，利得体现的是已确认未实现的利得，损失是已确认未实现的损失。所以，构建综合收益概念框架十分必要，有助于进一步指导具体会计准则的制定，使具体准则有据可依。

### 8.1.4　为完善财务会计概念框架提供基础

《企业会计准则——基本准则》在我国承担着概念框架的角色，而我国目前的《企业会计准则——基本准则》未将综合收益纳入财务会计概念框架。这样做并不是出于保守，而是出于谨慎。综合收益较为复杂，因此目前在财务会计概念框架中纳入综合收益的时机还不成熟。因此，通过建立综合收益概念框架，明晰综合收益的定义、界定综合收益报告的目标、厘清综合收益的构成，在国内外准则和已有研究的基础上明确综合收益信息质量特征、综合收益如何确认与计量等问题。这不仅能够为制定和修订与综合收益有关的具体会计准则提供指导，也能够为财务会计概念框架的修订和完善奠定基础。

"目前的准则只规范综合收益的列报，并未解决综合收益全部项目的确认和计量。尽管综合收益及其构成的信息在投资与业绩评价中起着重要作用，但综合收益信息应用价值的挖掘需要以其概念框架建立、确认和计量问题的解决为前提"（杨有红，2017）。本著作尝试在已有对概念框架研究的基础上构建综合收益概念框架，目的是厘清综合收益相关的报告目标，综合收益的确认和计量标准，可重分类和不可重分类标准等基本理论问题。本章构建综合收益概念框架按照以下顺序展开分析：首先，明确构建综合收益概念框架的必要性；其次，对现有准则概念框架逻辑的评述；最后，对构建综合收益概念框架提出具体建议。

## 8.2 现有概念框架及评价

### 8.2.1 现有概念框架的构成

2005 年，葛家澍在《会计理论》一书中解释了概念框架内涵："概念框架是财务会计从确认、计量到报告这几个互有联系的会计程序中所使用到的若干基本概念的有机结合。把这些概念组成一个体系，也就从财务会计的数据处理到转化为财务报告信息构筑一个理论（概念）性的架构。"根据已有研究成果，财务会计概念框架应该包含三个层次。第一个层次：财务报告目标；第二个层次：会计信息质量特征与约束条件、财务报表要素、财务报表要素确认与计量；第三个层次：会计假设、基本原则。财务会计概念框架结构如图 8.1 所示。

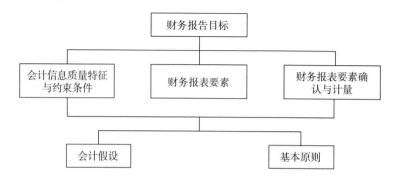

**图 8.1 财务会计概念框架结构**

### 8.2.2 现有概念框架中的会计要素

会计系统是一个人造系统,人们对该系统的认识是一个不断深化的过程。通过比较中国企业会计准则基本会计准则、IASB 的概念框架和 FASB 的概念框架,我们不难发现,他们对会计要素的认识既有共性也存在着较大的差别。共性在于所有的准则制定机构对反映企业经济资源及资源要求权的会计要素的认识高度一致(可能的原因是资产、负债、所有者权益构成借贷记账法平衡等式的基础,随借贷记账法的传播而被各国及各会计准则制定机构所接受),但对引起经济资源及资源要求权变化原因的会计要素设置方面存在着明显的差异。这种差异体现在业绩因素引起的经济资源及资源要求权变动需要设置哪些会计要素、非业绩因素引起的经济资源及资源要求权变动是否需要设置会计要素。财政部、FASB 和 IASB 在会计要素设置上的差异如表 8.1 所示。

表 8.1　　　　财政部、FASB 和 IASB 在会计要素设置上的差异

| 企业报告期内交易与事项 | 会计要素设置 | | |
|---|---|---|---|
| | 财政部 | IASB | FASB |
| 经济资源 | 资产 | 资产 | 资产 |
| 经济资源要求权 | 负债<br>所有者权益 | 负债<br>所有者权益 | 负债<br>所有者权益 |
| 伴随财务业绩变动的经济资源及要求权的变化 | 收入<br>费用<br>利润 | 收入<br>费用 | 收入<br>费用<br>利得<br>损失<br>综合收益 |
| 非业绩因素引起的经济资源及要求权的变化 | —— | —— | 业主投资<br>业主派得 |
| 不引起权益变化的交易或事项 | —— | —— | —— |

会计要素既是对会计核算内容的基本分类,也是构建财务报表的框架。资产、负债、所有者权益构建了资产负债表框架,反映某一时点企业的资源、对资源的要求权及其变动;收入、费用、利得、损失、利润、综合收益构建了以权责发生制为基础的利润与综合收益表框架;业主投资、业主派得与资产负债

表、利润与综合收益表生成的相关项目构成了所有者权益变动表框架。现金流量表是将权责发生制下的业绩转化为以现金流反映的业绩，故不需要单独的会计要素。

从表 8.1 不难看出，FASB 在其概念框架中将综合收益作为会计要素纳入其中，并明确指出综合收益的构成要素包括收入、费用、利得和损失。FASB 的概念框架不仅在定义层面对其进行阐述，还讨论了从财务会计概念框架的角度来看综合收益产生的原因。综合收益来源于：（1）外汇交易和与非所有者之间的交易；（2）企业的生产性努力；（3）价格变动，人力变动，以及企业和政治、经济和法律等之间的相互作用的影响。企业的生产性努力、企业和其他实体间的交易构成了企业核心业务，它们构成了综合收益的主要来源，但它们并不是综合收益的唯一的来源。大多数企业偶尔会从事与核心业务活动无关的其他活动。此外，所有企业都会受到其所处的经济、法律、社会、政治和环境的影响，因此每个企业的综合收益不是企业个体或其管理人员能够完全掌控的。尽管各种来源的综合收益最终都会产生现金流，但来自各种来源的收入在稳定性、风险和可预测性方面会呈现出很大的差异。也就是说，各种综合收益来源的特点可能有很大的不同，因此需要对综合收益的各种组成部分进行区分，这种区分构成了我们厘清综合收益各部分的基础。例如，收入与利得、费用与损失、各种利得与损失的区别，持续经营收入和非常项目收入之间的区别。

为了更好地阐述综合收益，FASB 用资本保全概念对其进行说明。资本保全或成本回收是区分资本收益和资本回报的一个前提。因为只有超过资本保全所需数额的现金流入才是股本回报。关于资本保全有两个主要概念，它们都能够衡量单位资本的不变购买力，只不过一个是财务资本层面上的，另一个是实物资本层面上的。这种能力可以说是维持一个企业未来规模不萎缩的前提下提供充足商品或服务的能力。它们之间的主要差别在于价格变化对一段时期内所持有的资产和所欠债务的不同影响。在财务资本的概念下，如果这些价格变化的影响被确认，它们被称为持有收益和损失，并包括在资本收益中。在实物资本概念下，这些变化作为资本保全调整予以确认，直接包括在股本中，而不包括在资本收益中。在这个概念下，资本保全调整是一个单独的要素，而不是利得和损失。财务资本并不是一个新概念，它与目前普遍使用在财务报表中的资本保全概念是等同的。本概念下界定的综合收益是财务资本的收益。之所以在这里使用综合收益而不是收益的原因在于，FASB 决定保留收益。因为未来可能使用它来指定一个比综合收益范围要小或者是综合收益组成部分的不同概念，也有可能指定它为实物资本收益或财务资本收益。FASB 强调资本保全概念是另一个研究项目的主要内容，由于 FASB 还没有决定收益的意义和合适的列报方式，因此也没有决定资本保全调整是否应该作为一个单独的要素。

关于综合收益的特征，FASB 认为在一个企业经营期间内，它的综合收益应该等于除所有者的投入和向所有者分配以外的现金收入和现金支出的净额，这一特征无论使用名义货币衡量还是稳值货币衡量都是始终存在的。因为虽然使用稳值货币衡量的数额可能不同于使用名义货币衡量的数额，但基本关系并没有改变，名义货币和稳值货币只是使用不同的计量单位表示相同的东西。确认标准和计量属性的选择虽然不会影响企业整个存续期间内的综合收益数额和净现金收入数额，但是它们会影响企业存续期内不同会计期间的数额，也就是说各期间内的综合收益、净现金收入的确认时间和方式会受到影响。权责发生制下包含很多时间点，例如，提供货物或服务的时间点、收到现金的时间点、价格改变的时间点等。因此，在收付实现制和权责发生制下，收入、费用、利得和损失的确认时间存在很大差别。

从会计要素与财务报表体系的对应关系看，FASB 准则下的会计要素与报表的契合度是最高的。CASC 和 IASB 的概念框架中均没有综合收益会计要素，IASB 的概念框架虽阐述了其他综合收益的构成，但回避了综合收益的概念。

### 8.2.3　现有概念框架评价

各准则制定机构以及理论界的学者们在制定准则的过程中，主要关注点围绕以下几个方面：（1）重点关注综合收益的现实应用必要性，鲜少关注净利润和其他综合收益在本质和概念比较上的研究；（2）关注其他综合收益损益结转的信息增加值却鲜有探讨其他综合收益损益结转的合理性与理论依据；（3）重点关注其他综合收益在什么位置列报披露，但鲜少关注其他综合收益的内部分类问题。各准则制定机构以及理论界的学者们关注点的偏重影响了现实中综合收益的应用，综合收益理论研究的章法缺乏使得综合收益的实践发展受到制约。近年来，尽管关于其他综合收益的实证论文呈增加趋势，但关于其本质与概念的探讨却仍旧匮乏，而对于目前的状况而言，正确地认识其他综合收益的本质，明确其概念是非常重要的。首先，关于损益的定义。损益应该如何定义，损益项目和其他综合收益项目的本质区别是什么？其次，关于其他综合收益项目的有用性。在衡量企业业绩上，损益和综合收益谁更具有优势？在财务报告使用者决策过程中其他综合收益项目是否提供了有用信息？最后，关于其他综合收益的列报。其他综合收益列报在所有者权益变动表和列报在附注中是否会影响投资者，透明的综合收益报告是否和更高的盈余质量相关，如果不同列报方式会影响到投资者对其他综合收益信息的解读，那么哪种列报方式是更合适的？这些问题的不断提出体现了准则制定者和实务工作者关心的重点，也推动了学术界对这些问题的讨论和探索。我们在构建综合收益概念框架的过程中也会将这些存在争议的问题纳入考虑范围，在已有研究的基础上构建概念框架。

IASB 认为，我们可以借用很多属性和因素来分析损益和其他综合收益之间的可能差别，但当我们想准确定义"损益"中应该包含哪些项目时，只使用一个属性或因素无法达到目的。无论从实践层面来看还是从理论层面来看，我们拿出一个单一的属性都无法准确判断一个项目是该计入损益还是该计入其他综合收益。此外，不同的属性之间是相互关联的，这也给利用属性来将项目归类造成困难。

葛家澍（2006）指出当我们对要素进行定义的时候，只能涵盖其主要的特性，不可能将全部特性包含其中。我们能做到的是让其符合可定义性的基本标准，与全部特征相符并不是我们要追求的目标。目前，当期损益和其他综合收益的状况是，这两个项目包括部分或全部的利得或损失，我们能够区别二者的特征是"已实现"和"未实现"："已实现"是当期损益的特征，它意味着经济利益已经流入企业，即使还未流入，其未来流入情况也不存在任何不确定性或风险；与之形成对比的是，其他综合收益具有"未实现"的特征，意味着经济利益没有流入企业，并且未来流入情况也存在一定的风险和不确定性。

尽管 FASB 的概念框架认为综合收益由四部分组成，即收入、费用、利得和损失，但并没有严格讲其他综合收益的确认和计量。按照 FASB 概念框架，综合收益不存在确认和计量问题，因为四个要素即收入、费用、利得和损失的确认和计量是明晰的，综合收益的确认和计量就清楚了。按照我国的准则体系，利润是由收入、费用构成的，通过收入、费用的计量来计量利润，所以不存在利润计量的问题。而我国的利得和损失与 FASB 概念框架中利得和损失的含义也是不同的。FASB 框架中对利得的定义是站在历史成本计量观下，鉴于公允价值计量的大量运用，利得和损失的概念应该修改。以利得为例，不再是偶然性的收益和利得，要改成在公允价值下既包含偶然性的收益和利得，也要包括公允价值计量的未实现的利得。

从理论上来看，要想和准则意图一致需要满足两个条件：第一，所有资产负债都要入账，第二，所有资产和负债都要用公允价值计量。如果满足了上述两点要求，资产负债表将能完全准确地预测未来股票价格，因为这种衡量下的资产负债表的价值就是企业债券和股权的价值，所有者权益的价值就等于股票的市场价值。所有资产和负债都入账且都以公允价值计量可能是一个最终目标，但现阶段无法实现，在将来很长一段时间也无法做到。首先，会计系统无法将所有资产和负债都入账。例如，自创商誉、人力资本这些企业最重要的资产因初始计量无法达到可靠性要求将其纳入表内反映；其次，所有资产和负债都按公允价值计量目前是不可能的，因为缺乏公允价值的可获得性和计量的可靠性。

目前，无论是 FASB 和 IASB 还是我国财政部只规范综合收益的列报，并未对综合收益下的具体项目作出定义，其他综合收益下各项目的确认和计量问题也并未得到规范。由于未对其他综合收益进行明确定义，所以目前的做法是对于出现的综合收益项目，只要不属于净利润的则计入其他综合收益。另外，利润和其他综合收益的区分也不明晰，例如，交易性金融资产公允价值变动损益也是未实现损益，计入了净利润。尽管如此，IASB、FASB 和我国 CASC 的财务会计概念框架以及关于综合收益的论述对建立综合收益概念框架仍具有一定指导作用。我们能够从已有财务会计框架和准则提出过程中对综合收益相关问题的讨论寻找到我们构建综合收益框架时要重点关注的方向。

## 8.3　综合收益概念框架构建

综合收益概念框架作为财务会计概念框架的子集，其会计假设和基本原则与财务会计概念框架一致。因此，结合中西方对于概念框架的解释，本书试图从两个层次上提出构建综合收益概念框架的具体观点。第一个层次是综合收益报告的目标，第二个层次包含综合收益信息质量特征、综合收益的构成、综合收益确认和计量三个方面。作为综合收益概念框架构建的逻辑起点，本书从综合收益报告目标开始，从正面界定综合收益概念，进而讨论综合收益信息质量特征、综合收益确认和计量依据等问题。从理论角度深刻认识综合收益信息的内在经济实质和使用者的决策作用机理，构建综合收益的概念框架。综合收益概念框架结构如图 8.2 所示。

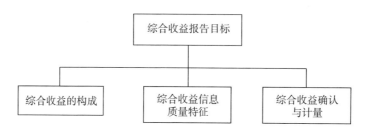

**图 8.2　综合收益概念框架结构**

综合收益报告的目标是构建综合收益概念框架的第一个层次，在明确了目标后我们才能进一步研究有关于信息质量特征、收益与计量问题；关于综合收益的构成主要指其组成要素，在回顾已有概念框架发展的基础上明确各构成部分的概念；在综合收益信息质量特征部分，本书将在财务概念框架中会计信息质量特征基础上着重论述如何利用信息质量特征对综合收益中的净利润和其他综合收益进行区分。另外，本部分还将探讨净利润与其他综合收益的区分标准；综合收益的确认与计量要解决的是综合收益各构成要素的确认与计量问题。

### 8.3.1　目标

财务报告的目标有两种观点，一个是受托责任观，另一个是决策有用观。受托责任观强调可靠性，主要采用历史成本计量；决策有用观强调相关性，较多采用公允价值等其他计量属性。随着国际概念框架和准则的变化，受托责任观慢慢变成了决策有用观的从属。1989 年 IASC 概念框架、1978 年 FASB 概念框架、2010 年 IASB 概念框架、2015 年 IASB 概念框架征求意见稿、2018 年 IASB 概念框架一致认为通用财务报告的主要目的体现在有用性，能够向报告使用者提供有用的信息，帮助投资者决策是否向实体提供资源，应该在二级市场上购买、持有还是卖出证券。投资者作出这些决策时取决于评估的时机、未来现金流量的金额和风险，这里的未来现金流量是投资者们预计以现金股利形式收到的现金流，或者是已实现或可变现的资本收益，或者是这几种方式的组合。

综合收益拓展了传统收益的外延。虽然综合收益当中以公允价值计量的资产负债持有损益尚未实现且存在着波动性，但为投资者用当前收益预测未来未知收益提供了更为广阔的收益信息源，提高了现有收益的透明度，从而更好地服务于投资者对未来现金流的评估。综合收益纳入表内确认，同时也是为了更好地服务于投资者从资源利用效果角度对管理层受托责任履行情况的评价。因此，我们认为，综合收益的报告目标也应该是向投资者提供决策有用信息，即提供全面反映业绩因素引起的经济资源、经济资源要求权及其变动的信息，以满足投资者评价企业未来现金净流量和评价管理层受托责任履行情况对会计信息的需求。这一目的定位将为后面我们对其他综合收益的具体项目进行分类奠定了基础。

### 8.3.2 综合收益的构成

#### 8.3.2.1 综合收益的内容

我国的会计准则中未将综合收益作为一个独立的会计要素，但财务报表列报准则将综合收益分为净利润和其他综合收益两大部分列报，其总额等于净利润扣除所得税影响加上其他综合收益扣除所得税影响后的合计。也就是说，在综合收益内容构成方面，我国准则采取的是两分法。

SFAC6 认为，综合收益是会计主体在报告期内除业主投资和分派业主款以外的交易、事项和情况所产生的一切权益（净资产）的变动。综合收益要素由收入、费用、利得和损失四个要素组成（本书将其称之为综合收益的四分法），其中：（1）收入，是指某一主体在连续的、主要或核心的业务中，由于支付或生产货品、提供劳务或进行其他活动而获得的、或其他增加的资产，或者因而偿付的负债（或两者兼有之）；（2）费用的定义是和收入相对的，是指某一主体在连续的、主要或核心的业务中，由于交付或生产货品、提供劳务或进行其他活动对所拥有的资产所产生耗用，或者负债的承担（或两者兼而有之);(3)利得,是指某一主体除来自营业收入或业主投资以外,来自边缘性或偶发性交易,以及来自一切影响企业的其他交易、其他事项和情况的权益(或净资产)的增加;(4)损失的定义是和利得相对的,是某一主体除因为费用和向业主分配以外,来自边缘性或偶发性交易,以及来自一切影响企业的其他交易、其他事项和情况的权益(或净资产)的减少。但 FASB 发布的与综合收益有关的具体准则并未采用上述思路。SFAS130 将其分为两个主要部分:净利润和其他综合收益。净利润包括像持续经营收入、非经营收入、非常项目收入和会计准则变化的累积影响。SFAS130 并不改变利润表的这一部分,而是增加了其他综合收益。其他综合收益包括外汇折算调整、养老金调整以及某些债务和股票证券投资的未实现损益等项目。此外,SFAS130 对其他综合收益的列报做了详细的规定,其他综合收益项目必须根据目前在净收入类别中报告的数额以及作为上一期间其他综合收益的一部分报告的数额加以调整。如果没有这种调整,也就是所谓的重新分类调整,损益可能会对权益产生两次影响,一次是在影响其他综合收益(未实现)的期间,一次是在影响净利润(已实现)的期间。SFAS130 朝着实现综合收益概念虽只是迈出了一小步,但意义重大。尽管 SFAS130 需要列报综合收益报告和其组成部分,但综合收益的概念问题并没有得到更多解决。例如,综合收益应该在什么时点确认,综合收益如何计量,该如何区分记入净利润的项目和记入其他综合收益的项目。即便如此,站在准则制定者的角度,综合收益以净利润和其他综合收益的方式列报,使得信息透明度增加,从而使财务报表使用者能够更有效地评价这些信息,为使用者在考虑这些信息与公司整体经济和财务业绩的关系时提供帮助。

在 IASB 的概念框架中,综合收益表要素主要包括两个方面:第一方面,收益,由收入和利得组成;第二方面,费用,由经营费用和损失组成。其中每一个方面的定义如下:(1)收益,是指会计期间内经济利益的增加,其表现形式为因资产的流入、资产增值或负债减少而引起的权益增加,但不包括与权益参与者出资有关的权益增加。收益包括"收入"和"利得"。"收入"是指那些在企业日常经济业务中产生的收益。"利得"是指满足收益定义,但可能是也可能不是在企业日常经营活动过程中产生的其他项目。(2)费用,是指会计期间内经济利益的减少,其表现形式为因资产的流出、资产折耗或产生负债而引起的权益减少,但不包括与权益参与者分配有关的权益减少。费用划分为"经营费用"和"损失"。"经营费用"是企业日常经营活动产生的费用，除"经营费用"其他费用则属于"损失"。除此之外，在IASB概念架中还按照是否实现对收益进行分类。与FASB相比，IASB的会计要素定义较少，只包含资产、负债、权益、收入和费用五要素。在IASB的定义下，利得和损失并未作为单独要素，属于经济利益的变动，这导致不需要在概念层面上定义净利润和其他综合收益，与FASB相比更加具有包容性。至于为何不将利得和损失作为单独要素，2015年IASB在征求意见稿中解释了原因：利得与收入都代表了经济利益的增减，它们在本质上并无二致，在净利润中有一部分利得还是与收入一起报告的。所以，IASB认为没有必要在概念界定层面对收入和利得进行区分。此外，如果要在概念上区分利得与收入、损失与费用的差异，那么在此之前先要区分日常活动和非日常活动，而这将会引发一系列争议。

经过对比可以发现，在定义收益表中要素时，IASB考虑了经济利益的增加或减少，这一点是FASB并未考虑的，而这导致与资产负债表要素定义一致性有所欠缺。另外，FASB在对要素进行定义的时候融合了两种观点，表现在采用资产负债观定义"综合收益""利得"和"损失"要素，而采用收入费用观定义"收入""费用"要素。在这方面IASB则只采用了资产负债观。FASB与IASB的共同之处在于它们对于收益表要素的定义都包含了综合收益概念，一致认为应当在收益报表中确认那些凡是不因所有者交易带来的所有者权益变动，即包括传统的净损益和其他综合收益在内的所有综合收益都在综合收益表中予以确认。

美国概念框架中综合收益采用四分法，认为其由收入、费用、利得和损失构成，基于目前情况来看这种做法并不成熟，因为美国概念框架中关于综合收益的构成完全是基于理论性的，实际上并不具备实务运用的条件。所以实际上，综合收益由净利润和其他综合收益构成，在此基础上提出既符合经济学理论又具有会计实务操作性的其他综合收益概念，并探讨其他综合收益和净利润的界定依据以及其他综合收益具体项目的认定标准，论述信息质量特征、确认、计量等问题更具有指导意义，不但具有可操作性，也和长期实践保持一致。鉴于对所有资产负债项目采用公允价值计量的条件并不成熟，四分法目前不具有可行性，我们构建的概念框架采用两分法确定综合收益的内容，两分法指的是净利润和其他综合收益构成了综合收益，净利润等于收入减去费用，其他综合收益是因公允价值变动已确认但未实现的损益。两分法既能够与我国基本会计准则中收入、费用、利润要素设置与确认和计量要求相衔接，也符合我国和世界其他会计准则制定机构准则中综合收益列报惯例模式保持一致，更重要的是，两分法考虑到了综合收益两大部分构成对未来盈利能力和现金流预测方面的明显差别，从而有利于基于现有基础深入研究其他综合收益的本质特征、其他综合收益与净利润划分标准、其他综合收益重分类标准等问题。具体而言，这种综合收益构成模式对具体准则的指导作用体现在两个方面。第一个方面是将明确如何界定净利润和其他综合收益，第二个方面是探究如何对其他综合收益进行分类，以什么作为依据进行分类，哪些是可重分类，哪些是不可重分类。

综上所述，我们认为，与四分法相比，采用两分法确定综合收益的内容构成，既体现了财务会计理论的继承性、符合人们对其他综合收益项目认识不断深化的认知过程，也具有实务操作性。

### 8.3.2.2 净利润与其他综合收益的划分标准

尽管我国准则、IASB 和 FASB 准则都采用两分法构建综合收益的内容，但都没有解决如何在本质上区分净利润与其他综合收益的问题。各准则制定机构在准则实务中采取的做法是，以传统净利润概念为基础，对符合综合收益定义的交易、事项和状况，只要不满足净利润的确认标准则全部归于其他综合收益。随着公允价值计量的资产、负债项目的增加以及会计准则的修订，其他综合收益项目有所增加、将重分类进损益的其他综合收益项目与不能重分类进损益的其他综合收益项目的划分也在发生变化。上述状况说明，只从新增项目判断是否作为其他综合收益而不是从本质分析方面认识其他综合收益的起源必然决定了有关其他综合收益概念界定、结转与分类标准等问题必将备受争议。

而综合收益总额由净利润和其他综合收益两部分组成，构建概念框架就需要明确一个问题：什么是净利润？什么是其他综合收益？在区分哪些项目计入净利润、哪些项目计入其他综合收益的时候应该使用什么标准？

目前为止，很少有研究直接探讨如何将一个项目确认为净利润还是其他综合收益。林斯梅尔等（Linsmeier et al. , 1997）认为净利润是综合收益中定义不明晰的一部分。巴克尔（Barker, 2004）认为像损益、经常性损益、经营性损益和可控制损益这些定义都不能满足准则制定者的意图，因此他认为解决问题的办法不在于对损益进行定义，而是在分类列报上体现出来。巴克尔（2004）建议使用一种将综合收益分解的方法，这一方法是根据以矩阵格式列示的重新计量数，这些重新计量数是对资产和负债的账面数额进行调整所产生的数额。由于没有同时对净利润和其他综合收益作出明确界定，区分净利润和其他综合收益过程中不可避免地存在着许多有争议的问题。理论上来说，基于现有准则和会计实务，区分净利润和其他综合收益有三种方法：一是在界定净利润的基础上采取排除法确定其他综合收益，目前的会计准则采用的就是此种方法。二是在界定其他综合收益的基础上采用排除法确定净利润。第二个方法与现行国际财务报告准则对于其他综合收益的处理较为吻合，即运用其他综合收益的前提是国际财务报告准则允许或要求主体不能随意使用类推方法来确认其他综合收益。然而也有学者认为，我们应该对"净利润"明确、清晰地进行定义，不能仅仅把净利润看作是一个非其他综合收益项目的收集处。这些学者建议，可以利用一些帮助我们将他们区分开来的信息属性，也就是信息质量特征。我们可以从 FASB 提出的四种属性中得到一些思路，帮助我们区分损益和其他综合收益。三是同时定义净利润和其他综合收益，并在此基础上建立净利润和其他综合收益的划分标准。我们认为，第三种方法是最根本解决问题的办法，在多年综合收益列报和信息运用实践的基础上，通过归纳和演绎的方法能够给出两者的定义。

按照《企业会计准则——基本准则》（2014 年修订）的规定，利润是指企业在一定会计期间的经营成果。利润包括收入减去费用后的净额、直接计入当期利润的利得和损失等；直接计入当期利润的利得和损失，是指应当计入当期损益、会导致所有者权益发生增减变动的、与所有者投入资本或者向所有者分配利润无关的利得或者损失。利润要素的计量口径分为营业利润、利润总额、净利润。净利润是税前利润总额扣除所得税费用后的净额。它在各国会计实务中已是一个约定俗成的概念。净利润通过当期收入与包括所得税费用在内的所有费用配比后加上计入当期损益的利得减去计入当期损益的损失来计量。

关于其他综合收益，各准则制定机构并未给出正面的定义，而是采取列举的方式给出其包含的具体项目。但由于各准则制定机构相关具体准则中公允价值计量资产负债的范围不同以及有关交易、事项会计处理细节方面的差异，其他综合收益项目具体内容存在着明显的差异。比较我国会计准则与国际会计准则不难发现，由于《国际会计准则第 16 号——不动产、厂场和设备》和《国际会计准则第 38 号——无形资产》中允许后果估价模式，其他综合收益中包括"不动产重估利得"项目，我国准则中对企业正常经营中的固定资产由于不允许采用重估价模式，故其他综合收益中没有此项目；《国际会计准则第 1 号——财务报表列报》对其他综合收益各项目列报既可以采取税前金额也可以采用税后净额。因此，在采用税前金额列示的情况下，"后续将不能重分类进损益的项目"和"后续将重分类进损益的项目"下就需分别列示"后续将不能重分类项目相关的所得税"和"后续将重分类项目相关的所得税"两项，而我国只规定其他综合收益各项目按税后净额列示，所以不存在上述两个项目。

虽然 IASB 在《国际会计准则第 1 号——财务报表列报》中明确指出：其他综合收益"指按照其他国际财务报告准则不要求或不允许在损益中确认的收益和费用项目"，但此规定只是在现有准则体系下用排除法界定了其他综合收益项目的范围。在论述综合收益起源的过程中，我们阐述综合收益产生的前提是资产负债观的兴起和公允价值计量属性的运用。在资产负债观下，收益是资产负债计量的结果、是净财富的增加。但是，我们的准则实践并不是用资产负债观替代收入费用观、用公允价值计量属性替代历史成本计量属性。在各会计准则制定机构发布的准则中，资产负债观和收入费用观、历史成本计量和公允价值计量同时运用于准则实践。在这种背景下，收益有两部分组成：收入费用观下的收益和公允价值计量下的资产负债持有收益。收入费用观下的净利润和资产负债观下公允价值计量产生的持有资产负债收益作为其他综合收益。因此，其他综合收益实质上是企业持有资产负债因公允价值变动而产生的利得和损失。计入其他综合收益的利得和损失必须同时具备以下两个显著特征：第一，属于资产负债的持有损益，是未实现的损益；第二，是资产负债因公允价值变动所产生的持有损益，不包括采用其他计量手段计量所产生的各种减值损失。

上述的净利润和其他综合收益的划分标准是理论标准，也是准则实务中采用的最重要的标准。但相关准则将收入、费用、利得、损失归于净利润还是其他综合收益，还需要判断项目列报对财务报告目标的影响。最典型的是，持有交易性金融资产和交易性金融负债公允价值变动损益，国际会计准则和各国会计准则都将其归为净利润，主要是因为这类处于交易状态中的金融资产和金融负债公允价值变动损益计入净利润比计入其他综合收益更具决策相关性。

### 8.3.2.3 其他综合收益的分类

关于其他综合收益下具体项目的分类，即哪些项目应划分为可重分类项，哪些项目应划分为不可重分类项，其分类依据是目前概念框架尚未解决的问题。本书认为，我们按照是否影响现金流为标准对其他综合收益下具体项目进行区分是合理可行的。从理论上来讲，按照决策有用论，投资者使用收益来预测未来现金流，公司的价值取决于未来现金流的现值。这也体现在利润表的改革上，我们的利润表为什么要改，之所以去除非经常性损益，是为了提高净利润预测未来现金流的能力。综合收益和净利润相比包含更多预测未来现金流所需要的信息。如果综合收益中，或者说其他综合收益中有一部分是不能够预测未来现金流的，跟未来现金流没有关系，严格来讲，这一部分就属于不可重分类。之所以不可重分类项目还属于其他综合收益，是因为这些项目也是损益，是不影响现金流的损益的，但是又没有实现，所以我们在确认时把它们放在其他综合收益里。例如，股份支付中的股票期权，在发放期权时公司根据股价、通货膨胀率、市场利率对未来行权价格进行估计，以此作为"应付职工薪酬"科目的入账价值。在今后年度，每年都要根据股价、通货膨胀率、市场利率对未来行权价格进行估计，此时评估的价格发生的变化将计入"其他综合收益"科目。此处要注意的是，这种调整是不影响企业未来现金流的，因为股票期权在行权时交易发生在股票市场，并不影响公司现金流。因此，为了完整反映薪酬，在给予股票期权时应计入"应付职工薪酬"科目以提高报表透明度。这部分调整计入损益也是可以的，但是用这部分损益预测未来现金流没有价值，所以这里计入其他综合收益，列入不可重分类。

然而实践中，有一些项目未来能够对公司现金流产生影响，但仍然有可能被归类到不可重分类下。例如，已执行 2017 年修订的新金融准则的企业，资产负债表中"其他权益工具投资"这个项目替代了原来金融工具准则下"可供出售金融资产"项目中的股票投资，同时对原金融工具准则下"将重分类进损益的其他综合收益"项目下"可供出售金融资产公允价值变动损益"中股票投资产生的公允价值变动作为"不能重分类进损益的其他综合收益"项目下的"其他权益工具投资公允价值变动"列示。其他权益工具投资公允价值变动未来一定会影响现金流，却被划分到不可重分类中。准则对其他权益工具投资产生的公允价值变动分类变化主要是出于避免利润操纵的目的。由于其期限不确定、金额不确定、意图不明确，为了避免利润操纵，将其归类到不可重分类下。我们认为，准则对交易和事项的具体规定不能以避免利润操纵为目的，利润操纵问题应该通过监管措施和内部控制机制的完善来解决的问题。因此，我们认为，出于利润操纵角度考虑将对未来现金流产生影响的项目分到不可重分类项下是不恰当的，综合收益概念框架中，应该以是否对未来现金流产生影响为标准来划分其他综合收益项目，对于那些未来影响现金流的其他综合收益项目，将它们划分为可重分类进损益的其他综合收益项目；对于那些未来不会影响现金流的其他综合收益项目，将它们归类为不可重分类进损益的项目。

### 8.3.3　信息质量特征

尽管 FASB 财务会计概念框架中的综合收益要素总体上讲符合会计信息诸质量特征，但在综合收益两大构成部分中，净利润和其他综合收益两者的信息质量特征存在着明显的区别。因此，本书在财务会计概念框架（我国具体表现为企业会计准则的基本准则）定义的信息质量特征的基础上，采用差别化的方法描述净利润与其他综合收益信息质量特征。通过差异化的方式区分净利润与其他综合收益信息质量特征有助于财务报告提供者分别确认和计量净利润与其他综合收益，也有利于信息使用者对综合收益信息的分析利用。综合收益以及其两大构成部分的信息质量特征不会超越会计信息质量特征，因此，我们不对综合收益所有的信息质量特征进行论述，也就是说，这里的论述不追求信息质量特征的完整性，而只是对净利润和其他综合收益两部分信息质量特征存在的差异进行论述。净利润与其他综合收益信息质量特征的差异主要体现在以下四个方面。

#### 8.3.3.1　持续性程度

综合收益各组成部分的持续性程度对企业价值具有很大的影响，这一观点得到学术界普遍认可。奥尔森（Ohlson，1995；1999）的估值模型非常强调收益持续性，这表明一种有助于识别收入各组成部分持续性水平的报告可能对投资者非常有用。在准则制定过程中，持续性体现在损益表中单独列出一次性项目、非经常性项目和已终止经营业务上。准则制定者通过向财务报表使用者提供关于损益表各组成部分持续性的信息，证明若干脚注披露（分段披露）和分解需求（例如养恤金费用的组成部分）是合理的。收入和费用项目的持续性成为损益和其他综合收益的一个显著特征。我们的研究也证实了其他综合收益的持续性低于净利润。

### 8.3.3.2 价值相关性程度

实证研究结果的主流观点表明，综合收益总额和净利润额均具有价值相关性，综合收益总额的价值相关性弱于净利润额，原因是综合收益中的其他综合收益价值相关性较弱。我们采用价格模型和收益模型均证实了其他综合收益的价值相关性。根据我们的研究以及总结前人研究结论，我们认为，在综合收益两大构成部分中，净利润和其他综合收益都具有价值相关性，但其他综合收益的价值性弱于净利润。随着会计准则的修订与完善，其他综合收益的价值相关性显著增强。

### 8.3.3.3 预测能力强弱

综合收益总额具有显著的预测能力。在综合收益两大部分构成中，净利润对未来净利润和经营活动现金流的预测能力强于其他综合收益总额。在不同行业背景下，其他综合收益项目对净利润和经营活动现金流的预测能力存在显著差异，金融行业其他综合收益项目预测能力从总体上强于非金融企业。财务报表使用者利用综合收益以及其他综合收益项目进行预测的过程中，需要充分考虑行业特征以及其他综合收益不同项目的特征通过信息组合进行财务预测，以有效提高盈利预测的准确度。

### 8.3.3.4 项目结果是否能由资产/负债重新度量

巴克尔（2004）解释了什么是重估以及基于重估的综合收益列报。FASB（2010）发布的草案对重估的定义如下：重估是在综合收益中确认的资产或负债净账面金额的增加或减少，其来源有：（1）当前价格或价值的变化（或实现）；（2）对当前价格或价值的估计的变化；（3）用于衡量资产或负债账面价值的任何估计或方法的变化。

根据这一定义，重估的例子包括土地减值、证券公允价值变动导致的未实现利得/损失、法定税率变动导致的所得税支出以及持有养老资产带来的意外利得/损失。所有这些项目都表示由于价格或估算（分别是土地、投资、递延税项资产/负债和养老金资产/负债）的变化，导致已经存在的资产或负债的账面价值发生了变化。

项目结果是否能由资产/负债重新度量这一特征与收益持续性程度密切相连。重估源于价格变化，当前的变化与未来的变化很少存在关联，因此，这些收入组成部分是暂时性的、持续性程度相对较低。

### 8.3.4 综合收益确认和计量

在我国，财务会计中常用利润来代表经营成果，具体而言包括营业利润、利润总额和净利润，也会使用盈余（或盈利）、净收益来代表利润，现在还开始使用综合收益体现经营成果。FASB 在 SFAC5 中使用综合收益和盈利来反映经营成果，并阐明了综合收益和盈利的区别和联系，FASB 还指出"在财务报表中会继续用净损失、利润、净收益等名称等同盈利"。IASB 在概念框架中确立了五大财务报表要素，包括资产、负债、权益、收益和费用，其中收益要素还包括利得，费用要素还包括损失。在 IASB 概念框架下，收益、费用与利润的确认和计量是等同的。所以，IASB 概念框架下利润的概念与我国会计准则及 FASB 中的综合收益概念等同。

在会计准则中，对收入、利得、费用和损失等要素的确认和计量是确认和计量综合收益与利润的前提。在现行概念框架规定中，以资产和负债来定义收入、费用、利得和损失，主要体现了资产负债观，但是财务报表要素确认标准并没有限制计量属性的选择。因此，在讨论资本保全概念时 IASB 和 FASB 的概念框架一致认为：不要求资本保全概念采用某种特定的计量属性。

#### 8.3.4.1 确认

SFAC5 表明确认就是在某一会计实体财务报表中正式列入某一会计要素的过程。确认的标准共四个：符合定义、可计量性、相关性和可靠性。对于所有会计要素而言，确认分为初始确认、后续确认和终止确认。FASB 对于业绩要素确认标准还进行了补充：对于收入要素的确认要符合已实现、已赚得或可实现。FASB 提出，综合收益要素的确认也要符合上述四个标准。事实上，综合收益的确认标准可以总结为两点，一个是综合收益是除所有者交易外引起的权益变动，另一个是该变动能够可靠计量。在对收入要素确认的补充中，"可实现"引起我们的关注，对于综合收益的确认，"可实现"这一标准要求并不高，因为一些净资产的变动处于尚未实现的状态，但综合收益同样将它们包含在其中。除此之外，基于资产负债观 SFAC – NO. 5 还明确了反映企业经营成果的几个概念之间的关系：全面收益＝期末净资产－期初净资产＝收入＋利得－费用－损失。其中，期初和期末净资产不包括与所有者的交易。依据资产负债观，当期收益是指除与所有者交易外引起的净资产的变化，用公式表示即：收益＝期末净资产－期初净资产－投资者投入资本＋向投资者分配的利润。因此，收益的确定要依据资产负债表中资产、负债的变化，而收入费用观下不能在本期确认的"前期和本期发生以后期间实现的收益"依据资产负债观则可以进入本期收益，也就是说，那些在性质上属于"收入"和"费用"的计入资产负债表中的递延项目均应计入当期收益表。

IASB 规定的要素确认标准如下：首先，该项目应该符合报表要素的定义；其次，未来经济利益很可能流入/流出企业；最后，该项目的成本或价值能可靠地计量。由此可见，国际会计准则理事会对于收益表要素的确认遵循的是资产负债观，非所有者因素导致的权益变动便可确认为收益和费用。因此，相比于收入费用观，在资产负债观理念下综合收益能够提供更加全面的信息，对于使用者决策更加有利，其与资产负债表之间的逻辑关系也更加清晰。与基于配比原则、历史成本原则和稳健原则的传统净收益相比，综合收益在反映企业业绩上更加全面和及时，更能满足信息使用者的需要。并且，由于其不再追求实现原则，使得收益报告期间与价值增值期间的不一致问题在综合收益的确认中得到缓解。关于综合收益的确认，理论上讲有两种可供选择的方法：一是分别按照综合收益的四大部分来确认综合收益，收入、费用产生于企业正常的经营活动，利得、损失产生于偶发性的交易和事项。按照这种确认方式，产生于正常经营活动的盈余既包括已实现的部分，也包括未实现部分；非经营性损益也同时包括已实现部分和未实现部分。二是不改变传统的净利润确认方式，将综合收益分为净利润和其他综合收益两大部分分别来确认综合收益。FASB 虽然在理论框架中认同综合收益由收入、费用、利得、损失构成，但在综合收益确认上却采用的是第二种做法。IASB 概念公告未将综合收益作为独立的会计要素，但对其他综合收益进行了单独的定义，并采用第二种方法确认综合收益。FASB 和 IASB 之所以采用第二种做法，一是因为目前财务会计没有可行的办法将企业所有资产负债都在表内用公允价值反映，二是实证研究表明因公允价值计量而产生的资产负债持有损益存在着很大的波动性，价值相关性和预测能力都弱于净利润，我们在前几章的实证研究也证明了这一点。因此，我们认为，分净利润和其他综合收益两部分确认综合收益是目前的最佳选择。综合收益的确认方式是在确认传统净利润的基础上，将因公允价值变动导致的未实现利得和损失作为其他综合收益项目。

### 8.3.4.2 计量

概念框架没有具体规定计量的目的、没有提供会计计量的概念性定义，也没有为准则制定者在准则制定中选择计量基础提供概念基础。因此，准则制定中计量的决策必然是暂时的，更多地以以前的先例和 IASB 与 FASB 委员会运用他们的经验、专业知识和直觉所做的综合判断为基础，而不是以一致的计量概念为基础。财务报告包括对单个财务报表元素（如总资产、总负债和净收入）的合计计量，概念框架指定所有者权益是资产和负债计量之间的差额。因此，在开发计量概念时，确保单个资产和负债的计量的聚合和差异具有框架的定性特征也很重要。此外，在报告所述期间，资产和负债的计量方法的变化，不是由于以股东身份与股东进行交易而引起的，决定了收入和费用的计量方法（Barth，2013）。因此，综合收益是衡量个别资产和负债的一系列关键变化的总和。然而，概念框架并没有从概念上解释财务状况报表和综合收益报表如何为财务报表使用者提供补充信息。计量概念需要处理这两种报表之间的信息联系，使报表结合起来，帮助实现与计量相关的财务报告的目标。与计量有关的概念缺乏是概念框架中的一个明显的缺陷，它阻碍了包括计量在内的会计准则的进步。

SFAC5 对计量所给的定义如下："计量是指对于那些符合确认标准的项目要在财务报表中以货币单位作出充分可靠计量并记录"。共有 5 种计量方法可供选择：（1）历史成本；（2）现行成本/重置成本；（3）现行价值；（4）可变现净值；（5）未来现金流量的现值，应当以历史成本为主要计量方法，结合其他计量属性使用。SFAC5 提到的"在会计计量中使用现金流量信息和现值"主要是为应用公允价值提供理论框架。公允价值相对于其他计量属性而言是以市场观察值为基础的，可观性较高，但当不存在市场观察值时确定公允价值难度较高且具有不确定性，这限制了其在会计中的应用。SFAC7 倾向于采用公允价值来计量，而 FASB 主张同时使用多种计量属性，这也为综合收益报表的计量基础增加了可行性，使得那些不能用历史成本计量的其他综合收益信息得到反映。

2018年3月，IASB发布的财务报告概念框架第6章列出2类共4种计量基础，具体分类如图8.3所示：

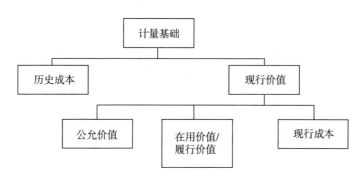

**图8.3    IASB概念框架（2018）中的计量基础与分类**

两类包括历史成本和现行价值，其中现行价值包括三种计量基础：公允价值、在用价值/履行价值、现行成本。框架强调历史成本是常用的编制财务报表的基础，但实际上考虑到有用财务信息的质量特征和成本约束，应该为不同的资产、负债、收入和费用选择不同的计量基础。在收益的计量上，综合收益报告采用了资本保全的观点。资本保全的概念由IASB提出，指的是企业确认收益时要以保全其资本的完整无损为前提。资本保全概念分为两个类别，分别是财务资本保全和实物资本保全。主体应当以财务报表使用者的需求为基础，选择适当的资本保全概念。如果财务报表使用者主要关注主体的营运能力，就应该选用资本保全的实物概念；如果财务报表使用者主要关注投入资本的购买力，就应该选用资本保全的财务概念。

综上，在概念上综合收益适合采用以价值为基础的计量模式。综合收益要求反映所有除与所有者交易外能引起所有者权益变动的交易，反映资产负债的变化。但是主要采用的历史成本计量的传统收益表无法满足以上要求，只有公允价值能满足这一要求，尤其是对于那些"已确认未实现的收益"项目的计量。例如，只能以公允价值计量衍生金融工具。FASB认为金融工具最相关的计量属性是公允价值，衍生金融工具唯一相关的计量属性也是公允价值。在资产负债观下，以公允价值计量资产负债表的资产与负债，所以资产负债的变动额会体现在收益表当中，资产负债未实现的持有利得和损失也包括在其中。另一方面，对于报表使用者来说公允价值比历史成本相关性更高，也有大量学者证明与以历史成本为基础的净收益相比，以公允价值为基础的综合收益相关性更高。我们还考虑到，有一类收益项目不能列入本期损益中，那就是由于公允价值变动产生的未实现收益项目，这一部分由于其"未实现"的特征，只能到综合收益表中以其他综合收益列示。综上，综合收益报表的计量基础主要包括两类：第一类，我们以历史成本反映净利润；第二类，我们以公允价值反映其他综合收益。

综合收益概念框架下的综合收益由净利润、其他综合收益两部分构成，那么在研究其计量问题时也应分别讨论。首先，关于净利润的计量。净利润并不是单独计量的，而是通过收入、费用计量来实现的，而收入和费用的计量是会计准则中规定的。其次，关于其他综合收益的计量。为了满足决策有用的目标，考虑到有用财务信息的质量特征，公允价值计量更加适合作为其他综合收益的计量属性。对于公允价值是否提高了其他综合收益的预测价值，已有文献对这一问题有所研究。布莱顿等（Bratten et al.，2016）以银行控股公司为样本，研究其他综合收益中包含的公允价值调整是否能够预测未来的银行绩效。他们发现，其他综合收益的公允价值调整可以预测银行未来一两年的收益。对公允价值的可靠衡量能够提高报表信息的预测价值。综合收益的计量应在按现有准则计量净利润的基础上，用公允价值计量报告期末持有资产与负债以及持有资产与负债公允价值变动产生的未实现损益。

# 第9章

## 综合收益报告体系

## 9.1 综合收益报告体系的演进

### 9.1.1 FASB综合收益报告体系的演进

1980年，由美国财务会计准则委员会（FASB）发布的财务会计概念公告第3号（SFAC3）中第一次提出"综合收益"的概念，但该概念公告并未要求列报综合收益。

在1981～1993年，FASB先后发布了四项会计准则导致了绕过利润表而影响所有者权益的"脏盈余（Dirty - surplus）"，收益的概念偏离了传统的"净利润"，"综合收益"逐渐从理论概念转化为准则术语。基于以上现状，FASB于1995年9月将建立综合收益报告体系提上日程。1995年10月，FASB开始了建立综合收益报告体系项目，1996年6月20日向公众发布征求意见稿，征求公众意见，其中三个核心问题为：一是是否同意披露每股综合收益；二是是否同意在财务报表中披露综合收益；三是重分类绕过利润表直接计入所有者权益的项目是否现实（Alex C. Yen，2007）。

1997年6月30日，经过反复的征求意见和修订，FASB正式发布130号财务会计准则《报告综合收益》，即SFAS130，规定企业可在利润表（包括净利润及综合收益）或单独的综合收益表（以净利润为起点，包括其他综合收益各组成部分及综合收益总额）列报综合收益及内容构成，也可在所有者权益变动表中列示综合收益及其项目构成。SFAS130允许报告主体在利润表或单独的综合收益表任意一表中披露综合收益，绝大多数公司仍然选择在所有者权益变动表中披露综合收益而不是在业绩报表中披露。

2004 年 4 月，IASB 和 FASB 为达到财务报表列报相关会计准则国际趋同的目标，合作开展了"财务报表列报"研究项目，对财务报表的列报内容、格式等达成了一些共识，其中包括都要求在财务报表中列报综合收益。2007 年 9 月 IASB 发布国际会计准则第 1 号的修订版即财务报表列报准则，要求报告主体在单独的"综合收益表"或"损益与综合收益表"中列报综合收益。FASB 也表明财务报表体系应该包括资产负债表、综合收益表、现金流量表和所有者权益变动表，并鼓励报告主体自愿在报表附注中披露每股综合收益。

2010 年 5 月，FASB 发布了《会计准则更新：综合收益列报》征求意见稿，征求意见稿的核心观点为"一表法"，即将损益、其他综合收益及综合收益在一张报表中列报，将其他综合收益划分为有可能将在后续期间重分类进损益的项目，以及不会在后续期间重分类进损益的项目分别列报，综合收益为损益和其他综合收益的总和。FASB 提出"一表法"的初衷是减少报表使用者收集和整理会计信息的成本，并助其识别管理层的盈余管理行为，从而提高财务报告的有用性和透明度。但综合收益与损益的共同列报会增加企业的列报成本，且其他综合收益、综合收益内涵及外延的争议性也增加了企业的列报难度，因此，FASB 的"一表法"遭到了激烈的反对。

FASB 于 2011 年 6 月发布了更新后的第 5 号会计准则，主要规范关于综合收益的列报。更新后的会计准则规定，其他综合收益只能在损益表中列报，不允许在所有者权益表中进行列报，但可以选择"一表法"即损益和综合收益在一张报表中列报，在利润后列报其他综合收益及综合收益总额；也可选择"二表法"即除了原有损益表之外单独编制一张反映其他综合收益和综合收益总额的报表。同时，为了连续列报其他综合收益，资产负债表中所有者权益项目发生相应变化，在列报"股本""股本溢价""留存收益"等项目同时，增加"累计其他综合收益"项目反映会计期末"其他综合收益"的累计影响。

FASB 于 2013 年 2 月发布了以综合收益为主题的第 2 号会计准则，主要规范关于其他综合收益在财务报表中的列报位置及累计其他综合收益的处理。新发布的第 2 号会计准则规定了其他综合收益及综合收益总额在损益表、所有者权益表、资产负债表中列报位置及金额，并对累积的其他综合收益项目提出新的要求：其他综合收益在后续期间按可重分类进损益的项目和不可重分类进损益的项目分别列报；并且在可重分类进损益的项目全部转入损益时，才能将此项目累积的其他综合收益对当期损益的影响金额在损益表中进行列报，同时在附注中披露详细信息。

### 9.1.2 国际会计准则理事会综合收益报告体系演进

2004 年国际会计准则理事会开展命名为"业绩报告"后改为"报告综合收益"的项目，旨在提高报表中列报业绩的质量。为了实现国际会计准则趋同，IASB 和 FASB 共同开展命名为"财务报表列报"项目，以期建立一套世界通用的会计信息披露准则，使披露的信息能够更好地衡量主体业绩。2006 年 3 月，IASB 提出修订 IAS1 的意见稿，意见稿中规定企业可以选择在一张利润表中或者两张报表（利润表和综合收益表）中反映收益和支出。

2007 年 9 月，IASB 与 FASB 联合开展的"财务报表列报"研究项目初见成效，取得阶段性的研究成果，IASB 发布了修订后的《国际会计准则第 1 号——财务报表列报》，正式引入了"综合收益"概念，并要求报告主体将综合收益、其他综合收益及其组成部分作为业绩列报于"损益和其他综合收益表"或者列示于单独的"综合收益表"，并披露综合收益各项目及所得税影响（McClain and McLell，2008）。这标志着 IASB 的 IFRS（international financial reporting system）正式与 FASB 发布的 SFAS130 融合。

2008 年 6 月 30 日，IASB 和 FASB 合作项目取得了第二阶段的成果，提出了关于报表信息列报暂时性的、初步的方案。初步方案提出报表信息列报应具有内在一致性，相同项目在不同报表中应该有相似的名称和分类，因而资产负债表、综合收益表都沿用现金流量表编制模式，将主体活动分为经营活动、投资活动、筹资活动三项分别列报，要求主体分别列报日常生产经营活动中创造价值的经营活动信息、投资活动信息和非日常生产经营活动中进行融资的融资活动信息。综合收益表应该按照营业（包括经营活动和投资活动）、筹资、所得税、终止经营和其他综合收益这 5 大类项目报告。此外需详细列报其他综合收益的每一个组成部分的属性及重分类信息。报表编制主体应在综合收益表中反映其他综合收益各组成部分是属于营业活动、投资活动、融资活动，除"外币报表折算差额"项目外。报表编制主体还应该反映其他综合收益重分类信息，将其他综合收益分为以后会计期间不会被重新分类进损益的项目，以及在以后会计期间可以重分类计入损益的项目。

2010 年 5 月，IASB 发布了修订《其他综合收益项目的列报》的征求意见稿，与 FASB 发布的《会计准则更新：综合收益列报》征求意见稿观点相似，都支持"一表法"，将损益、其他综合收益及综合收益在一张报表中列报，将其他综合收益划分为有可能将在后续期间重分类进损益的项目，以及不会在后续期间重分类进损益的项目分别列报，综合收益为损益和其他综合收益的总和。"一表法"的初衷是减少报表使用者收集和整理会计信息的成本，并助其识别管理层的盈余管理行为，从而提高财务报告的有用性和透明度。但综合收益与损益的共同列报会增加企业的列报成本，且其他综合收益、综合收益内涵及外延的争议性也增加了企业的列报难度，因此，无论是遵循 FASB 会计准则的公司，还是 IASB 会计准则的企业，大部分报告主体均对该征求意见稿的"一表法"提议表示强烈反对。

2011 年，IASB 征求意见后，参考了各主体意见及现实情况发布《国际会计准则第 1 号——财务报表列报》，赋予报告主体列报选择权，综合收益列报可以选择"一表法"或"两表法"即可以将综合收益作为业绩列报于"损益和其他综合收益表"或者列示于单独的"综合收益表"。关于其他综合收益重分类列报达成了共识，按未来期间能否转入损益划分为"满足特定条件时后续能重分类计入损益的项目"和"后续不能重分类计入损益的项目"分别进行列报。

IASB 于 2013 年和 2015 年发布了概念框架的复核意见稿和征求意见稿，内容涵盖财务报告目标、信息使用者、信息质量及列报等方面。围绕列报损益小计必要性、损益与其他综合收益区分方式、其他综合收益类别划分标准、其他综合收益重分类模式等问题，从概念框架层面进行了探讨。没有讨论与综合收益列报形式相关的问题。国际会计准则理事会于 2018 年 4 月颁布的《财务报告概念框架》指出，理解报告主体在某一期间的业绩，需要分析所有已确认的收益与费用，其包括其他综合收益中的收益与费用以及包括在财务报表中的其他信息。IASB 的概念框架虽然对其他综合收益产生的原因进行了阐述，但并未对其他综合收益重分类的标准这一准则制定中无法回避的理论问题作出阐述。

### 9.1.3 我国综合收益报告体系演进

虽然 IASB 和 FASB 对综合收益的研究取得了一定进展，2006 年我国发布的新企业会计准则中并未提及综合收益项目。但所有者权益项目下其他资本公积的核算范围中包括直接计入所有者权益的利得和损失，如金融资产重分类产生的利得和损失，即为现今的其他综合收益，已经初步突显综合收益的理念。

2009 年 6 月，财政部印发《企业会计准则解释第 3 号》（以下简称"解释第 3 号"）中，第一次明确提及"其他综合收益"的概念，并明确规定在利润表中"每股收益"下列报其他综合收益和综合收益的信息，还要在附注中详细披露其他综合收益的各明细项目及其对损益和所得税的影响。这表明我国会计准则与国际会计准则的趋同。2009 年 12 月，财政部又印发《关于执行会计准则的上市公司和非上市企业做好 2009 年年报工作的通知》（以下简称"16号文"），继解释第 3 号综合收益正式在利润表中进行列报，又规定了其他综合收益和综合收益在所有者权益变动表及附注中披露的内容和格式。所有者权益变动表中，在股本、股本溢价和留存收益后，增加其他综合收益一项，反映企业当期发生的其他综合收益的增减变动情况。"16 号文"同时还规范了其他综合收益在附注中披露的内容和格式。上述规定要求上市公司自 2009 年 1 月 1日起执行。从 2009 年年报开始，我国也正式将综合收益列报纳入财务报表列报体系。但由于国际上对其他综合收益的研究也尚未成熟，其他综合收益的内涵和外延边界不清；我国刚刚引入其他综合收益，文件对其他综合收益也是原则性规定，具体操作层面还存在诸多问题；再加上上市公司对其他综合收益的重视程度不够、理解不深，这一阶段我国对综合收益的披露比较混乱，不够准确和规范。

2014 年，财政部发布《企业会计准则 30 号——财务报表列报》，对综合收益列报进行了完善和改进，增强了可操作性。其他综合收益在利润表中披露的位置和内容更清晰。准则规定：应在利润表中净利润下边单独列报其他综合收益各项目分别扣除所得税影响后的净额和综合收益总额；其他综合收益按以后期间可以重分类进损益项目和以后期间不可以重分类进损益的项目分别列报；合并利润表中增加归属于母公司的综合收益总额和少数股东的综合收益总额。综合收益在所有者权益变动表和附注中的列报也发生了变化。准则规定：

综合收益信息运用与列报

在所有者权益变动表单独列报综合收益项目；在附注中披露其他综合收益各项目的期初和期末余额及其调节情况。2014财务报告列报准则将原来在所有者权益变动表中列示的其他综合收益信息改在利润表中列示，虽未产生增量信息，但根据心理学的相关研究，列报位置的变化会提高报表使用者对此信息的关注度，增强信息的有用性。

针对2018年1月1日起分阶段实施的《企业会计准则第22号——金融工具确认和计量》《企业会计准则第23号——金融资产转移》《企业会计准则第24号——套期会计》《企业会计准则第37号——金融工具列报》等新金融准则，财政部于2018年6月15日发布了《关于修订印发2018年度一般企业财务报表格式的通知》（以下简称《通知》），此《通知》规范整合了资产负债表、利润表各项目的列报，其中对综合收益概念的内涵和列报也进行了调整。利润表中新增与新金融工具准则有关，并根据其他综合收益项目填列的如"其他权益工具投资公允价值变动""其他债权投资公允价值变动""金融资产重分类计入其他综合收益的金额""其他债权投资信用减值准备"以及"现金流量套期储备"等项目。其他综合收益列报删除原金融工具准则规定的"可供出售金融资产公允价值变动损益""持有至到期投资重分类为可供出售金融资产损益"以及"现金流量套期损益的有效部分"。另外，"权益法下被投资单位不能重分类进损益的其他综合收益中享有的份额"简化为"权益法下不能转损益的其他综合收益"。

## 9.2 列报变革的基础

附着公允价值计量基础的运用以及人们对公允价值信息作用认识的深化，将持有损益纳入收益已逐渐成为会计界的共识，由此产生收益列报范示的变化。国际上综合收益的列报经历了由表外转为表内、由所有者权益变动表转向业绩报表、由"一表法"转向"二表法"的过程。目前我国2014年会计准则要求在利润表中列报其他综合收益及综合收益总额，在附注中详细说明其他综合收益分类和具体项目，没有按"二表法"要求编制单独的综合收益表，我国会计准则中关于综合收益的确认、计量、报告在与国际趋同的同时，也与国际上有不小的差距。综合收益本身由于内涵界定不清、分类标准模糊、列报方式多样，对我国投资者对综合收益的理解和运用造成了极大的困难。特别是关于综合收益的列报急需变革，以期提高会计信息透明度和决策有用性。综合收益列报模式的演变是基本财务观念转变的缩影，也是投资者决策习惯（列报位置差异）及决策使用综合收益增量信息的需要。

### 9.2.1　公允价值计量模式的运用

随着资本市场的高度发展和经济交易的不断创新，以历史成本为计量基础的传统收益缺乏及时反映公司真实价值变化的能力，因为价格波动导致的资产负债变化被排除在报表之外，以历史成本计量为基础的会计信息日渐不能满足报表使用者的需求。随着公允价值会计的逐渐发展与成熟，越来越多的报表项目逐步采用公允价值会计计量。在公允价值计量模式下，资产或负债持有期间公允价值变动会产生未实现利得和损失，这部分利得和损失如何在报表中列示成了损益确认和计量的关键问题。这部分损益可以直接计入净利润，但会导致利润波动性较大，且违背了净利润"日常生产经营、已实现性、持续性、预测性"的特点。为了缓解利润波动的影响，会计准则允许特定的金融工具（其他债权投资、现金套期）价格变动、外币报表折算差额等项目绕过利润表直接计入所有者权益表。然而，绕过利润表的这些项目对评估企业业绩也是十分重要的。这样处理的直接后果是资产负债表权益部分归集了大量与资产价值变动及未来现金流密切相关的会计信息，从而损害了收益报告的透明度，降低了利润表的信息内涵。准则制定机构考虑了以上因素，提出将未实现利得和损失计入其他综合收益，在业绩表中反映，这样不仅将净利润与其他综合收益区别开来，还增强了整体业绩信息的透明度和决策有用性。其他综合收益及综合收益的提出与列报，是公允价值概念从资产负债表延伸到利润表的体现。

### 9.2.2　综合收益有用性

关于综合收益的有用性，现有研究从价值相关性（Dhaliwal et al.，1999；Lin et al.，2007）、持续性（Kormendi et al.，1987；Linsmeier et al.，1997）、预测性（Ohlson，1995；Fairfield et al.，1996；Kanagaretnam et al.，2009）等方面进行研究，且得出了大相径庭的结论。准则制定者的初衷是通过综合收益列报的变化提高投资者对其他综合收益及综合收益信息的关注度，降低收集和加工信息成本，提升会计信息透明度，从而更加容易察觉企业管理者通过操纵未实现的利得和损失进行盈余管理的行为，限制企业进行盈余管理的空间。

### 9.2.2.1　提高信息相关性

综合收益两大部分构成中，净利润信息的决策相关性已形成共识。从前几章的研究中，我们可以看出其他综合收益对股权投资而言具有价值相关性和预测能力；对债权投资而言，其他综合收益与债务成本和规模也具有高度相关性。从已有文献的研究成果看，综合收益的决策相关性虽弱于净利润但仍具有明显的相关性，且相关性随着综合收益中的其他综合收益报告方式的改进而显著提高。

### 9.2.2.2　提高信息透明度

综合收益一经提出，受到了来自理论界和实务界的广泛质疑。人们对综合收益的概念界定、有用性、分类等存在诸多分歧。但准则制定者力排众议，仍然将综合收益列报由表外转到表内、由所有者权益变动表转到业绩报表，这也从一个侧面说明了综合收益信息的重要性及投资者之前对此信息关注度不够。综合收益列报的初衷并不是替代净利润反映企业日常生产经营盈余，而是与净利润一起为信息使用者提供更为全面更加丰富的信息，增强信息透明度，提高信息质量。目前对于透明度定义，学术界并未达成共识，但增强透明度有利于信息使用者做决策这一点比较一致，即提高信息透明度会增强信息使用者的决策质量。

综合收益的列报主要是通过以下方式来提高盈余信息透明度：第一，提升投资者对综合收益信息的关注度。若投资者认为某类信息重要性程度高，在决策制定过程中会赋予这类信息更大的权重。相对于所有者权益变动表，投资者因为更关心企业的盈利能力而更关注反映企业盈余的利润表，在利润表中反映综合收益信息会凸显其信息的重要程度，引起投资者重视。第二，降低信息的收集和加工成本。根据认知心理学的理论，投资者具有内生性的估值缺陷，所以概念是否明晰、所用信息是否容易处理以及信息披露是否明确等决定了会计信息估值的有效性。赫斯特和霍普金斯（Hirst and Hopkins，1998）的研究也指出，有用的信息必须是易于得到且清晰的。综合收益在受投资者关注的利润表中列报，且按照是否能重分类进损益分项集中列报，免去之前获取综合收益数据需要根据综合收益内涵在其他报表中收集相关信息的成本，使综合收益信息的获取和使用变得容易和可能。第三，改变盈余信息的列报结构，提供增量价值信息。综合收益列报为长期投资者提供除净利润之外反映公司长期业绩和风险的信息。投资决策的核心问题之一是收益预测。预测未来收益一般以过去各期和本期收益为基础，预测未来现金流以预测的未来收益为基础。但以历史成本为基础的收益"质量太差"（Lev，1989），不能反映公司价值的变化。以综合收益为基础预测未来收益，不仅能反映企业持续性较强的日常生产经营活动对未来收益的影响，还能反映波动性较大的非日常生产经营活动对未来收益的影响。反对者反对综合收益列报改进的理由之一为综合收益波动性大，不能反映企业持续经营的信息。但是，综合收益列报的初衷并不是替代净利润反映企业日常生产经营盈余，而是与净利润一起为信息使用者提供更为全面更加丰富的信息。净利润侧重反映企业持续性较强的日常生产经营活动的信息，其他综合收益波动性则反映企业长期业绩所面临的风险，提高信息使用者对未来收益预测的把握程度。

### 9.2.2.3  识别和抑制盈余管理

高质量的会计信息，可以减轻信息使用者和管理层之间的信息不对称，缩小管理层盈余管理的空间。学术界关于综合收益信息有用性的研究结论莫衷一是，但综合收益列报方式由表外转向表内、由所有者权益变动表转向业绩报表的变革提高了会计信息的透明度，从而在信息质量改善了信息使用者的决策质量这一点基本达成了共识。综合收益的报告在以往业绩表报告净利润的基础上，详细披露了各种影响未来损益的未实现利得和损失，这将影响损益的各项目及管理层以往业绩操纵方式在利润表中的展现形式，增强了信息透明度，提高了信息披露质量，理论上来说更能识别和抑制盈余管理。国内外文献也实证检验了此结论。赫斯特和霍普金斯（1998）研究发现，其他综合收益列报的位置会影响信息使用者对信息的认知与理解，在业绩报表中列报综合收益比在附注及所有者权益变动表中披露更能引起投资者的重视，增强价值相关性。综合收益信息列报质量越高，越有利于信息使用者识别和抑制盈余管理。巴克（Backer R，2004）研究表明综合收益信息列示除日常生产经营活动产生的盈余以外的"脏盈余"，使信息使用者更容易识别和抑制盈余管理，且报表之间内在的勾稽关系更清晰。李、彼得罗尼和沈（Lee，Petroni and Shen，2006）从综合收益列报方式角度，研究了综合收益、信息披露质量与盈余管理之间的关系，其研究发现综合收益列报能提高会计信息质量，从而抑制企业盈余管理行为。杨有红和陈婧（2016）研究表明，其他综合收益与净利润共同披露能使信息使用者了解企业盈余的来龙去脉，明晰列报非日常生产经营活动对盈余的影响，使信息使用者更易于获取盈余信息，提高了盈余透明度，有利于抑制盈余管理行为。谢获宝和郭方醇（2015）结合实例梳理了企业利用其他综合收益项目进行盈余管理的行为，基本上都是通过金融工具的确认、重分类、出售操纵利润。但通过改变综合收益列报方式，在业绩报表中详细列报其他综合收益各项目，根据其他综合收益项目的增减变化，很容易识别盈余管理行为。

现今评价管理层业绩的指标更多采用净利润指标。管理层出于自身利益、资本市场等诸多考虑可能进行盈余管理行为。盈余管理分为应计盈余管理和真实盈余管理行为，通过其他综合收益重分类进损益而操纵利润的行为属于真实的盈余管理行为。然而若管理层业绩评价指标采用综合收益而不仅仅是净利润，则管理层诸多真实盈余操纵手段都将无效。以金融资产为例，根据2007年新发布《企业会计准则第22号——金融资产的确认与计量》，金融资产处理发生了重大变化。初始确认时所确认的金融资产类型、初始确认为可供出售金融资产的处置时点、金融资产重分类的类型和时点都根据管理层持有金融资产的意图和能力给了管理层很大的选择空间。张云和赵艳（2015）研究表明，企业可以通过操纵未实现利得和损失来平滑利润。若企业当期业绩达标，管理层可以推迟确认未实现利得或提前确认未确认损失；若企业当期业绩恶化，陷入财务困境，管理层可以提前确认未实现利得或推迟确认未确认损失以增加利润。这种操纵基本是平滑利润，是利润和其他综合收益之间的相互转化，而并不影响综合收益总额。若评价管理层业绩的工具由净利润变为综合收益，完全可以不受管理层此类操纵的影响。谢获宝和郭方醇（2015）研究指出一些利润操纵的手段，例如：为控制处置金融资产时点将金融资产初始确认为可供出售金融资产、利用会计政策主观判定金融资产的重分类类型和时点、利用职业判断操纵可供出售金融资产减值损失的确认时点、利用金融套期保值业务的会计处理差异操控利润等，这些手段只影响净利润与其他综合收益二者的比例，并不改变综合收益总额。

### 9.2.3 对净利润与综合收益的认识

综合收益一经提出就引起了广泛的讨论和争议。争论的焦点包括其他综合收益概念界定模糊、项目构成缺乏理论依据、重分类标准不清、列报缺乏增量信息等，其中反对者反对综合收益的一个重要理由为：与净利润相比，综合收益的价值相关性、持续性、预测性较差，列报综合收益并不能提供增量信息，也不能以综合收益为基础分析企业整体的财务状况、评估企业价值。持这种观点的人其实并未厘清准则制定者提出列报综合收益的意图，综合收益列报的初衷并不是替代净利润反映企业日常生产经营盈余，而是与净利润一起为信息使用者提供更为全面更加丰富的信息，净利润侧重反映企业持续性较强的日常生产经营活动的信息，而综合收益波动性大反映企业长期业绩及所面临的风险。净利润和综合收益列报的意图、目标、运用的侧重点并不相同，学术研究应打破以往比较净利润和综合收益孰优孰劣的研究范式，将重点放在净利润和综合收益不同的应用领域及二者如何相互配合相互补充以为投资者提供决策相关信息上。

我国《企业会计准则——基本准则》第三十七条提出："利润包括收入减去费用后的净额、直接计入当期利润的利得和损失等"。企业会计准则 30 号规定：其他综合收益是指企业根据相关会计准则规定未在当期损益中确认的各项利得和损失。综合收益等于净利润和其他综合收益合计数，被定义为"一个主体在某一期间与非业主方面进行交易或发生其他事项和情况所引起的权益（净资产）变动，除业主投资和派给业主款外，综合收益包括这一期间一切权益上的变动"（SFAC3，para 30）。从净利润和其他综合收益的定义不难看出，其他综合收益是资产负债观净利润拓展下的产物，是传统损益的外延，从这个角度来看，净利润和其他综合收益来源相同（黄志雄，2016）。FASB 第 5 号概念公告确认和计量部分指出，"净利润和综合收益都由收入、费用、利得和损失构成，但是两者的范围又存在差异，某些利得和损失属于净利润的核算范围，而某些利得和损失又只属于其他综合收益的核算范围"，从上述描述不难看出，FASB 认为其他综合收益与净利润尽管核算范围不同，但都是企业盈余的构成要素，那么既然净利润与其他综合收益有着类似的本质和起源，为什么准则制定机构要在报表中列报其他综合收益呢？其中一个核心理由就是准则制定者认为其他综合收益与净利润的预测性、持续性、价值相关性、透明度存在差异，将二者混为一谈会误导信息使用者对盈余信息的理解和运用。

综上所述，净利润和综合收益具有相似的起源和本质，但因为综合收益与净利润在预测性、持续性、透明度等方面存在差异，确有其列报与应用的必要性。综合收益的列报与应用并不会完全替代净利润，二者在价值相关性、预测性、持续性等方面存在差异，但这并不妨碍综合收益发挥作用。其他综合收益和综合收益信息反映了所有企业创造的价值活动，将价值创造活动分为了企业日常生产经营活动和非日常生产经营活动，理论上综合收益比净利润能提供更多信息，从而提高了价值相关性（Ohlson，1995）。

### 9.2.4　投资者对信息的关注及决策习惯

SFAS130 清晰地表达了在业绩报表中列报其他综合收益的愿景，其他综合收益也是业绩评价工具，与净利润一样重要，应该与净利润以同等重要的方式进行列报，这与其概念框架一致，并能提升会计信息透明度。然而在 SFAS130 发布后大部分公司仍然选择在所有者权益变动表列报其他综合收益，而未选择业绩报表列报。综合收益的披露并不涉及新的确认和计量要求，CI 的披露既不影响利润表中净利润也不影响资产负债表各账户，但亚力克斯等（Alex et al.，2007）通过对 FASB 关于综合收益披露征求意见稿的信件研究表明，将近 300 家公司对综合收益披露意见稿——看起来是一个很小的、与披露相关的问题——向 FASB 写了信，这说明写信者相信综合收益的披露及信息的披露格式很重要，会影响综合收益信息融入证券价格的速度和程度。受资本市场有效性的制约，投资者的认识层次、会计信息透明度、会计信息质量会影响信息有用性，会计信息披露的位置和详尽程度通过影响投资者对信息重要性感知、信息透明度而导致信息决策有用性差异。

首先，披露位置影响投资者对信息重要性的感知。若投资者认为某类信息重要性程度高，在决策制定过程中会赋予这类信息更大的权重。在业绩报表中披露其他综合收益更能引起投资者的重视。赫斯特和霍普金斯（1998），麦恩斯和麦克丹尼尔（Maines and McDaniel，2000）研究发现，综合收益的披露格式和披露方式造成可见性和业绩含义的差别，影响信息使用者的价值判断。综合收益在业绩报表中披露更能引起投资者的关注，使投资者能准确判断公司价值和公司业绩。赫斯特、霍普金斯和瓦伦（Hirst, Hopkins, and Wahlen, 2004）研究发现综合收益的披露格式会影响专业分析师对公司风险的判断。徐经长和曾雪云（2013）以可供出售金融资产为例检验了解释第 3 号发布后综合收益列报方式变革对会计信息决策有用性的影响。研究结果发现，可供出售金融资产的公允价值变动作为其他综合收益构成项目在利润表中列报具有较强的价值相关性，在所有者权益变动表中列报具有较弱的价值相关性。这说明在业绩报表中列报其他综合收益及综合收益总额能增强会计信息价值相关性，有助于投资者作出决策。

其次，披露位置会提供增量信息。由于其他综合收益内涵及其组成部分特性，包含了很多非持续性的影响损益的部分，很可能导致综合收益的波动性较大，促使投资者作出令公司面临较大风险的判断；而有些公司其他综合收益项目较多，如可供出售金融资产投资等，导致公司的业绩波动也较大，但并不影响净利润。为了避免盈余波动性传递企业经营不稳的信号进而影响股价，大部分公司选择了在受关注程度较低的所有者权益变动表中列报综合收益，而未选择在备受关注的业绩利润中列报综合收益。由此看来，选择在所有者权益变动表中而不是在利润表中列报其他综合收益本身就提供了公司风险的增量信息。坎贝尔、克劳福特和弗朗茨（Campbell，Crawford，and Franz，1999）以 73 家报告综合收益信息的企业为样本研究综合收益列报位置的变化，39 家企业选择在所有者权益变动表中进行列报，34 家企业选择在业绩报表中进行列报，其中 22 家企业选择两表法，12 家企业采用一表法。研究还发现，其他综合收益质量也影响列报位置的选择，具有负的其他综合收益的企业更愿意将其列示于所有者权益变动表中，因为已有研究一致认为信息使用者更关注业绩报表而不是所有者权益变动表，将负的其他综合收益在所有者权益变动表中列报可以降低此项信息对企业价值的负面影响。李、彼得罗尼和沈（2006）研究了财产保险行业其他综合收益的披露问题，结果显示，当这些保险公司试图通过操纵金融工具的确认和计量来操纵盈余，或者会计信息质量较差时，它们会倾向于选择在所有者权益变动表而不是业绩报表中列报其他综合收益及综合收益信息。

### 9.2.5　其他会计准则变化

#### 9.2.5.1　与国际会计准则趋同

出于与国际会计准则趋同的初衷，我国会计准则的颁布与实施紧跟国际会计准则的脚步，综合收益列报体系的变革过程也是国际会计准则变革驱动的结果。

2007 年 9 月，IASB 发布了修订后的《国际会计准则第 1 号——财务报表列报》，正式引入了"综合收益"概念，并要求报告主体将综合收益、其他综合收益及其组成部分作为业绩列报于"损益和其他综合收益表"或者列示于单独的"综合收益表"，并披露综合收益各项目及所得税影响。为了回应国际会计准则理事会准则，2009 年 6 月，财政部印发会计准则解释第 3 号，引入了"其他综合收益"和"综合收益"概念，并规定在利润表中列报其他综合收益和综合收益项目。

　　IASB2011 年发布的《国际会计准则第 1 号——财务报表列报》规定将综合收益作为业绩列报于"损益和其他综合收益表（一表法）"或者列示于单独的"综合收益表（二表法）"。并将其他综合收益项目按照未来期间能否进入损益划分为"满足特定条件时后续将重分类计入损益的项目"和"不能重分类计入损益的项目"分别进行列报。2014 年，我国财政部发布《企业会计准则 30 号——财务报表列报》，正式要求其他综合收益在利润表中列报，且也按未来期间能否重分类进损益内分别列报。

### 9.2.5.2　我国其他具体会计准则变化对其他综合收益列报的影响

　　其他综合收益是指企业根据其他会计准则规定未在当期损益中确认的各项利得和损失，包含了大量绕过利润表直接计入资产负债表的项目。其本身并没有相关确认和计量准则，需要根据其他准则的规定和变化来界定本身内涵和外延，其他会计准则的演进过程影响了综合收益的列报。

　　随着其他会计准则的颁布，对其他综合收益的概念、范围、列报产生了巨大冲击。基于与国际会计准则趋同以及应对不断变化的外部环境，2007 年 1 月 1 日我国开始实施的新会计准则，《企业会计准则第 22 号——金融工具确认和计量》，对金融工具分类、确认与计量进行了重新规范与界定，此次会计准则的修订大量运用了公允价值计量，在报表中产生了大量未实现的利得。《企业会计准则第 3 号——投资性房地产》也打破了以往固定资产历史成本计量的原则，将公允价值变动产生的未实现利得反映在报表中。因为其他会计准则的修订以及公允价值计量的运用，才促成了财政部于 2009 年 6 月在其印发的《企业会计准则解释第 3 号》中第一次引入了"其他综合收益"概念，将之前计入资本公积且受公允价值变动引起的利得和损失计入了其他综合收益，并在利润表中进行列报。2014 年我国财政部对会计准则一些具体准则进行了重大修订，如新修订了《企业会计准则第39号——公允价值计量》，对公允价值的确定、公允价值计量模式的运用进行了更为清晰和准确的规定；如新修订了《企业会计准则第9号——职工薪酬》，对职工薪酬的分类进行了重新界定，增加了离职后福利，且引入了设定受益计划、设定提存计划新的计量模式。这些准则的变化都对综合收益的确认、计量、列报产生了影响，与此相对应，财政部同时发布了新修订的《企业会计准则第30号——财务报表列报》，对综合收益的列报进行了重新规范和修订。

2018年1月1日起对一些修订的具体会计准则进行分阶段实施，包括《业会计准则第22号——金融工具确认和计量》《企业会计准则第23号——金融资产转移》《企业会计准则第24号——套期会计》《企业会计准则第37号——金融工具列报》和《企业会计准则第14号——收入》，这些新准则的修订和颁布，对综合收益确认、计量和列报产生了影响。如《企业会计准则第22号——金融工具确认和计量》中将金融资产分为了以摊余成本计量的金融资产、以公允价值计量且其变动计入其他综合收益的金融资产、以公允价值计量且其变动计入当期损益的金融资产三类，以公允价值计量且其变动计入其他综合收益的金融资产又分为其他综合收益可以结转入损益的其他债权投资和其他综合收益不可以结转入损益的其他权益工具投资两类。新修订准则对金融工具确认、计量的规定，影响了其他综合收益的确认、计量和列报。与此相配套，财政部修订了一般企业财务报表格式，重新修订了其他综合收益在利润表中列报的内容和格式，从而使利润表中其他综合收益的分类和具体项目与修订后的金融工具准则保持高度一致、使利润表与资产负债表在修订后准则基础上构建出新的衔接关系。

综上所述，综合收益列报的变革是与国际会计准则趋同和我国其他具体会计准则变革双重驱动的结果。

## 9.3 我国现有报告体系逻辑关系及评价

财务报表是企业对外披露的反映企业财务状况、经营成果、现金流量的综合性文件，是信息使用者了解企业状况的最直接最有效的工具。我国的财务报表包括资产负债表、利润表、现金流量表、所有者权益变动表和报表附注。各个报表并不是孤立存在的，相互之间具有严密的逻辑关系和勾稽关系，相互验证，彼此支撑。自从会计准则要求列报其他综合收益和综合收益项目之后，原有的财务理念、报表编制基础、报表之间逻辑关系和勾稽关系受到了剧烈的冲击，不利于投资者理解和使用财务报表作决策。

### 9.3.1 综合收益在报表中列报的历程

综合收益的列报在我国基本上经历了三个阶段：单独在所有者权益变动表中列报、在利润表和所有者权益表中共同列报、在资产负债表、利润表、所有者权益变动表中共同列报。综合收益在财务报表中列报的变革过程，就是对其他综合收益和综合收益内涵及列报认识深入的过程，也是对各财务报表之间内在逻辑关系和勾稽关系的重新审视，对以往各报表之间的勾稽关系和各报表的编制基础提出挑战。

#### 9.3.1.1 单独在所有者权益变动表中列报

2006 年 2 月，我国发布的新企业会计准则将直接计入所有者权益的利得和损失在所有者权益变动表中列报，此时并未正式提出"其他综合收益"内涵，但实质上是其他综合收益的雏形。这一列报方式实际上打破了资产负债表、利润表和所有者权益表的勾稽关系，利润表无法解释非业主方面进行交易以外的所有者权益的全部变化，且单独在所有者权益变动表中反映直接计入所有者权益的利得和损失，缺乏理论依据，虽也计入资产负债表中资本公积项目，但无法与其他的报表数据相互印证。

#### 9.3.1.2 在利润表和所有者权益表中共同列报

2009 年 6 月，财政部在其解释第 3 号中，首次引入"其他综合收益"的内涵，并要求企业应当在利润表中列报"其他综合收益"项目和"综合收益总额"项目；2009 年 12 月，财政部又印发《关于执行会计准则的上市公司和非上市企业做好 2009 年年报工作的通知》，要求"其他综合收益"项目列示于所有者权益变动表，列示其期初、期末及本期变动额。从 2009 年 1 月 1 日开始，上市公司正式在利润表和所有者权益变动表中列报其他综合收益和综合收益总额。相比于以往只在所有者权益变动表中列报综合收益，这种列报方式为信息使用者提供了更为清晰和丰富的盈余信息，使所有者权益变动表和利润表之间逻辑关系清晰，除与业主交易的部分所有者权益变动额外均可以与利润表中净利润和其他综合收益进行印证。但此时资产负债表与二者之间的逻辑关系并不清晰，资产负债表中并未反映其他综合收益项目，其所有者权益的变动不能与所有者权益表一一对应，资产负债表期初期末净资产的变化不能完全被净利润所解释。

### 9.3.1.3　在资产负债表、利润表、所有者权益变动表中共同列报

2014 年，财政部发布规范财务报表列报的会计准则 30 号，完善和改进了综合收益列报。准则要求在利润表中列报扣除所得税影响后的其他综合收益各项目净额及综合收益总额，其他综合收益项目按是否能重分类进损益分别列报。准则要求在所有者权益变动表中列报其他综合收益和综合收益总额；准则应用指南规定，资产负债表中所有者权益类项目除列报以往的实收资本（或股本）、资本公积及留存收益等项目外，增设其他综合收益项目。至此其他综合收益在资本公积以下以一级科目列示，与利润表、所有者权益变动表形成勾稽关系。资产负债表中其他综合收益期初期末数可以与所有者权益变动表中期初期末数相互印证，利润表中其他综合收益的本期发生额解释了资产负债表中其他综合收益期初期末数的变化，利润表中综合收益总额解释了资产负债表中期初期末净资产的变化。至此，资产负债表、利润表、所有者权益变动表以及附注之间都恢复了清晰的逻辑关系。但利润表与现金流量表之间的逻辑关系仍然处于脱节状态，间接法下现今流量表的编制仍然以净利润为起点，而未以综合收益为起点。从其他综合收益列报的位置来看，它同时列报于资产负债表、利润表、所有者权益变动表，理应含有资本增值信息与损益信息。在资产负债表中，它列报了除投资者投资、留存收益及其他资本增值外的所有情况；在利润表中，它列示了企业日常生产经营活动产生的损益及非日常生产经营活动对当期及未来损益的影响；在所有者权益变动表中，它展示了所有者权益资本增值的结构和具体内容，使投资者了解所有者权益变动的详细情况，获得相关可靠的信息。

针对 2018 年 1 月 1 日起分阶段实施的《企业会计准则第 22 号——金融工具确认和计量》《企业会计准则第 23 号——金融资产转移》《企业会计准则第 24 号——套期会计》《企业会计准则第 37 号——金融工具列报》《企业会计准则第 14 号——收入》，2018 年，财政部印发修订一般企业财务报表格式的通知，此通知规范整合了资产负债表、利润表各项目的列报，其中对综合收益概念的内涵和列报也进行了调整。实施新收入准则和金融工具的企业，资产负债表中新增合同资产、合同负债、持有待售资产、持有待售负债、债权投资、其

他债权投资、其他权益工具投资等项目。就其他综合收益列报本身而言，资产负债表并未发生变化。但是，资产负债表中对金融工具重新分类以及重分类后计入其他综合收益的公允价值变动项目的变动，直接导致利润表中以后会计期间不能重分类进损益的其他综合收益项目和以后会计期间将重分类进损益的其他综合收益项目列报的变化。因此，利润表中在"其他综合收益的税后净额"部分删除与原金融工具准则有关的"可供出售金融资产公允价值变动损益""持有至到期投资重分类为可供出售金融资产损益"等项目，新增了"其他权益工具投资公允价值变动""其他债权投资公允价值变动""金融资产重分类计入其他综合收益的金额""其他债权投资信用减值准备"等项目，并对其他综合收益项目的归类进行了相应的调整。

### 9.3.2 其他综合收益列报后的财务报表有关项目及对应关系

其他综合收益分别列报于资产负债表、利润表和所有者权益变动表，其核算内容主要包括重新计量设定受益计划变动额、权益法下不能转损益的其他综合收益、其他权益工具投资公允价值变动、权益法下可转损益的其他综合收益、其他债权投资公允价值变动、金融资产重分类计入其他综合收益的金额、其他债权投资信用减值准备等。每个其他综合收益项目在核算时会与不同的财务报表项目相对应，并与其他综合收益项目相互印证。其他综合收益对应的财务报表项目如表 9.1 所示。

表 9.1　　　　其他综合收益对应的财务报表项目

| 其他综合收益项目 | 适用准则 | 对应资产负债表项目 | 对应利润表项目 | 对应所有者权益表项目 | 对应现金流量表项目 |
|---|---|---|---|---|---|
| 重新计量设定受益计划变动额 | 《企业会计准则第 9 号——职工薪酬》 | 应付职工薪酬其他综合收益 | 管理费用其他综合收益 | 其他综合收益 | |
| 按照权益法核算的在被投资单位其他综合收益中所享有的份额 | 《企业会计准则第 2 号——长期股权投资》 | 长期股权投资——其他综合收益其他综合收益 | 投资收益其他综合收益 | 其他综合收益 | 处置子公司及其他营业单位收到的现金净额 |

| 其他综合收益项目 | 适用准则 | 对应资产负债表项目 | 对应利润表项目 | 对应所有者权益表项目 | 对应现金流量表项目 |
|---|---|---|---|---|---|
| 以公允价值计量且其变动计入其他综合收益的金融资产 | 《企业会计准则第22号——金融工具确认和计量》 | 其他债权投资其他权益工具投资其他综合收益 | 投资收益其他综合收益 | 其他综合收益 | 收回投资收到的现金取得投资收益收到的现金 |
| 金融资产重分类形成的利得或损失 | 《企业会计准则第22号——金融工具确认和计量》 | 其他债权投资其他权益工具投资 | 投资收益其他综合收益 | 其他综合收益 | 收回投资收到的现金取得投资收益收到的现金 |
| 现金流量套期工具产生的利得或损失中属于有效套期的部分 | 《企业会计准则第4号——套期保值》 | 金融资产类其他综合收益 | 投资收益其他综合收益 | 其他综合收益 | 收回投资收到的现金取得投资收益收到的现金 |
| 外币财务报表折算差额 | 《企业会计准则第19号——外币折算》 | 对应资产、负债项目其他综合收益 | 财务费用其他综合收益 | 其他综合收益外币报表折算差额 | 处置子公司及其他营业单位收到的现金净额 |
| 以公允价值进行后续计量的投资性房地产 | 《企业会计准则第3号——投资性房地产》 | 存货项目投资性房地产其他综合收益 | 公允价值变动损益投资收益其他综合收益 | 其他综合收益 | 处置规定资产、无形资产和其他长期资产收回的现金 |

新准则逐步规定了其他综合收益需在各财务报表中进行列报及其列报的位置、内容、要求。这种列报必然打破报表之间原有的勾稽关系并要求我们重构新的勾稽关系。其他综合收益对资产负债表中资产负债项目的影响,可以与资产负债表中在权益中列报的其他综合收益项目相互印证。其他综合收益项目对利润表其他项目的影响是在其他综合收益项目发生或重分类进损益时,例如外币财务报表折算差额在发生时,计入财务费用或其他综合收益,从而影响净利润和综合收益总额。其他综合收益项目并不影响当期的现金流量,一般是在以

后会计期间可重分类进损益的各项目重分类进损益时才会影响未来重分类期间的现金流量，所以对现金流量表的影响是对未来期间的影响；但对资产负债表和利润表项目的影响，是对本期的影响。如重新计量设定受益计划净负债或净资产导致的变动未来期间不会重分类进损益，所以不会影响未来期间的损益和现金流量。表中只是对主要的其他综合收益项目对应的报表项目进行了列示，还有一些发生比较少的其他综合收益项目没有列示。

### 9.3.3　综合收益列报对财务报表逻辑关系的冲击

#### 9.3.3.1　报表之间的内在逻辑关系

报表使用者最为关注的是企业所掌握的财富价值。资产负债表是反映一个自然人或法人等组织拥有的经济资源以对这些经济资源的终极索取权的报表（谢德仁，2001），通过了解资产负债表中净资产期初期末数，就可以掌握财富的变化。但资产负债表中只有净资产的期初数和期末数，并未涵盖净资产变动的影响因素及金额，所以需要所有者权益变动表来详细说明净资产各组成部分变动的来龙去脉，基于此所有者权益变动表纳入报表体系中。企业净资产的变动源于以下两个原因，一是与所有者之间发生的权益性交易，包括所有者向企业投资和企业向所有者分配利润；二是企业当期的经营业绩，即净利润。随着企业规模和企业形式的变化、外部经济环境日益复杂、交易数量多且交易形式多样，仅仅掌握期初期末净资产的变动，并不能直观了解企业的经营业绩，所以需要一张单独的利润表来详细反映当期经营成果，利润表应运而生。本质上来说，利润表是对所有者权益变动表的一种补充说明，利润表和所有者权益变动表都是对资产负债表中净资产变动的解释。

投资者除了关注企业的盈利能力（净利润为代表）外还关注企业的偿债能力，即使企业拥有大量的资产，但若变现能力差，其仍然面临着破产清算的风险，因为真正能用来偿债的是现金流。由于资产负债表和利润表都以权责发生制为编制基础，造成企业有资产和利润却未必有现金流量的现状。投资者想了解企业的现金流和偿债能力，所以以收付实现制编制的现金流量表被纳入了财务报表体系，长期来看现金流和净利润在数额上应该一致，现金流可以用来衡量净利润的质量，且反映"以现金为编制基础的财务状况变动"（谢德仁，2001）。

利润表由原来的列示净利润到现在的列示综合收益，使财务报表之间的逻辑关系更为紧密，主要体现在资产负债表、所有者权益变动表、利润表之间的勾稽关系更加直接。报表之间的逻辑关系如图 9.1 所示。

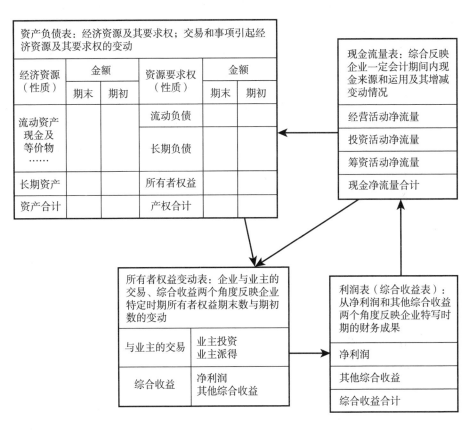

图 9.1　报表之间的逻辑关系

### 9.3.3.2　报表勾稽关系存在的问题

1. 资产负债表与利润表

在以往的利润表中，净利润是对资产负债表中净资产变动的解释。除与所有者之间进行交易导致净资产变化外，净利润能够解释所有净资产的变化。净资产期初期末数的差额为净利润。现行利润表中除了列报净利润还列报其他综合收益和综合收益总额。收益除了包括净利润部分还包括了已确认未实现的利得和损失部分，即其他综合收益，净利润只是收益对净资产变化的部分，取而代之的是用综合收益来解释资产负债表中因收益而引起的净资产的变化。

列报综合收益的举措也打破了传统的报表编制基础、会计计量基础和收益确定模式。现今资产负债中各项资产的计量基础，既有公允价值计量又有历史成本计量。如以公允价值计量的交易性金融资产、以公允价值计量的投资性房地产、以历史成本为计量的固定资产、无形资产等。双重计量模式的选择也是应对日益复杂的经济形势和金融工具创新的一种权衡，传统历史成本计量不能提供资产负债真实相关的信息，完全采用公允价值计量时机又尚未成熟，但是，这种状况给会计确认、计量、列报都带来了不小的困难。利润表中净利润的确定基本上是遵循历史成本计量模式的结果，而列报的其他综合收益则是公允价值计量的结果。传统收益确认遵循的收入费用观、本期营业观也被资产负债观、全面收益观所取代，这种做法增加了会计处理的难度以及对会计报表信息理解的难度。

2. 利润表与现金流量表

现金流量表是反映企业某一时期现金来源、运用以及增减变动的报表。现金流量表与利润表的编制基础不同，但长期来看经营活动产生的现金流量净额应与净利润相等，经营活动产生的现金流量都能流入企业，现金流量与利润同步说明净利润的质量较好。传统现金流量表的编制，可以以净利润为起点通过调整净利润和现金流量的差异项目得出经营活动现金流量，利润表与现金流量表有严格稳定的勾稽关系。按会计准则规定其他综合收益和综合收益总额在利润表列报，其他综合收益虽不影响当期现金流量，但未来会通过重分类进损益的方式影响未来期间业绩和现金流量，综合收益与现金流量具有千丝万缕的联系。然而现有准则规定关于综合收益的列报只涉及了资产负债表、利润表和所有者权益变动表，并未涉及现金流量表。直接法下，各现金流量项目不能与其他综合收益各项目一一对应，无法获取其他综合收益对当期及未来期间现金流量影响的信息，不能像净利润一样用现金流量证明其质量优劣。间接法下，现金流量表的编制仍然以净利润为起点，并未考虑其他综合收益，这与准则全面收益观的思想不符，且以此编制出的现金流量表并未真实反映企业的现金流量状况，与利润表严重脱节。

3. 所有者权益变动表

所有者权益变动表编制的初衷是详细说明净资产各组成部分变动的来龙去

脉，从收益、业主投资、业主派得三个角度解释资产负债表中期初期末净资产的变化，同时提供所有者权益内部结转的信息。但是，以综合收益总额在所有者权益变动表中列示，反映不够详尽和完整，未考虑未来期间不能重分类转入损益的其他综合收益。所有者权益变动表对业主投资、业主派得、所有者权益内部结转的反映方式不存在着争议，但对综合收益的列示方式直接影响所有者权益变动表有用性的发挥。

### 9.3.4 在列报综合收益基础上重构报表间的逻辑关系

#### 9.3.4.1 资产负债表与利润表

新准则颁布后，我国利润表中除列报净利润以外还列报其他综合收益和综合收益总额。随着全面收益观、资产负债观、公允价值计量等的应用，应该逐步转变传统的财务理念，现今净利润已经不能完全解释净资产的变动，而综合收益因为其接近经济收益的内涵而与资产负债表建立起严密的勾稽关系。因为其他综合收益项目在资产负债表中明确列示，所以利润表中其他综合收益发生额可以解释资产负债表中其他综合收益期初期末的变化，综合收益总额可以解释收益引起的净资产期初期末的变化。净利润和其他综合收益共同涵盖了整个资产负债表中因收益导致的净资产的变动信息。

传统的权责发生制、历史成本计量模式已经无法应对日益复杂的经济环境和交易形式，不能提供真实相关的会计信息，公允价值的应用是历史的选择。虽然公允价值计量也存在很多问题，但我们不能也无法回避公允价值计量逐渐成为会计计量的单一计量模式。如今的资产负债表和利润表体现了历史成本和公允价值计量的双重属性，双重计量模式的选择也是应对日益复杂的经济形势和金融工具创新的一种权衡。无论采用何种模式，都是会计计量的手段，资产负债表和利润表的本质逻辑关系不会被完全打破，会经历打破—恢复—再打破—再恢复的过程，资产负债表和利润表之间动态平衡的过程，也是经济发展的过程。其他综合收益和综合收益项目的出现和列报也是经济发展过程的某个阶段，对报表间的逻辑关系的冲击也是一时的，随着在资产负债表中和利润表中列报综合收益、综合收益作为解释净资产变化的主要变量，报表之间会重新建立起严密稳定的逻辑关系。

### 9.3.4.2　利润表与现金流量表

传统净利润与经营活动现金流量净额长期来看应该是一致的，而且在现行经营业绩观的指引下，更注重净利润，因而间接法下编制现金流量表以净利润为起点。间接法将利润表和现金流量表、将净利润和经营活动产生的现金流量联系起来，捋清了利润表和现金流量表之间的勾稽关系，揭示了净利润与经营活动产生净现金流量之间差异的原因，验证净利润的质量，利于信息使用者对企业盈余质量作出判断。但现今利润表不仅列报净利润还列报其他综合收益和综合收益总额，综合收益更全面地解释了收益导致企业净资产的变化，比净利润具有更加丰富的信息。因此，之前以净利润为纽带连接利润表和现金流量表的做法已经不适用，应该以综合收益为纽带使报表间建立起新的逻辑关系。

### 9.3.4.3　资产负债表和所有者权益变动表

虽然准则规定既要在利润表又要在所有者权益变动表列报综合收益相关信息，但利润表中详细列报其他综合收益项目而在所有者权益变动表中只列报综合收益总额的做法并没有增加所有者权益变动表的增量信息。为了提升所有者权益变动表在投资者决策中的作用，发挥所有者权益变动表补充说明资产负债表的本质作用，应科学列报所有者权益各项目本期以及列报前期变动的信息，以为投资者提供决策相关可靠的信息。

## 9.4　基于综合收益的报告体系改进

### 9.4.1　对与综合收益列报有关准则的理解

2009 年 6 月，财政部在其印发的《企业会计准则解释第 3 号》中，首次引入"其他综合收益"和"综合收益"的概念，2014 年财政部印发的《企业会计准则 30 号——财务报表列报》首次在准则中正式规范了综合收益的列报。综合收益概念在我国正式运用仅 10 余年时间，正式列入准则仅 5 年的时间。综合收益在我国是一个新生事物，无论是我国的准则制定机构、学术研究者还是实务工作者，对综合收益的研究和理解都不够深入，这也是综合收益在我国引起讨论和争议的原因之一。

我国准则制定机构主要是出于与国际会计准则趋同的目的，才提出并应用综合收益。提出之初，并未对综合收益概念、构成及应用等问题进行深入研究，也未考虑我国的经济环境、市场状况和投资者特点，更未加强对综合收益的宣传与指导，导致企业对综合收益相关概念理解不够深入，对综合收益列报重视程度不够，质疑引入综合收益的必要性和综合收益信息的有用性，直接造成了综合收益列报混乱的现状。毛志宏、王鹏和季丰（2011）以 2009 年列报综合收益的公司为样本，检验相关政策颁布后其在企业的实施效果。研究结果表明，2009 年，虽然上市公司应准则要求列报了综合收益，但列报内容、格式、位置、时间都不规范，呈现非常混乱的状态。例如，报表间缺乏勾稽关系；混淆其他综合收益事项和净利润事项；混淆其他综合收益和权益性交易事项；其他综合收益涵盖内容不全等。

理论界对综合收益的研究也是追随国际上对此问题研究的脚步，借鉴已有的研究视角，从综合收益的价值相关性、预测性、持续性、契约有用性等角度，用中国数据验证国际学术研究中已得出的结论。由于综合收益在中国的历史较短、企业对综合收益理解不深、对综合收益列报重视程度不够，综合收益信息列报准确性不高。这也解释了为什么不同研究者对综合收益的研究结论相悖的原因。综合收益是否比净利润更具有相关性和预测价值尽管没有统一的结论，但列报综合收益能够提高透明度、降低信息分析成本这一点基本上形成共识。我们认为，会计准则制定机构对综合收益列报的持续性改进，的确起到了提高会计信息透明度、降低信息使用者信息分析成本的作用。

综合收益准则制定的再完善也需要理论界和实务界的正确理解与实施。所以准则制定机构、学术研究者、实务工作者都应该加深对综合收益的理解和研究，否则综合收益的列报不仅不能实现准则制定者提高会计信息决策有用性的目的，还可能误导投资者，使投资者作出错误的决策。本书所提出的基于综合收益的报告体系改进也正是在本书研究的基础上提出的设想，属于探索历程中的阶段性认知，其贡献在于丰富该领域的研究文献、为他人进一步研究综合收益的列报以及列报引起的财务报表勾稽关系优化提供一个可供借鉴的思路。

### 9.4.2　综合收益列报改进设想

2014 年准则颁布后，关于综合收益的列报取得了长足的进步。准则要求在利润表中对其他综合收益分明细项目分别列报、资产负债表中将其他综合收益从资本公积中分离出来单独作为一个项目进行列报以及报表附注中披露其他综合收益各项目及其所得税影响、各项目原计入其他综合收益当期转出计入损益的金额以及各项目的期初和期末余额及发生额等，这一系列规定规范了综合收益的列报，利于报表编制者披露其他综合收益信息，也利于投资者使用其他综合收益信息，能够提高其他综合收益的信息透明度，更好地发挥其他综合收益会计信息的定价功能和治理功能。

### 9.4.2.1 利润表的改进

1. 将"利润表"更名为"利润和其他综合收益表"

FASB 和 IASB 目前发布的最新准则都规定将综合收益作为业绩列报于"损益和其他综合收益表（两表法）"或者列示于单独的"综合收益表（一表法）"，我国 2014 年财政部发布《企业会计准则 30 号——财务报表列报》要求在利润表中列报其他综合收益和综合收益信息，其中其他综合收益按税后净额列示，综合收益按总额列示，二者都在利润表中净利润之下列报，基本遵循了"一表法"。我国 2018 年 6 月又修订并印发了一般财务报表格式，根据新颁布的新金融会计准则重新修改了可重分类和不可重分类进损益的其他综合收益项目。我国现存的利润表不仅包含了净利润信息，还包括其他综合收益税后净额、其他综合收益重分类信息、综合收益总额等信息。

我国《企业会计准则——基本准则》（2006、2014）规定：利润表是反映企业某一会计期间经营成果的会计报表。利润表通过如实反映企业某一会计期间已实现的收入、已发生的费用，已实现的利得和损失为投资者提供企业盈利能力和盈余质量信息，故利润表的编制基本上遵循传统会计收益理论的。现行利润表尽管名称没有变，但其反映的内容却大大拓展，不仅列示了 2014 年前准则颁布前传统利润表的内容，还包括了其他综合收益和综合收益总额信息。现行利润表中除列报利润总额和净利润外，还列报其他综合收益和综合收益总额，这种列报内容的变化并不意味着净利润信息已不具有有用性，而是净利润和其他综合收益的应用各有侧重点，净利润信息反映盈余持续性、已实现性并用来预测企业未来业绩和现金流量，其他综合收益用来反映公允价值波动而产生的利得与损失并披露企业面临的风险信息。二者并不是相互替代关系，而是相互补充相互印证，以提高整体信息的透明度和决策有用性。

既然现行利润表涵盖了净利润和其他综合收益两大类项目，继续沿用"利润表"的表名已名不符实。理论上讲，将其更名为"综合收益表"或"利润和其他综合收益表"更贴切。"综合收益表""利润和其他综合收益表"虽然都能恰当体现现行利润表所反映的内容，但不同的表名则体现出报表设计者的不同设计理念、设计意图并向报表使用者传递了不同的信息。"综合收益表"表名向报表使用者传递了这样的信息：本报表列示的是综合收益及其构成的信息，净利润和其他综合收益两大类信息在服务于报表使用者的决策和解决委托代理过程中同等重要；"利润和其他综合收益表"则向报表使用者们传递如下信息：该表尽管包括净利润和其他综合收益两大类信息，但它们在决策和业绩评价过程中的作用是不同的，净利润及其构成信息是决策和业绩评价的主要信息源，其他综合收益信息是决策和业绩评价的次要信息源。鉴于其他综合收益的波动性以及目前尚未有成熟的分析方法，本书认为，将"利润表"更名为"利润和其他综合收益表"更恰当。

2. "利润和其他综合收益表"列报内容的改进

除了将"利润表"更名为"利润和其他综合收益表"外，更名后的报表其他综合收益项目列报方式也应做相应改变。准则制定机构以及有关文献对其他综合收益是否需要重分类存在两种不同的观点：一种观点是其他综合收益项目最终均应转为损益，不应划分为以后期间"不能重分类进损益"和"将重分类进损益"两类；另一种观点支持其他综合收益重分类，将其他综合收益按将来是否能转入损益划分为以后期间"不能重分类进损益"和"将重分类进损益"两类。本书支持划分两类的作法，并认为以后期间"不能重分类进损益"和"将重分类进损益"两类其他综合收益的划分标准是某项其他综合收益最终是否影响现金流。报表体系应针对上述两类其他综合收益项目采用不同的列示方法，将以后期间"将重分类进损益"的其他综合收益项目在利润和其他综合收益表中详细列示；以后期间"不能重分类进损益"的其他综合收益项目在所有者权益变动表中列示，利润和其他综合收益表中只列示该类其他综合收益的总额，而不列示具体项目金额。"将重分类进损益"的其他综合收益项目是真正意义上的已确认但未实现的损益，这部分损益与净利润（已确认并已实现的损益）一并列示于利润和其他综合收益表能够反映利润的全貌以及其他综合收益项目对未来利润的影响，提高盈利的预测价值。利润和其他综合收益表中列示的这些项目也正是上章所论述的以综合收益为基础的评价指标体系中的"综合收益"信息，既方便报表分析者进行以传统的盈利为基础的财务分析时从中获取净利润相关信息，也便于他们进行以综合收益为基础的财务分析时从中获取综合收益相关信息。

以后期间"不能重分类进损益"的其他综合收益项目实质上属于《企业会计准则——基本准则》中的"直接计入所有者权益的利得和损失"，这类项目"不应计入当期损益"，但会导致所有者权益发生增减变动、与所有者投入资本或者向所有者分配利润无关。因此，将以后期间"不能重分类进损益"的其他综合收益项目绕过利润和其他综合收益表而直接在所有者权益变动表中列示更符合其他综合收益不可重分类项目的特征。改进后的利润和综合收益表如表 9.2 所示[①]。

表 9.2　　　　　　　　　　　利润和综合收益表

编制单位：　　　　　　　年　月　日　　　　　　　金额单位：

| 项目 | 本年 | 上年 |
|---|---|---|
| 一、营业收入 | | |
| 减：营业成本 | | |
| 　其中：营业成本 | | |
| 　　税金及附加 | | |
| 　　销售费用 | | |
| 　　管理费用 | | |
| 　　研发费用 | | |
| 　　财务费用 | | |
| 　　其中：利息费用 | | |
| 　　　利息收入 | | |
| 　　资产减值损失 | | |
| 　加：其他收益 | | |
| 　投资收益（损失以"－"号填列） | | |
| 　　其中：对联营企业和合营企业投资收益 | | |
| 　公允价值变动损益（损失以"－"号填列） | | |
| 　资产处置收益（损失以"－"号填列） | | |

---

①　本书所提出的综合收益列报改进建议除特殊说明外，是基于我国财政部 2018 年 6 月修订并印发的一般财务报表格式（适用于未执行新金融准则、新收入准则和新租赁准则的企业）提出的。

| 项目 | 本年 | 上年 |
|---|---|---|
| 二、营业利润（损失以"－"号填列） | | |
| 加：营业外收入 | | |
| 减：营业外支出 | | |
| 三、利润总额（亏损总额以"－"号填列） | | |
| 减：所得税费用 | | |
| 四、净利润（净亏损以"－"号填列） | | |
| （一）持续经营净利润（净亏损以"－"号填列） | | |
| （二）中值经营净利润（净亏损以"－"号填列） | | |
| 五、将重分类进损益的其他综合收益的税后净额 | | |
| 1、权益法下可转损益的其他综合收益 | | |
| 2、可供出售金融资产公允价值变动损益 | | |
| 3、持有至到期投资重分类为可供出售金融资产损益 | | |
| 4、现金流量套期损益的有效部分 | | |
| 5、外币财务报表折算差额 | | |
| …… | | |
| 六、净利润与将重分类进损益的其他综合收益税后净额合计 | | |
| 七、不能重分类进损益的其他综合收益 | | |
| 八、综合收益总额 | | |
| 九、每股收益： | | |
| （一）基本每股收益 | | |
| （二）稀释每股收益 | | |

### 9.4.2.2 现金流量表中的改进

其他综合收益是未实现的利得和损失，是由于市场因素变化导致价格波动并用公允价值计量模式所产生。其他综合收益虽具有临时性和波动性，但其金额的变化并不会引起本期收益及现金流量的波动，所以准则制定者和理论研究者在研究其他综合收益列报时非常注重其他综合收益在业绩报表中的列报，并没有提及其他综合收益对现金流量表的影响。然而，其他综合收益会通过重分类进损益影响未来期间的业绩及现金流量，而且本期损益和现金流是上期其他综合收益影响后的结果，所以其他综合收益与现金流量表具有千丝万缕的联系。

现有国内外会计准则关于其他综合收益和综合收益的列报鲜少有提及现金流量表，虽然利润和其他综合收益表中已列报了其他综合收益和综合收益总额，但间接法下现金流量表的编制还是以净利润为起点，利润和其他综合收益表与现金流量表因为其他综合收益的列报而打破了原有的内部逻辑关系。原因有三：第一，存在一些不影响现金流量的其他综合收益项目，因而其他综合收益的列报不影响现金流量表。如重新计量设定受益计划净负债或净资产的变动既不会重分类进损益也不影响未来损益和现金流量；如外币报表折算差额虽能重分类进损益，但也不影响现金流量项目。第二，其他综合收益项目庞杂，涉及种类众多现金流量项目。例如，非金融企业因出售可供出售金融资产转出其他综合收益会增加现金流量，涉及收回投资收到的现金；若金融企业的可供出售金融资产出售，可能计入经营活动从而产生现金流量；出售以公允价值后续计量的投资性房地产形成的现金流可能计入收回投资形成的现金流。第三，其他综合收益会通过影响企业未来盈余从而影响现金流量，但影响的时间不确定。其他综合收益重分类进损益的时间受管理层持有意图、外部环境变化及企业内部财务管理需要的影响。不能准确预测其他综合收益对现金流影响的会计期间，金额受其影响的程度大小也很难确定。所以，尽管其他综合收益列报影响现金流，但因为影响的现金流项目、影响的时间、影响的金额不确定，从而很难将其他综合收益列报与现金流量表建立起清晰的勾稽关系。

通过表内完整的列报综合收益及其构成对现金流的影响能够提高会计信息的透明度并有助于判断未来现金流和企业价值，这一点不存在争议。国内外准则制定者应该在理论层面和准则应用层面，制定切实可行的、其他综合收益在现金流量表中的列报方式，使其他综合收益与现金流量表建立起科学合理的联系，有助于投资者进行业绩和现金流量预测。

现行准则体系将其他综合收益划分为以后期间"不能重分类进损益的其他综合收益"和"将重分类进损益的其他综合收益"两大类。将重分类进损益的其他综合收益在未来符合一定条件时可转入净利润，并影响未来现金流。为完善现有报表体系的勾稽关系，展示净利润和将重分类进损益的其他综合收益与现金流的关系，我们认为，现金流量表中的补充资料部分应列报将重分类进损益的其他综合收益各项目对现金流量的影响，以净利润和可重分类进损益的其他综合收益为起点进行现金流量表的编制。

改进的现金流量表补充资料中，"将净利润与将重分类进损益的其他综合收益税后净额合计调节为经营活动现金流量"的具体调节方法可以采用以下两种。

（1）不改变现有现金流量表补充资料中将净利润调节为经营活动现金流量的方法，而是在现有调节项目为基础，加上将重分类进损益的其他综合收益税后净额，将净利润与将重分类进损益的其他综合收益税后净额合计调节为经营活动现金流量。这种列报方式下改进后的现金流量表如表9.3所示。

表9.3 现金流量表

编制单位：　　　　　　　　　　年　月　日　　　　　　　　金额单位：

| 项目 | 本期金额 | 上期金额 |
|---|---|---|
| 1. 将净利润与将重分类进损益的其他综合收益税后净额合计调节为经营活动现金流量 | | |
| 加：计提的资产减值准备 | | |
| 固定资产折旧 | | |
| 无形资产摊销 | | |
| 长期待摊费用摊销 | | |
| 处置固定资产、无形资产和其他长期资产的损失（减：收益） | | |
| 固定资产报废损失 | | |
| 公允价值变动损益 | | |
| 财务费用 | | |
| 预计负债增加 | | |
| 投资损失（减：收益） | | |
| 递延税款贷项（减：借项） | | |
| 存货的减少（减：增加） | | |

续表

| 项目 | 本期金额 | 上期金额 |
|---|---|---|
| 经营性应收项目的减少（减：增加） | | |
| 经营性应付项目的增加（减：减少） | | |
| 权益法下可转损益的其他综合收益的减少（减：增加） | | |
| 可供出售金融资产公允价值变动损益 | | |
| 持有至到期投资重分类为可供出售金融资产损益 | | |
| 现金流量套期损益的有效部分 | | |
| 外币财务报表折算差额 | | |
| 2. 不涉及现金收支的投资和筹资活动 | | |
| 债务转为资本 | | |
| 一年内到期的可转换公司债券 | | |
| 融资租入固定资产 | | |
| 3. 现金及现金等价物净增加情况 | | |
| 现金的期末余额 | | |
| 减：现金的期初余额 | | |
| 加：现金等价物的期末余额 | | |
| 减：现金等价物的期初余额 | | |
| 现金及现金等价物净增加额 | | |

（2）将"净利润与将重分类进损益的其他综合收益税后净额"视为一个整体将其调节为经营活动现金流量。对于未执行新收入准则和金融工具准则的企业，将公允价值变动损益与可供出售金融资产公允价值变动损益两项目合并为一个项目，并将项目名称改为"公允价值变动"；对于已执行新收入准则和金融工具准则的企业，将"其他债权投资公允价值变动"与原"公允价值变动损益"两个项目合为一个项目，并将项目名称改为"公允价值变动"；将"其他债权投资信用减值准备"与"计提的资产减值准备"合为一个项目，并将项目名称改为"计提的减值损失"。这种列报方式下改进后的现金流量表如表9.4所示。

表 9.4　　　　　　　　　　　　**现金流量表**

编制单位：　　　　　　　年　月　日　　　　　　金额单位：

| 项目 | 本期金额 | 上期金额 |
|---|---|---|
| 1. 将净利润与将重分类进损益的其他综合收益税后净额合计调节为经营活动现金流量 | | |
| 加：计提的资产减值准备 | | |
| 固定资产折旧 | | |
| 无形资产摊销 | | |
| 长期待摊费用摊销 | | |
| 处置固定资产、无形资产和其他长期资产的损失（减：收益） | | |
| 固定资产报废损失 | | |
| 公允价值变动 | | |
| 财务费用 | | |
| 预计负债增加 | | |
| 投资损失（减：收益） | | |
| 递延税款贷项（减：借项） | | |
| 存货的减少（减：增加） | | |
| 经营性应收项目的减少（减：增加） | | |
| 经营性应付项目的增加（减：减少） | | |
| 权益法下可转损益的其他综合收益的减少（减：增加） | | |
| 持有至到期投资重分类为可供出售金融资产损益 | | |
| 现金流量套期损益的有效部分 | | |
| 外币财务报表折算差额 | | |
| 2. 不涉及现金收支的投资和筹资活动 | | |
| 债务转为资本 | | |
| 一年内到期的可转换公司债券 | | |
| 融资租入固定资产 | | |

综合收益信息运用与列报

续表

| 项目 | 本期金额 | 上期金额 |
|---|---|---|
| 3. 现金及现金等价物净增加情况 | | |
| 现金的期末余额 | | |
| 减：现金的期初余额 | | |
| 加：现金等价物的期末余额 | | |
| 减：现金等价物的期初余额 | | |
| 现金及现金等价物净增加额 | | |

　　两种方法各有特点，方法一实际上是分两个层次列示，即将净利润与经营现金流的关系和将重分类进损益的其他综合收益税后净额与经营活动现金流量关系分两个层次列示；方法二是将净利润与将重分类进损益的其他综合收益税后净额看作一个整体，将净利润与经营现金流的关系和将重分类进损益的其他综合收益税后净额对经营活动现金流量的关系作为一个整体进行列示，使报表更简捷。鉴于净利润和将重分类进损益的其他综合收益税后净额与经营活动现金流量的关系强弱不同、净利润对未来现金流的预测能力强于将重分类进损益的其他综合收益税后净额对未来现金流的预测能力，我们认为改进后的现金流量表采用方法一的列报方式更合适。

### 9.4.2.3　所有者权益变动表的改进

　　改进后的利润和其他综合收益表只列示将重分类进损益的其他综合收益项目的税后净额，对不能重分类进损益的其他综合收益项目只列示其税后总额。不能重分类进损益的其他综合收益各项目的税后净额列示于所有者权益变动表。不能重分类进损益的其他综合收益实质上是因公允价值变动导致的已确认但未实现的那部分直接计入所有者权益的利得和损失，现行利润和其他综合收益表虽对其进行详细列示，但最终也未能进入净利润，而是作为所有者权益内部结转事项列示于所有者权益变动表。因此，我们认为将不能重分类进损益的其他综合收益项目在结转之前也列示于所有者权益变动表是恰当的选择。改进后的所有者权益变动表如表 9.5 所示。

**所有者权益变动表**

表 9.5

| 项目 | 本年金额 | | | | | | | 上年金额 | | | | | | |
|---|---|---|---|---|---|---|---|---|---|---|---|---|---|---|
| | 实收资本（或股本） | 其他权益工具 | 资本公积 | 减：库存股 | 盈余公积 | 未分配利润 | 所有者权益合计 | 实收资本（或股本） | 其他权益工具 | 资本公积 | 减：库存股 | 盈余公积 | 未分配利润 | 所有者权益合计 |
| 一、上年年末余额 | | | | | | | | | | | | | | |
| 加：会计政策变更 | | | | | | | | | | | | | | |
| 前期差错更正 | | | | | | | | | | | | | | |
| 二、本年年初余额 | | | | | | | | | | | | | | |
| 三、本年增减变动金额 | | | | | | | | | | | | | | |
| （一）综合收益总额 | | | | | | | | | | | | | | |
| 其中：不能重分类进损益的其他综合收益税后净额 | | | | | | | | | | | | | | |
| （1）重新计量设定收益计划变动额 | | | | | | | | | | | | | | |

| 项目 | 本年金额 | | | | | | | 上年金额 | | | | | | |
|---|---|---|---|---|---|---|---|---|---|---|---|---|---|---|
| | 实收资本（或股本） | 其他权益工具 | 资本公积 | 减：库存股 | 盈余公积 | 未分配利润 | 所有者权益合计 | 实收资本（或股本） | 其他权益工具 | 资本公积 | 减：库存股 | 盈余公积 | 未分配利润 | 所有者权益合计 |
| （2）权益法下不能转损益的其他综合收益 | | | | | | | | | | | | | | |
| …… | | | | | | | | | | | | | | |
| （二）所有者投入和减少资本 | | | | | | | | | | | | | | |
| 1.所有者投入资本 | | | | | | | | | | | | | | |
| 2.股份支付计入所有者权益的金额 | | | | | | | | | | | | | | |
| 3.其他 | | | | | | | | | | | | | | |
| （三）利润分配 | | | | | | | | | | | | | | |
| 1.提取盈余公积 | | | | | | | | | | | | | | |
| 2.对所有者（或股东）的分配 | | | | | | | | | | | | | | |

| 项目 | 本年金额 | | | | | | | 上年金额 | | | | | | |
|---|---|---|---|---|---|---|---|---|---|---|---|---|---|---|
| | 实收资本（或股本） | 其他权益工具 | 资本公积 | 减：库存股 | 盈余公积 | 未分配利润 | 所有者权益合计 | 实收资本（或股本） | 其他权益工具 | 资本公积 | 减：库存股 | 盈余公积 | 未分配利润 | 所有者权益合计 |
| 3. 其他 | | | | | | | | | | | | | | |
| （四）所有者权益内部结转 | | | | | | | | | | | | | | |
| 1. 资本公积转增资本（或股本） | | | | | | | | | | | | | | |
| 2. 盈余公积转增资本（或股本） | | | | | | | | | | | | | | |
| 3. 盈余公积弥补亏损 | | | | | | | | | | | | | | |
| 4. 设定受益计划变动额结转留存收益 | | | | | | | | | | | | | | |
| 5. 其他综合收益结转留存收益 | | | | | | | | | | | | | | |
| 6. 其他 | | | | | | | | | | | | | | |
| 四、本年年末余额 | | | | | | | | | | | | | | |

### 9.4.2.4 资产负债表的改进

上面对利润表、现金流量表、所有者权益变动表的改进提出了我们的建议。为了强化上述报表与资产负债表的勾稽关系，我们建议在资产负债表所有者权益节中的"其他综合收益"项目下分别列示"将重分类进损益的其他综合收益"和"不能重分类进损益的其他综合收益"，从而使资产负债表中其他综合收益信息的透明度更高，并提高资产负债表与改进后的其他报表之间的勾稽关系。改进后的资产负债表（所有者权益节）如表9.6所示。

表9.6　　　　　　　　资产负债表（所有者权益节）

| 所有者权益（或股东权益） | 期末余额 | 年初余额 |
|---|---|---|
| 实收资本（或股本） | | |
| 其他权益工具 | | |
| 　其中：优先股 | | |
| 　　　　永续债 | | |
| 资本公积 | | |
| 减：库存股 | | |
| 其他综合收益 | | |
| 　其中：将重分类进损益的其他综合收益 | | |
| 　　　　不能重分类进损益的其他综合收益 | | |
| 盈余公积 | | |
| 未分配利润 | | |
| 所有者权益（或股东权益）合计 | | |
| 负债和所有者权益（或股东权益）总计 | | |

### 9.4.2.5 细化附注的列报内容

附注是对表内信息作出进一步的补充或解释。FASB在财务会计概念公告第8号（SFAC8）中指出，表内信息只是财务信息的一部分，有相当一部分财务信息最适合或者只能通过表外附注的方式来披露。与报表信息一样，附注的内容与方式也必须与财务会计的目标保持高度一致。新准则对在附注中披露的其他综合收益各项目的格式、内容进行了清晰明了的规定，与新准则发布之前披露格式不固定、披露内容各异相比，有助于企业提供更可比、相关、可靠的会计信息。但在现有的附注中披露的其他综合收益也存在一些问题：一是增量信息不足。附注披露的其他综合收益各项目按是否能重分类进损益分别列报，与利润和其他综合收益表相关信息一致，虽增强了附注与利润和其他综合收益表的勾稽关系，但也导致了信息重复，除了列报了前期计入其他综合收益及当期转入损益的增量信息以外，其他信息都可以在其他报表中搜集到；同时，在利润和其他综合收益表中可重分类进损益的项目，除了明确列举的几项以外还有"其他"项，应包括采用公允价值进行后续计量的投资性房地产公允价值变动等，这些在附注中应该详细说明，但有些企业并未在附注中披露相关内容。二是若其他综合收益各项目本期没有发生额，附注中基本未有决策相关信息。因此，附注中除了披露可以在其他报表中搜集到的信息以外，还应该披露更详细更相关的信息，如各项目以前期间的累计影响额、除准则列举出的其他综合收益项目外，其他项目的期初数、期末数、发生额（如以公允价值计量的投资性房地产）、若其他综合收益某项目波动较大，应简要说明变动的原因及对报表的影响等。如此，可以增强附注提供信息的相关性、完整性和可比性，使附注不只是流于形式，还能真正起到增强信息透明度的作用。

# 第10章
## 结论及对策建议

## 10.1 研究结论

### 10.1.1 综合收益的起源与概念界定

#### 10.1.1.1 综合收益的起源

综合收益的起源应追溯到企业会计目标重心的变化,从传统的委托代理到决策有用观的转变,要求会计从追求传统收入费用观下的盈余到追求股东财富的增加。资产负债观的收益能够真正体现经济学意义上的"财富增加"。资产负债观强调资产和负债的定义、确认与计量,并依据资产负债变化来确认收益。这意味着收益不仅包括传统的净收益,还包括因公允价值变动导致的已确认但未实现的资产负债持有利得和损失,即其他综合收益。由此综合收益应运而生。

#### 10.1.1.2 综合收益概念界定

基于理论视角,综合收益概念界定有三个路径:内在本质、外在特征、列举描述,但它们各自具有优劣势。基于准则制定视角,FASB 和 IASB 既没有将综合收益作为一个单一体来界定,也未通过严格定义净利润和其他综合收益来界定综合收益,而是采取了与国际财务报告准则基本一致的做法,利用传统收益加已出现的其他综合收益项目的方法对综合收益进行界定。综合收益概念界定存在多种途径,我们应该改变采取排除法定义其他综合收益的现状,从正面探讨其他综合收益的经济实质与内涵,使其转化为具有可确认性和可计量性的会计指标。

### 10.1.2 综合收益研究进展与不足

#### 10.1.2.1 研究进展

自 1980 年 12 月，FASB 在《财务会计概念公告第 3 号——企业财务报表的要素》（SFAC3）将综合收益纳入财务报表要素以后，各国会计准则制定机构和国际组织对综合收益列报等问题进行了持续不懈的研究。2014 年和 2018 年国内准则制定机构及国际准则理事会相继颁布了《企业会计准则 30 号——财务报表列报》和《财务报告概念框架》。《企业会计准则 30 号——财务报表列报》重新对其他综合收益的概念进行了解释性定义，并将其他综合收益各项目的调整纳入利润表的披露事项之中。而在新的《财务报告概念框架》中，国际会计准则理事会（2018）对其他综合收益的定义是：其他综合收益包括所有剩余收入或支出。因此，与该资产或负债相关的累计其他综合收益等于以下两项之间的差额：（1）财务状况表中资产或负债的账面值；（2）损益表采用的计量基础所确定的账面金额。关于综合收益信息特征、列报位置及其在企业估值、风险判断及业绩评价中的运用已有了丰富的研究成果。

学术界对综合收益问题的研究主要涉及综合收益信息特征（价值相关性、持续性、预测能力）、应用与评价、其他综合收益的重分类等方面，也有学者对综合收益能否提高盈余透明度问题进行了研究。

#### 10.1.2.2 研究不足

准则制定机构及学术界未从正面规范综合收益的确认与计量，更多的是关注其他综合收益各项目的列报，目前仍以"净利润＋其他综合收益"的过渡性模式进行综合收益信息披露。

学术界对综合收益报告的研究是不全面的。现有文献虽进行了综合收益报告位置与重分类研究，但尚未进行金额列示方法的信息含量研究；国外文献对于综合收益的信息增量、持续性和预测能力的结论是矛盾的，不利于综合收益信息决策有用性发挥；现有文献缺乏对综合收益信息在业绩评价中应用的研究。

### 10.1.3 综合收益信息的投资决策有用性

#### 10.1.3.1 综合收益的价值相关性

价值相关性反映会计盈余信息对于股价或收益的解释能力。显然，净利润具有较强的价值相关性。随着会计准则的逐渐趋同，相关制度的逐渐完善，以及其他综合收益项目的增多带来更多投资者关注，其他综合收益信息的价值相关性也显著提升。本书的相关研究结果发现，利用价格模型和收益模型，其他综合收益整体的价值相关性存在差异。这一方面可能是模型设置的差异所致，更多的则是因为其他综合收益不同项目间的价值相关性不同，导致互相之间存在抵销。但至少其他综合收益是具有信息含量的。尤其是从 2014 年开始，《企业会计准则 30 号——财务报表列报》对综合收益的列报与披露作出了更详尽的规范，要求企业不仅要在利润表中披露其他综合收益及其具体组成部分的当期发生额，同时还要在资产负债表中增加列示"其他综合收益"项目。这一举措大大提高了信息的透明度，使报表间的勾稽关系增强，势必会在更大程度上增强综合收益或其他综合收益的价值相关性。

### 10.1.3.2　综合收益的预测能力

总体而言综合收益总额具有显著的预测能力。但对于不同的预测指标、预测期间及不同的行业，综合收益的预测能力存在略微差别。当预测指标是净利润时，在金融行业，当期及上期的综合收益均表现出显著的预测能力；但在非金融行业，未发现当期综合收益与当前净利润的显著关系。当预测指标是经营活动现金流时，在非金融行业，当期及上期综合收益（滞后两期的综合收益发现了相似的结果）均表现出显著的预测能力；而金融企业，只有当期综合收益才能够预测现金流。另外，借助 2014 年《企业会计准则 30 号——财务报表列报》这一外生事件，本书发现准则制定前后，不同的其他综合收益列报方式对其预测能力产生了重大影响。其他综合收益具体项目列示于所有者权益表改为其他综合收益同利润总额一起列示于利润表以后，显著提高了其预测未来盈利及现金流方面的能力。

本书的结果表明，在价值相关性及预测能力方面，净利润、综合收益、其他综合收益均表现出了信息含量，具有决策有用性。净利润的决策有用性最强，总体上超过综合收益总额及其他综合收益。但这并不表明其他综合收益不能提供增量信息。在利润表中详细列报其他综合收益的具体项目，能够增强投资者对其他综合收益信息的关注，提高会计信息的价值相关性和预测能力。这一研究结论对完善我国的财务报告体系具有重要意义。

### 10.1.4　综合收益信息的信贷决策有用性

在综合收益的两部分构成中，其他综合收益波动性能够提示企业信用风险，从而为债权人决策提供增量信息。（1）由于其他综合收益涵盖了受汇率、公允价值变动等外部因素影响的项目，其变动会反映出企业面临的信用风险以及为应对风险所采取措施而产生的影响和效果。其他综合收益波动性能够向债权投资者传递企业的风险信息，体现了该会计信息具有风险相关性，风险提高表现在债券契约制定中则对应更高的债务融资成本。（2）其他综合收益波动性的增加，降低了债权人对贷款安全收回的预期，为了避免利益受损，债权人会在接收到波动性加剧的信息后减少提供给企业的借款规模。（3）其他综合收益波动性可以反映信用风险，当与其他综合收益相关资产的波动性增大时，会带来信用评级的反向变化。

### 10.1.5　综合收益、盈余透明度和信息分析成本

2015 年国际会计准则理事会概念框架征求意见稿认为净利润是盈余信息的 Primary Source，其他综合收益则是 Secondary Source，提高了盈余的透明度。我们验证了综合收益通过提高会计信息的盈余透明度、降低信息分析成本，从而提高了会计信息的价值相关性，实现了理论研究与会计准则的统一。我们发现，其他综合收益信息的披露能够增加分析师跟踪数量，提高分析师预测质量（减小预测分歧，提高预测准确性）。并且在 CAS2014 新准则实施后，有其他综合收益发生的企业，其信息透明度得到了更大幅度的提高，表现为更多的分析师跟踪数量、更高的预测准确性及股价同步性，这说明新准则的实施会给那些有其他综合收益公司更大的触动。本书的研究结果表明，与在所有者权益变动表列示相比，在利润表中列示综合收益的全部内容能够提高分析师的信息关注度，显著提高会计信息透明度，提高预测的准确度。

另外，公司所处透明度水平的差异会对其他综合收益信息列示与股价同步性的关系产生不同影响。在公司信息环境较差时，其他综合收益信息列示与股价同步性正相关；而当公司信息环境较好时，额外的其他综合收益信息列示会降低股价同步性，这对于以往关于透明度与股价同步性不一致的研究结论是一个调和。

### 10.1.6　综合收益运用于业绩评价研究

在传统的薪酬业绩评价模型中，我们加入其他综合收益，以检测其是否用于高管业绩。我们发现，与以往研究结论一致，净利润的薪酬业绩敏感性显著高于"净利润＋其他综合收益"的薪酬业绩敏感性。这与我国大多数企业的高管业绩评价实践相符，即其他综合收益还未纳入绩效评价体系，以"净利润＋综合收益"为基础构建的指标体系还未有在业绩评价中得到有效运用。不过，其他综合收益对于前瞻性绩效指标和高管薪酬设计具有调节效果，即企业所有者通过在设计高管薪酬合约时考虑其他综合收益，将未来现金流量波动可能对高管绩效水平带来的影响体现在当期激励中，避免管理层短视行为的发生。

以净利润为基础的业绩评价体系在决策、分析、管控以及高管薪酬管理中起着重要的作用，仍然是占主导地位的指标体系。构建以综合收益为基础的业绩评价指标体系作为现有指标体系的补充，并与现有指标体系进行对比分析，将有助于提升账务分析的准确度和前瞻性。本书尝试性地研究了以综合收益为基础的业绩评价体系，作为对当前财务分析指标的补充。

### 10.1.7　综合收益概念框架研究

#### 10.1.7.1　建立支持综合收益确认和计量的概念框架

目前国内通用的做法都是采用"净利润＋其他综合收益"来列报综合收益，并且大部分只对其他综合收益各项目如何列报和披露进行了规范。但是，站在资产负债观的角度，综合收益应由收入、费用、利得和损失四个部分构成，"净利润＋综合收益"的列报方式无疑是对资产负债观的一种割裂。从正面定义综合收益，建立综合收益的概念框架，是将综合收益全部项目以会计要素的方式进行确定和计量的基础。

FASB将综合收益作为会计要素之一纳入财务会计概念框架，不仅定义了综合收益的概念，还从经济实质的角度追溯了综合收益的产生原因，认为综合收益由收入、费用、利得、损失四个要素组成。我国即使在2014年修订的基本准则中，也没有将综合收益纳入概念框架体系。

#### 10.1.7.2　综合收益概念框架构建

综合收益概念框架作为财务会计概念框架的子集，其会计假设和基本原则与财务会计概念框架一致。构建综合收益概念框架应该以综合收益报告目标作为逻辑起点，从正面进行概念的界定，提炼出信息质量特征，并进一步探讨各具体项目的认定标准以及综合收益确认和计量依据等，从理论角度认识综合收益信息的内在经济实质和报表使用者使用综合收益信息的决策机理。

### 10.1.8　综合收益报告体系

#### 10.1.8.1　利润表的改进

1. 将"利润表"更名为"利润和其他综合收益表"

FASB 和 IASB 目前发布的最新准则规定，综合收益可采用两种方式进行列报。可以分成两块列示于"利润表"和"其他综合收益表"中，简称"两表法"，或者列示于单独的一张"综合收益表"中。我国财政部 2014 年发布《企业会计准则 30 号——财务报表列报》规定应在利润表中净利润下边单独列报其他综合收益各项目分别扣除所得税影响后的净额和综合收益总额，基本遵循了"一表法"。我国 2018 年 6 月又修订并印发了一般财务报表格式，根据新颁布的新金融会计准则重新修改了可重分类和不可重分类进损益的其他综合收益项目。我国现存的利润表不仅包含了净利润信息，还包括其他综合收益税后净额、"不能重分类进损益的其他综合收益"和"将重分类进损益的其他综合收益"、综合收益总额等信息。

从现行利润表的内容和项目构成看，继续沿用"利润表"的表名已不妥当，可供选择的名称有"综合收益表"或"利润和其他综合收益表"。"综合收益表""利润和其他综合收益表"虽然都能恰当体现现行利润表所反映的内容，但不同的名称体现出报表设计者的不同意图并向报表使用者传递着不同的信息。"综合收益表"隐含的意图是：本报表列示的是综合收益及其构成的信息，服务于报表使用者的决策和解决委托代理问题；"利润和其他综合收益表"隐含的意图是：本报表在原利润表的基础上列示了其他综合收益的内容，报表使用者在决策和业绩评价过程中，将净利润及其构成信息作为主信息源的同时，也应充分考虑其他综合收益信息。鉴于此，本书建议将"利润表"更名为"利润和其他综合收益表"。

2. "利润和其他综合收益表"列报内容的改进

"利润表"的名称更改为"利润和其他综合收益表"之后，与之对应，其他综合收益具体项目的列报方式也应作出调整。尤其是存在较大争议的可重分类进损益及不可重分类进损益的其他综合收益。关于这两类项目的列报，准则制定机构以及有关文献存在两种不同的观点：一种观点是其他综合收益项目最终均应转为损益，不应划分以后期间"不能重分类进损益"和"将重分类进损益"两类；另一种观点支持将其他综合收益划分以后期间"不能重分类进损益"和"将重分类进损益"两类。本书支持划分两类的作法，并认为以后期间"不能重分类进损益"和"将重分类进损益"两类其他综合收益的划分标准是某项其他综合收益最终是否影响现金流。报表体系应针对上述两类其他综合收益项目采用不同的列示方法，将以后期间"将重分类进损益"的其他综合收益项目在利润和其他综合收益表中详细列示，并在利润和其他综合收益表中列示"不可重分类进损益"的其他综合收益总额；对于"不可重分类进损益"的其他综合收益具体项目及金额则在所有者权益变动表中进行列示。"可重分类进损益"的其他综合收益项目是真正意义上已确认但未实现的损益，这部分损益与净利润（已确认并已实现的损益）一并列示能够反映利润的全貌以及其他综合收益项目对未来利润的影响，提高盈利的预测价值。利润和其他综合收益表中列示的这些项目也正是上章所论述的以综合收益为基础的评价指标体系中的"综合收益"信息，既方便报表分析者进行以传统的盈利为基础的财务分析时从中获取净利润相关信息，也便于他们进行以综合收益为基础的财务分析时从中获取综合收益相关信息。而由于"不可重分类进损益"的项目最终不具有盈余的特征，将其列示于所有者权益变动表更符合其不可重分类的特征。

### 10.1.8.2　现金流量表中的改进

现行准则体系按照其他综合收益是否可重进类损益将其他综合收益划分为两类，一类可重分类进损益，一类不可重分类进损益。可重分类进损益的其他综合收益在未来符合一定条件时可转入净利润，并影响未来现金流。为完善现有报表体系的勾稽关系，展示净利润和将重分类进损益的其他综合收益与现金流的关系，我们建议，现金流量表中的补充资料部分应列报将重分类进损益的其他综合收益各项目对现金流量的影响，以净利润和可重分类进损益的其他综合收益为起点进行现金流量表的编制。

现金流量表补充资料中，"将净利润与重分类进损益的其他综合收益税后净额合计调节为经营活动现金流量"的具体调节方法有两种。一是不改变现有现金流量表补充资料中将净利润调节为经营活动现金流量的方法，而是在现有调节项目的基础上，加上将重分类进损益的其他综合收益税后净额，将净利润与将重分类进损益的其他综合收益税后净额合计调节为经营活动现金流量。二是将"净利润与将重分类进损益的其他综合收益税后净额"视为一个整体将其调节为经营活动现金流量。

两种方法各有特点，方法一实际上是分两个层次列示，即将净利润与经营现金流的关系和将重分类进损益的其他综合收益税后净额与经营活动现金流量的关系分两个层次列示；方法二是将净利润与将重分类进损益的其他综合收益税后净额看作一个整体，将净利润与经营现金流的关系和将重分类进损益的其他综合收益税后净额对经营活动现金流量的关系作为一个整体进行列示，使报表更简捷。鉴于净利润和将重分类进损益的其他综合收益税后净额与经营活动现金流量的关系强弱不同、净利润对未来现金流的预测能力强于将重分类进损益的其他综合收益税后净额对未来现金流的预测能力，我们认为，改进后的现金流量表采用方法一的列报方式更合适。

### 10.1.8.3 所有者权益变动表的改进

改进后的利润和其他综合收益表只列示将重分类进损益的其他综合收益项目的税后净额和不可重分类进损益项目的税后净额。不能重分类进损益的其他综合收益各项目的税后净额列示于所有者权益变动表。不能重分类进损益的其他综合收益实质上是因公允价值变动导致的已确认但未实现的那部分直接计入所有者权益的利得和损失，现行利润表虽对其进行详细列示，但最终也未能进入净利润，而是作为所有者权益内部结转事项列示于所有者权益变动表。因此，我们建议，将不能重分类进损益的其他综合收益项目在结转之前也列示于所有者权益变动表是恰当的选择。

### 10.1.8.4 资产负债表的改进

新准则除了在利润表中详尽列示其他综合收益具体项目外，还划分为可重类进损益和不可重分类进损益的其他综合收益两类进行列示，为了更好地体现报表间的勾稽关系，及提高资产负债表中所列示的其他综合收益信息的透明度，我们建议，同利润表一致，在资产负债表所有者权益中也将其他综合收益分为"其他综合收益（将重分类进损益）"和"其他综合收益（不能重分类进损益）"进行列示。

## 10.2 对策建议

### 10.2.1 各利益相关方对综合收益运用的基本态度

投资者和分析师普遍认为应该全面披露综合收益，因为其反映了企业全部价值创造的活动，是一种更全面的业绩指标。但在其具体应用中，应将净利润与其他综合收益的概念内涵进行清晰界定。实务界的证据也发现，综合收益具有更高的决策相关性。而管理层认为，综合收益指标不应运用于企业的业绩评价中，因为其包含管理层所不能控制的项目，以此来评估高管业绩，可能存在不公平性。实务中确实发现，净利润同高管薪酬的关系更强。总之，综合收益在各方利益主体之间的运用分歧与矛盾，阻碍了其在实务界的推广与运用。

但综合收益同净利润相比，确实是一种更全面、客观的指标。在公司业绩评价中的应用受到阻碍更可能是个人欲谋取私利的动机所致。虽然综合收益因其波动性的特点饱受诟病，但这一特点却也是其最大的优点。正如公允价值一样，我们不能因其价值存在一定的波动性，就否决这一更能反映市场价值的指标。综合收益虽包含一些不受管理层控制的项目，但却可以作为一种辅助净利润的指标，更合理地评价高管业绩。比如在净利润相同的情况下，如果一家公司取得了更多的综合收益，而这部分差值可能是高管前期明智决策的收益。难道这部分不应该作为高管业绩评价的一部分吗？所以以高管来否定综合收益的应用性，是没有理论根据的。综合收益的披露能够提高信息的透明度，满足各利益群体的信息需求，并在当前资本市场低迷的情况下，促进资本市场健康发展。

综合收益应用受到阻碍的原因主要有以下三个方面：一是政策制定方面，对综合收益列报披露要求不够完善。二是各利益主体的动机不同，投资者和分析师希望更透明度的信息列报，以服务其决策，而管理层因害怕影响其薪酬，认为不应该以综合收益评价其业绩。各利益主体观点的矛盾与对立导致综合收益不能得到广泛推广。三是信息提供者、信息使用者的专业技能、业务能力，及对综合收益信息的全局性认识有待进一步提高。

基于上述问题，我们从会计政策制定者、上市公司及会计信息使用者角度提出以下对策建议。

## 10.2.2  对策建议

### 10.2.2.1  会计政策制定者角度

#### 1. 继续完善综合收益的信息披露与列报

目前我国的相关准则规范均未对其他综合收益及其具体项目的列报及披露形式作出统一要求,导致各个企业披露其他综合收益信息的位置、内容及格式存在较大差异,严重损害了会计信息的可比性。而且,由于2014新准则之前,其他综合收益各个项目散落在报表中的不同位置,在不同报表间未形成清晰的勾稽关系,导致某些上市公司的其他综合收益信息出现了较为明显的错误。毛志宏、王鹏、季丰(2011)利用2009年我国上市公司数据,对其他综合收益的列报及披露情况进行了统计分析。研究发现,样本中很多上市公司的其他综合收益列报与披露存在问题,主要表现为报表格式及勾稽关系错误(199家),少列其他综合收益(93家),多列其他综合收益等(395家)。这些问题产生的根本原因在于综合收益信息披露要求不明确。一方面,使上市公司不知如何列报与披露综合收益;另一方面,不明确的披露要求导致上市公司对综合收益的概念不清晰,不知哪些应计入其他综合收益,哪些不应该计入。而本书在手工搜集2009~2014年的其他综合收益数据时发现,这期间均有大量的其他综合收益的其他项目出现,但绝大多数企业均未对这些其他项目做进一步的解释说明。这些问题与错误的发生虽然与上市公司会计人员业务能力有关,而源头则是会计准则界定不明确。

(1)明确其他综合收益的认定标准。目前较容易与其他综合收益项目相混淆的是权益性交易项目。财政部在2008年12月26日下发的《财政部关于做好执行会计准则企业2008年年报工作的通知》只是提出了权益性交易这个术语,但到底什么是权益性交易,它有哪些特征,如何对其进行账务处理,在现有的准则体系均未给出统一的规范。而且,现有准则对其他综合收益的确认是采用"加法"的方式,即只指出哪些属于其他综合收益,但对其他综合收益与其他权益性项目的本质性差异并未给出一个明确的概念界定,导致会计实务工作者难以对两者进行区分,错将权益性交易当作其他综合收益列报不可避免,这将严重地阻碍投资者对其他综合收益信息的理解与运用。再者,我国会计准则中直接计入所有者权益的事项较多,超过35项会计事项直接计入所有者权益（毛志宏、王鹏和季丰，2011），这么多事项需要一个明确的认定标准，使其他综合收益项目与其他项目进行区分，并且这个标准应该是规范这些项目性质、分类方法和原则的一套体系。

（2）"利润表"更名为"利润和其他综合收益表"。《企业会计准则30号——财务报表列报》要求企业在利润表中列示其他综合收益及其具体项目，并且按照是否可重分类进损益将其他综合收益分两类列报。其目的在于发挥其他综合收益在提高报表透明度，减少投资者的信息收集与分析成本，服务投资者决策的作用。净利润和其他综合收益虽然都具有盈余的特征，但却具有不同的信息特征。如净利润的预测能力和持续性要强于其他综合收益，但其他综合收益作为净利润的辅助信息，可以更好地服务于投资者决策。仍然利用利润表的名称无法全面反映其内容，还可能误导投资者将净利润与其他综合收益混淆在一起，无助于其正确理解综合收益。因此，我们认为有必要将现行的"利润表"更名为"利润和其他综合收益表"。

（3）明确重分类的标准并改进列报方式。虽然现行准则将综合收益按照未来是否可重分类进损益分两类进行列报，但具体重分类的标准是什么，如何进行重分类，以及重分类后如何进行列报，如何建立起各报表间的勾稽关系等问题均缺乏细致而标准化的准则规范。新准则试图通过以下几个方面进行改善：一是改变其他综合收益的列报位置，从所有者权益表转向利润和其他综合收益表，以期增强投资者的关注度；二是在新的列报位置中，进一步将其他综合收益按以后会计期间能否重分类进损益进行两大类列报；三是在资产负债表中列示其他综合收益累计总额。那么存在的问题是，首先，既然部分其他综合收益不可重分类进损益，那么列示在利润和其他综合收益表是否合适，利润和其他综合收益表里的项目默认都会影响企业净利润。在这种情况下，是否考虑把不可重分类进损益的其他综合收益项目在所有者权益表中进行列示，而只把未来可重分类进损益的其他综合收益项目列示在利润和其他综合收益表，这更符合其他综合收益不可重分类项目的特征。其次，以前其他综合收益直接在所有者权益表中列示，但目前将其重分类后，可重分类进损益的其他综合收益可以预测未来净利润，并影响未来现金流。那么，以目前的报表编制体制下，仍然以净利润为起点编制现金流量表是否合适？按照是否影响未来现金流的原则，是否应该考虑以净利润＋可重分类进损益的其他综合收益为起点进行现金流量表的编制。最后，目前新准则中要求在资产负债表中列示其他综合收益的累积总额，作为三大报表中最重要的报表，资产负债表涵盖了利润和其他综合收益表、所有者权益表中的信息。利润和其他综合收益表是资产负债表中留存收益的来源，而所有者权益表补充了投资者资本投入的信息。既然综合收益在利润和其他综合收益表中分为可重分类与不可重分类的项目进行列示，那么基于报表勾稽关系及便于投资者理解的初衷，是否应该考虑在资产负债表中也将综合收益分可重分类与不可重分类进损益两类项目进行列示，是否考虑将本期发生额与前期累计额分开列示。因为仅仅从其他综合收益总额这个总体数字并不能使报表使用者清晰地理解其他综合收益内部项目构成情况，而把本期发生额与前期累计额合计在一起列示，并不能使报表使用者清晰地看到本期其他综合收益的发生额及重分类额的重要性，及其对公司业绩的影响程度。

（4）颁布综合收益会计准则。FASB 为了针对性的解决其他综合收益列报与披露的问题，专门颁布了 SFAS130 进行详细规范。我国会计准则虽然大部已与国际会计准则趋同，但有关综合收益的相关规范则散落在会计准则的各个章节中，缺乏框架性的、完整的及统一的论述和要求。为了有效地解决综合收益存在的各种问题，需要颁布专门针对综合收益的会计准则，便于企业完整、准确地把握准则对综合收益信息确认、计量、列报与披露的要求。

2. 建立综合收益概念框架体系

概念框架涵盖财务会计报告的结构与方向，有助于产生可靠相关的会计信息，发挥其配置资本市场有效资源的职能，从而更好地服务于外部投资者。而当这一概念框架缺失或不完善时，比如当缺乏完善的综合收益概念框架时，容易导致其他综合收益概念模糊，无法与净利润进行合理区分，是否应该重分类，重分类的标准是什么等一系列列报与披露的问题。这些问题将大大降低综合收益的决策有用性，甚至误导投资者作出正确判断。因此，应将综合收益纳入财务会计概念框架，并在概念框架下，构建综合收益概念框架（对我国而言，需要将综合收益纳入现有的《企业会计准则——基本准则》）；并且，在构建其概念框架的过程中，应多方面结合综合收益的报告目标、信息特征，将其作为会计要素的形式从确认、计量及报告等方面进行规范。

3. 加强会计信息披露的监管，提高综合收益会计信息的质量

综合收益作为一类具有新理念新方法的会计信息，披露质量的提高需要有

效的监管。本书的研究结果表明，借助 2014 年新准则实施这一外生事件，从时间效应的角度检验综合收益的价值相关性，发现综合收益的价值相关性逐年增强，这一现象在新准则实施之后表现尤为明显。但在手工搜集 2009～2014 年的其他综合收益数据时发现，这期间均有大量的其他综合收益的其他项目出现，但绝大多数企业均未对这些其他项目作进一步的解释说明。这很大程度上将损害综合收益的信息有用性。披露的模糊性也将加剧管理层利用其他综合收益这一"蓄水池"进行盈余管理的可能性。因此，在完善综合收益列报与披露的同时，应加大监管力度，双管齐下，使综合收益更好地服务于投资者决策。

### 10.2.2.2　针对上市公司的政策建议

1. 增强会计专业水平

从上市公司财务会计信息披露的情况看，公司在处理其他综合收益方面存在非常明显的错误。企业必须采用加强专业培训提高对会计准则的理解力和专业判断能力，做到对外披露的财务会计信息真实、全面、可靠。从近几年上市公司披露会计信息中存在的与综合收益有关的信息差错来看，首当其冲的是要解决综合收益列报中出现的报表勾稽关系或列报格式混乱、其他综合收益具体项目未按要求进行披露（主要是漏报或错报）、混淆其他综合收益和权益性交易事项等问题。

2. 利用综合收益波动信息提高企业的风险应对能力

本书的研究结果发现综合收益的波动性具有风险信息增量。因此，企业可将综合收益指标纳入公司风险评价体系，考察由于其他综合收益波动性带来的风险引发的一系列经济后果，如对企业资本结构、融资成本等的影响。进一步，区分综合收益波动的系统风险和非系统风险，并采用事前防范、事中监控及事后监督的方式进行控制。其中，对于系统风险，不可通过多元化投资进行抵销分散，但可通过加强预防的方式，如锁定收益或风险的准备等以减弱风险对企业的影响。而对于非系统风险，则可以选择多样化的投资组合和投资比例进行规避和分散。

3. 在业绩评价上考虑采用综合收益指标

综合收益作为一项综合性的会计指标，包括引起所有者权益变动的所有信息，这些信息超过了净利润的范畴。比如自用房地产转为投资性房地产带来的公允价值波动，以及可供出售金融资产的公允价值变动等，它们反映了经营人的投资效率，但并未在净利润指标中有所体现。因此，将具有价值相关性和风险相关性的综合收益作为业绩评价指标有助于克服净利润指标导致的管理层短视等问题，使管理层的业绩得到更公允、全面的评价，促使其关注所有与创造企业价值相关的经济活动及风险。以计入其他综合收益的公允价值变动项目在管理层控制之外为理由否认综合收益的业绩评价能力是没有理论依据的，我们不能因为其他综合收益信息不可控就否认它的决策相关性。实际上，以净利润为基础的业绩评价体系也存在管理层控制之外的因素，所以将其他综合收益，特别是未来可重分类进损益的其他综合收益纳入业绩评价指标更符合资产负债观和信息决策有用性的要求。

对于公司高管不愿以综合收益作为其业绩评价的情况，要强化高管的全局意识，使他们认识到将综合收益纳入业绩评价系统，只会更公正合理地评价其业绩。

### 10.2.2.3　针对会计信息使用者的政策建议

1. 正确理解综合收益的预测能力和持续性

目前质疑综合收益信息有用性的观点认为，其他综合收益具有较高的波动性及风险，因此以综合收益，即在净利润的基础上加上其他综合收益作为盈余指标将有损会计信息的预测能力和持续性。但是，本书的研究结论发现，虽然综合收益总额的预测能力和持续性要低于净利润，但其他综合收益具体项目均表现出对未来净利润及经营性现金流的预测能力，并且在不同的行业还表现出异质性的差异。这表明其他综合收益是具有信息增量的，只不过在具体分析时需要注意不同项目间的信息含量方向的不一致性，相互之间的抵销可能是综合收益总额的预测能力或持续性低于净利润的一个重要原因。

2. 正确认识综合收益不同组成部分的信息含量

正确认识和理解其他综合收益具体项目的信息含量是综合收益或其他综合收益更好地服务于投资者决策的理论基础。目前国际准则和国内准则均采用一种过渡性的做法，将其他综合收益作为净利润的一种辅助性信息，以期通过公允详尽的列报实现决策有用。本书的研究结论也发现，其他综合收益各个项目以及重分类调整的列披均为投资者提供了增量信息，而且每个项目间的价值相关性存在很大差别。因此，投资者在进行决策时，应充分理解其他综合收益各项目的信息含量，挑选出有助于其决策的会计信息，更好地作出投资判断。

3. 正确认识综合收益波动性

其他综合收益项目具有较高的波动性，因此，综合收益总额相比净利润的波动性也较高。虽然在一定程度上，较高的波动性代表较高的风险，但波动性并不一定带来的都是不利的经济后果。首先，综合收益的波动以及不同方向的波动提供了风险相关的信息，其可以弥补传统只关注净利润波动性的局限，使会计信息的使用者更全面、准确地判断和估计企业可能面临的风险；其次，对于不同波动程度的会计信息，企业可以通过一定的方法将波动最小化，甚至将不利波动转化为有利波动（Landsman W. R.，2006）。

## 10.3　不足与展望

第一，我们虽然正面定义了其他综合收益，弥补了当前准则排除法定义其他综合收益的不足，但是，主要的确认方法仍然是列举的方式，即对目前采取公允价值计量的资产负债而产生的持有损益确认为其他综合收益，但未突破现有准则的做法，理论认知的深化并未推动实践的创新。其他综合收益项目仍需要随公允价值计量持有损益项目的增加而增加，对新增加的其他综合收益项目需从分类、列报的角度进行持续性研究。

第二，我们尝试利用实证的方法验证准则关于综合收益列报与披露的本意。利用 2014 年 CAS30 这一外生事件探讨其他综合收益披露对盈余透明度的影响具有重要的理论与现实意义。这说明以往关于综合收益与净利润信息特征（价值相关性、预测性、持续性）比较研究或增量研究可能不够全面或系统。2014 年之后其他综合收益在利润表中披露，对此会计信息披露的变化，投资者的反应值得做进一步的研究。此外，2014 年之后的其他综合收益信息披露可能存在内生性问题，例如对于企业持有的金融资产，企业会计准则允许根据管理层持有金融工具意图而分为可供出售金融资产和交易性金融资产，当综合收益在利润表中充分披露时，这两部分的公允价值变动损益可以直接获取，因此作为企业管理者可能会因为会计信息披露规则的变化直接影响企业的经营管理行为，因此在研究投资者反应的同时还需要考虑管理层信息披露的影响因素。基于其他综合收益提高盈余透明度的准则意图，我们未来的研究还可以考虑以透明度为基点，进一步研究其他综合收益信息披露是否影响股价崩盘风险。

第三，已有文献关于综合收益决策有用性的研究产生了丰富的研究成果，但均未形成一致的结论，导致综合收益信息的运用受到阻碍。这主要是因为缺少一个较好的研究切入点。目前，理论界和实务界更多地关注了综合收益在企业价值评估方面的应用，但综合收益能否运用于企业风险管理和业绩评价还鲜有文献涉及。本书也只是对综合收益信息在业绩评价中的运用进行了初步的探讨，但本书尚未涉及综合收益信息在风险管理中的运用。因此，在进行综合收益学术研究时，应从准则制定意图出发，将提高盈余透明度作为研究切入点同会计实务相结合，深入探讨综合收益信息在风险控制和业绩评价领域中的运用。

第四，以往关于综合收益有用性的研究往往从股东的角度探讨其他综合收益是否有利于公司估值，以及从公司管理层的角度考虑其他综合收益能否更好地评价公司业绩。而企业的利益相关者除股东、管理层之外，债权人也扮演着十分重要的角度。综合收益除可用于外部薪酬契约进行行业绩评价外，还可进一步用于内部债务契约。已有研究发现，其他综合收益的存在导致综合收益的波动性高于净利润，而较高的波动性往往代表着更高的风险，那么较高的综合收益波动性是否会影响企业的债务成本以及信用评级？即其他综合收益的波动性是否构成公司风险的重要部分。进一步，如果较高的其他综合收益波动性代表较高的公司风险，其是否会影响公司资本结构？就目前而言，其他综合收益信息披露及其波动性对债务市场、公司风险及资本结构的影响还属空白。这部分的研究对于进一步理解综合收益信息特征及其对除股东、管理者之外的利益相关人—债权人的影响具有重要的理论及现实意义。

第五，目前已有的研究主要采用长窗口期（long－window）检验其他综合收益与股价或收益之间的关系。然而，价值相关性的研究还可以采取短窗口（short－window），即只关注其他综合收益披露前后市场反应。班伯等学者（2010）提出了短窗口期的研究方法，用以反映利润表披露的会计信息是否被市场识别并反映出来。短窗口的研究具有可行性，因为上市公司的季度综合收益信息已经可以公开获取。此外，根据财政部 2017 年新颁布的金融工具会计准则，金融工具从原来的四分类调整为三分类，且划分的依据也做了较大的改变，因此其他综合收益的构成项目，以及深层次的其构成事项产生及变化的原因均发生了重大的调整，然而这些改变是否会对其他综合收益以及综合收益的价值相关性、预测能力产生影响，还有待做进一步的检验。

第六，随着投资者对综合收益信息的关注度提高，以及准则制定的逐步完善，综合收益将在会计实务中获得更广泛的运用。同净利润相比，无论是出自资产负债观的理念还是服务于决策有用性的目标，综合收益都应具有更高的决策相关性。目前之所以应用受限，除了传统习惯和专业知识限制的影响外，综合收益的关注度不足也是一个重要原因。在当前仍以净利润指标为业绩主导的报表体系下，为了更加客观地反映企业的全面盈余，未来可以考虑变更一些主要的财务评价指标。如将以净利润为基础的每股收益、市盈率等财务指标体系变更为以综合收益的基础，并以此建立公司上市、退市和银行借贷的评价指标，使综合收益能够更好地运用于学术研究及会计实践。

参考文献

［1］财政部．企业会计准则第22号——金融工具确认和计量［S］. 2017.

［2］财政部．企业会计准则第3号——投资性房地产［S］. 2006.

［3］财政部．企业会计准则第9号——职工薪酬［S］. 2014.

［4］曹越，吕亦梅，伍中信．其他综合收益的价值相关性及其原因——来自中国资本市场的经验证据［J］. 财贸研究，2015，6：132 – 141.

［5］曹越，吕亦梅，张肖飞．"其他综合收益"的价值相关性及预测能力研究［J］. 证券市场导报，2015，5：16 – 24，50.

［6］曾雪云，秦中艮，周愈博．金融业的综合收益波动与风险相关性研究：其他综合收益是风险定价因子吗？［J］. 财政研究，2016，10：101 – 113.

［7］陈威，丁晓梅．从决策有用观的视角浅析其他综合收益的列报［J］. 商业会计，2015，18：10 – 12.

［8］陈溪，江钰．其他综合收益文献述评与展望［J］. 财会通讯，2017，7：37 – 40.

［9］陈红，邓少华，尹树森．大数据时代背景下媒体的公司治理机制研究基于信息透明度的实证检验［J］. 财贸经济，2014，7：72 – 81.

［10］陈淑芳，杨婧．我国上市公司其他综合收益的价值相关性研究——基于沪市A股上市公司的经验证据［J］. 西安财经学院学报，2017，4：29 – 36.

［11］陈信元，陈冬华，朱红军．净资产、剩余收益与市场定价：会计信息的价值相关性［J］. 金融研究，2002，4：59 – 70.

［12］程春晖．全面收益研究［D］. 厦门：厦门大学，1999.

［13］程小可．上市公司盈余质量分析与评价研究［D］．大连：东北财经大学出版社，2006．

［14］储一昀，谢香兵．业务复杂度、股权特征与董事会结构［J］．财经研究，2008，3：132－143．

［15］代彬，彭程，郝颖．国企高管控制权、审计监督与会计信息透明度［J］．财经研究，2011，11：113－123．

［16］党红．关于全面收益的讨论［J］．审计研究，2003，3：58－61．

［17］邓传洲．公允价值的价值相关性：B股公司的证据［J］．会计研究，2005，10：55－62，97．

［18］邓永勤，李新蕊，冯晓晴．论其他综合收益重分类［J］．财会月刊，2017，13：15－19．

［19］厄尔·K. 斯蒂斯，詹姆斯·D. 斯蒂斯，K. 弗雷德·斯库森．中级会计学［M］．第17版．杨有红，陈凌云译．北京：北京大学出版社，2014．

［20］方军雄．我国上市公司高管的薪酬存在粘性吗？［J］．经济研究，2009，3：110－124．

［21］盖地，高潮．其他综合收益列报的价值相关性分析——基于沪市A股上市公司的数据［C］．中国会计学会会计基础理论专业委员会2012年专题学术研讨会论文集，2012．

［22］高雷，宋顺林．公司治理与公司透明度［J］．金融研究，2007，11：28－44．

［23］高万青．信息披露质量、审计风险与审计定价关系研究——基于深交所A股公司的经验证据［J］．经济经纬，2014，4：150－155．

［24］葛家澍，杜兴强．会计理论［M］．上海：复旦大学出版社，2005．

［25］葛家澍，陈守德．财务报告质量评估的探讨［J］．会计研究，2001，11：9－18，65．

［26］葛家澍，张金若．FASB与IASB联合趋同框架（初步意见）的评价［J］．会计研究，2007，2：3－10，91．

［27］葛家澍．损益表（收益表）的扩展——关于第四财务报表［J］．上海会计，1999，1：3－10．

［28］顾水彬，陈露．其他综合收益列报影响股权资本成本吗——基于损

益与风险双重视角的检验 [J]. 财务与会计, 2017, 5: 111 – 124.

[29] 管思琪, 杨守杰. 其他综合收益价值相关性研究——基于沪市 A 股制造业上市公司的面板数据 [J]. 中国管理信息化, 2017, 22: 18 – 20.

[30] 哈里. I. 沃尔克等. 会计理论——政治和经济环境方面的概念性议题 [M]. 陈艳等译. 大连: 东北财经大学出版社, 2010.

[31] 贺宏, 崔学刚. 信息环境、证券分析师追踪与综合收益的价值相关性——基于中国 A 股上市公司的经验证据 [J]. 财政研究, 2015, 6: 98 – 102.

[32] 贺宏, 张凤环. 综合收益研究述评 [J]. 东岳论丛, 2014, 1: 140 – 144.

[33] 胡冬鸣. 其他综合收益项目分类列报理解及相关问题探讨 [J]. 商业会计, 2016, 21: 31 – 32.

[34] 黄俊, 李挺. 盈余管理、IPO 审核与资源配置效率 [J]. 会计研究, 2016, 7: 10 – 18, 96.

[35] 黄霖华, 曲晓辉, 张瑞丽. 论公允价值变动信息的价值相关性——来自 A 股上市公司可供出售金融资产的经验证据 [J]. 厦门大学学报 (哲学社会科学版), 2015, 1: 99 – 109.

[36] 黄志雄. 其他综合收益、分析师预测与决策价值 [J]. 财经理论与实践, 2016, 5: 63 – 69.

[37] 黄志雄. 其他综合收益概念、结转与分类辨析 [J]. 会计与经济研究, 2016, 6: 18 – 29.

[38] 雷宇, 杜兴强. "关系"、会计信息与银行信贷——信任视角的理论分析与初步证据 [J]. 山西财经大学学报, 2011, 8: 115 – 124.

[39] 黎文靖, 孔东民. 信息透明度、公司治理与中小股东参与 [J]. 会计研究, 2013, 1: 42 – 49, 95.

[40] 李梓, 杨有红. 基于其他综合收益信息披露的财务报表逻辑关系重构 [J]. 北京工商大学学报 (社会科学版), 2016, 3: 74 – 80.

[41] 李梓. 综合收益信息的决策有用性研究 [D]. 北京: 中央财经大学博士论文, 2016.

[42] 李春涛, 胡宏兵, 谭亮. 中国上市银行透明度研究——分析师盈利预测和市场同步性的证据 [J]. 金融研究, 2013, 6: 118 – 132.

[43] 李海珍. 跨国公司汇率风险管理问题探究——基于中兴通讯的案例

[J]．财会通讯，2017，35：108－112．

[44] 李琦，罗炜，谷仕平．企业信用评级与盈余管理 [J]．经济研究，2011（S2）：88－99．

[45] 李尚荣．综合收益价值相关性实证研究评述 [J]．财会通讯，2012，10：97－99．

[46] 李尚荣．综合收益价值相关性研究——兼议我国会计准则持续趋同策略 [D]．财政部财政科学研究所博士论文，2012．

[47] 李少轩，肖虹，张瑞丽．其他综合收益的投资者定价效应——基于公司信息环境和投资者认知能力的视角 [J]．当代财经，2018，8：122－132．

[48] 李增福，黎惠玲，连玉君．公允价值变动列报的市场反应——来自中国上市公司的经验证据 [J]．会计研究，2013，10：13－19，96．

[49] 李增泉，孙铮．制度、治理与会计 [M]．上海：格致出版社，2009．

[50] 李增泉，叶青，贺卉．企业关联、信息透明度与股价特征 [J]．会计研究，2011，1：44－51，95．

[51] 林萍，林甦敏．综合收益的价值相关性研究——基于中国上市公司的经验证据 [J]．闽江学院学报，2017，3：44－55．

[52] 刘晶．外币报表折算方法研究 [J]．合作经济与科技，2016，6：140－141．

[53] 刘永泽，孙翯．我国上市公司公允价值信息的价值相关性——基于企业会计准则国际趋同背景的经验研究 [J]．会计研究，2011，2：16－22，96．

[54] 刘永泽，唐大鹏，张成．其他综合收益项目的认定标准与列报问题分析——基于我国资本市场数据 [J]．现代财经（天津财经大学学报），2011，8：72－81．

[55] 柳木华，高德翠．综合收益列报决策有用性的经验评价 [J]．证券市场导报，2013，12：21－27．

[56] 陆正飞，祝继高，孙便霞．盈余管理、会计信息与银行债务契约 [J]．管理世界，2008，3：152－158．

[57] 毛志宏，王鹏，季丰．其他综合收益的披露与列报——基于上市公司2009年年度报告的分析 [J]．会计研究，2011，7：3－10，97．

[58] 欧阳爱平，郑超．其他综合收益的信贷决策有用性研究——基于中

国 A 股上市公司的数据检验 [J]. 经济与管理研究, 2014, 8: 120-127.

[59] 潘栋梁, 项丽霞. 其他综合收益会计确认与计量的国际比较 [J]. 财会通讯, 2017, 1: 112-114.

[60] 潘立生, 陈曦. 其他综合收益与盈余管理研究——基于财务报表列报准则修订的实证研究 [C]. 第十二届 (2017) 中国管理学年会论文集, 2017.

[61] 潘越, 戴亦一, 林超群. 信息不透明、分析师关注与个股暴跌风险 [J]. 金融研究, 2011, 9: 138-151.

[62] 彭宏超. 对我国"其他综合收益"报告新变化的探讨 [J]. 中国注册会计师, 2016, 2: 83-88.

[63] 孙琳, 方爱丽. 财政透明度、政府会计制度和政府绩效改善——基于 48 个国家的数据分析 [J]. 财贸经济, 2013, 6: 22-32.

[64] 孙燕东, 李煜婷. 其他综合收益研究述评与未来展望 [J]. 财会通讯, 2018, 1: 22-27.

[65] 谭洪涛, 蔡利, 蔡春. 公允价值与股市过度反应——来自中国证券市场的经验证 [J]. 经济研究, 2011, 7: 130-143.

[66] 谭劲松. 公司透明度的决定因素——基于代理理论和信号理论的经验研究 [J]. 会计研究, 2010, 4: 26-33, 95.

[67] 唐国平, 欧理平. "其他综合收益"具有价值相关性吗？——来自沪市 A 股的经验证据 [J]. 会计论坛, 2011, 1: 17-25.

[68] 王琳, 张瑶瑶. 其他综合收益是会计要素吗 [J]. 财务与金融, 2017, 3: 35-38.

[69] 王鑫. 综合收益的价值相关性研究——基于新准则实施的经验证据 [J]. 会计研究, 2013, 10: 20-27, 96.

[70] 王建文. 浅析投资性房地产公允价值计量模式 [J]. 中国集体经济, 2008, 16: 47-48.

[71] 王菁菁, 刘光忠. 综合收益: 概念框架与准则体系——IASB 财务报告概念框架讨论稿第八部分的述评 [J]. 会计与经济研究, 2014, 2: 16-27.

[72] 王亚平, 刘慧龙, 吴联生. 信息透明度、机构投资者与股价同步性 [J]. 金融研究, 2009, 12: 162-174.

[73] 王艳，谢获宝．披露其他综合收益可以给市盈率带来溢价效应吗 [J]．会计研究，2018，4：28－35．

[74] 王艳，刘小英，翟秋玲．其他综合收益披露会抑制上市公司的盈余管理吗——基于会计准则变迁的视角 [J]．广东财经大学学报，2018，5：53－69．

[75] 王跃堂，李侠．财务报表列报改革及启示 [J]．审计与经济研究，2012，1：48－59．

[76] 王跃堂，赵娜，魏晓雁．美国财务业绩报告模式及其借鉴 [J]．会计研究，2006，5：66－72＋96．

[77] 威廉姆 R. 斯科托．财务会计理论 [M]．陈汉文等译．北京：中国人民大学出版社，2012．

[78] 魏明海，刘峰，施鲲翔．论会计透明度 [J]．会计研究，2001，9：16－20，65．

[79] 吴健，朱松．流动性预期、融资能力与信用评级 [J]．财政研究，2012，7：72－75．

[80] 吴战篪，李晓龙．内部人抛售、信息环境与股价崩盘 [J]．会计研究，2015，6：48－55，97．

[81] 肖虹，李少轩，张瑞丽．其他综合收益列报与审计师行为——基于中国上市公司的经验证据 [J]．山西财经大学学报，2018，10：108－124．

[82] 肖虹，李少轩．其他综合收益的分析师预测效应——基于会计信息环境特征及分析师认知能力视角的分析 [J]．山西财经大学学报，2017，39：100－113．

[83] 肖华，张国清．内部控制质量、盈余持续性与公司价值 [J]．会计研究，2013，5：73－80，96．

[84] 谢德仁．财务报表的逻辑：瓦解与重构 [J]．会计研究，2001，10：32－37，65．

[85] 谢获宝，郭方醇．综合收益对银行债务契约的增量信息研究——基于企业信贷融资规模视角的分析 [J]．财会通讯，2014，42：91－94，129．

[86] 谢获宝，郭方醇．其他综合收益项目的盈余管理及其管控建议 [J]．财务与会计，2015，4：66－69．

［87］谢获宝，刘波罗．综合收益列报：历史变迁及其理论分析［J］．财会通讯，2010，18：3-7，161．

［88］解鹏．浅析我国综合收益报告——基于国际比较视角［J］．中国管理信息化，2016，9：55-57．

［89］辛兵海，张志超．资源依赖降低了财政透明度吗——基于我国288个城市样本的分析［J］．财贸经济，2014，8：24-37．

［90］辛清泉，孔东民，郝颖．公司透明度与股价波动性［J］．金融研究，2014，10：193-206．

［91］辛清泉，谭伟强．市场化改革、企业业绩与国有企业经理薪酬［J］．经济研究，2009，11：68-81．

［92］徐经长，曾雪云．综合收益呈报方式与公允价值信息含量——基于可供出售金融资产的研究［J］．会计研究，2013，1：20-2，95．

［93］杨克智．其他综合收益、信息透明度与盈余管理［J］．中央财经大学学报，2016，8：65-73．

［94］杨有红，陈婧．综合收益信息披露对会计信息透明度的影响［J］．会计之友，2016，2：11-16．

［95］杨有红，申悦．设定受益计划的会计处理及重点难点应对［J］．会计之友，2014，36：80-84．

［96］杨有红．绩效管理工具方法运用［J］．商业会计，2017，8：26-27．

［97］杨有红．综合收益相关理论问题研究［J］．会计研究，2017，5：3-10，88．

［98］杨有红．综合收益报告及其改进［J］．财务与会计，2016，7：68-70．

［99］杨之曙，彭倩．中国上市公司收益透明度实证研究［J］．会计研究，2004，11：62-70，97．

［100］叶建芳，周兰，李丹蒙，郭琳．管理层动机、会计政策选择与盈余管理——基于新会计准则下上市公司金融资产分类的实证研究［J］．会计研究，2009，3：25-30，94．

［101］苑秀娥，刘雪胜．综合收益理念研究动态及展望［J］．财会通讯，2015，9：3-6，129．

［102］詹合霞，梁燕．综合收益内容划分及列报国际借鉴与启示［J］．

财会通讯，2015，1：121－123.

[103] 张云，赵艳. 其他综合收益、管理防御与分析师预测 [J]. 审计与经济研究，2016，3：53－62.

[104] 张云，赵艳. 其他综合收益与非经常性损益价值相关性的比较研究 [J]. 广东财经大学学报，2015，3：74－85.

[105] 张志红，田昆儒，李香梅. 评估师经验、收益信息透明度对估值判断影响的实验研究 [J]. 会计研究，2015，4：27－32，95.

[106] 章雁. 论跨国航运（集团）公司外币报表折算方法的会计风险及其控制 [J]. 交通财会，2000，11：43－46.

[107] 赵艳，张云. 其他综合收益、管理防御与高管薪酬 [J]. 中央财经大学学报，2018，11：58－70.

[108] 郑志刚，梁昕雯，黄继承. 中国上市公司应如何为独立董事制定薪酬激励合约 [J]. 中国工业经济，2017，2：174－192.

[109] 中华人民共和国财政部. 关于执行会计准则的上市公司和非上市企业做好 2009 年年报工作的通知. 财会 [2009] 16 号 [EB/OL]. http：//http://www. mof. gov. cn/gp/xxgkml/hjs/201001/t20100115_2501215. htm，2009－12－24.

[110] 中华人民共和国财政部. 企业会计准则 [M]. 北京：经济科学出版社，2006.

[111] 中华人民共和国财政部. 企业会计准则第 30 号——财务报表列报 [S]. 2014.

[112] 中华人民共和国财政部. 企业会计准则解释第 3 号. 财会 [2009] 8 号 [EB/OL] . http：//fgk. mof. gov. cn/law/getOneLawInfoAction. do？ law _ id = 63341，2009－6－11.

[113] 周全，程向阳. 综合收益理论研究 [J]. 安阳工学院学报，2018，1：69－72.

[114] 周中胜，陈汉文. 会计信息透明度与资源配置效率 [J]. 会计研究，2008，12：56－62＋94.

[115] 卓越. 对新准则中其他综合收益的探讨 [J]. 成都理工大学学报（社会科学版），2016，6：102－104.

[116] Abernethy, M. A. , Dekker, H. C. , and Schulz, K. D. . Are Employee Selection and Incentive Contracts Complements or Substitutes? [J]. Journal of Accounting Research, 2015, 53: 633 – 668.

[117] Abernethy, M. A. , Kuang, Y. F. , and Qin, B. . The Influence of CEO Power on Compensation Contract Design [J]. Accounting Review, 2015, 90: 1265 – 1306.

[118] Agnes Cheng, C. S. , Cheung, Joseph K. , and Gopalakrishnan, V. . On the Usefulness of Operating Income, Net Income and Comprehensive Income in Explaining Security Returns [J]. Accounting and Business Research, 1993, 23: 195 – 203.

[119] Alex, C. , Yen, D. , Eric, H. and Patrick, E. H. . A Content Analysis of the Comprehensive Income Exposure Draft Comment Letters [J]. Research in Accounting Regulation, 2007, 19: 53 – 79.

[120] Alexander, B. , Christoph, F. , and Michael, G. W. . The Effect of Input and Output Targets for Routine Tasks on Creative Task Performance [J]. Accounting Review, 2017, 93: 29 – 43.

[121] Alexander, S. S. . Income Measurement in a Dynamic Economy [M]. Macmillan Company: New York, 1950.

[122] Amir, E. , Guan Y. , and Oswald, D. . The Effect of Pension Accounting on Corporate Pension Asset Allocation [J]. Review of Accounting Studies, 2010, 15: 345 – 366.

[123] Armstrong, C. S. , Guay, W. R. , and Weber, J. P. . The Role of Information and Financial Reporting in Corporate Governance and Debt Contracting [J]. Journal of Accounting and Economics, 2010, 50: 179 – 234.

[124] Barton, J. , Hansen, T. B. , and Pownall, G. . Which Performance Measures Do Investors Around the World Value the Most—and Why? [J]. Accounting Review, 2010, 85: 753 – 789.

[125] Baber, W. R. , Kang, S. H. , and Kumar, K. R. . The Explanatory Power of Earnings Levels vs. Earnings Changes in the Context of Executive Compensation [J]. Accounting Review, 1999, 74: 459 – 472.

参考文献

287

[126] Badertscher, B. A. , Burks, J. J. , and Easton, P. D.. The Market Pricing of Other – Than – Temporary Impairments [J]. Accounting Review, 2014, 89: 811 – 838.

[127] Badertscher, B. A. , Burks, J. J. , and Easton, P. D.. When a Loss is More Than Just a Loss: The Market Pricing of Other Than Temporary Impairments, Working paper, University of Notre Dame, 2011.

[128] Banker, R.. Reporting Financial Performance [J]. Accounting Horizons, 2004, 18: 157 – 172.

[129] Bamber, L. S. , Jiang, J. , Petroni, K. R. , and Wang, I. Y.. Comprehensive Income: Who's Afraid of Performance Reporting? [J]. Accounting Review, 2010, 85: 97 – 126.

[130] Banker, R. , Potter, G. , and Srinivasan, D.. An Empirical Investigation of an Incentive Plan that Includes Nonfinancial Performance Measures [J]. Accounting Review, 2000, 75: 65.

[131] Banker, R. D. , and Datar, S. M.. Sensitivity, Precision, and Linear Aggregation of Signals for Performance Evaluation [J]. Journal of Accounting Research, 1989, 27: 21 – 39.

[132] Banker, R. , and Thevaranjan, A. , Goal Congruence and Evaluation of Performance Measures, Working paper, University of Texas at Dallas, 2000.

[133] Bao, M. X. , Billett, M. T. , Smith, D. B. , and et al.. Does Incremental Other Comprehensive Income (OCI) Volatility Affect the Cost of Debt, Capital Structure and Credit Ratings? [J]. Social Science Electronic Publishing, 2017.

[134] Barker, R.. Reporting Financial Performance [J]. Accounting Horizons, 2004, 18: 157 – 172.

[135] Barth, M. E.. Measurement in Financial Reporting: The Need for Concepts [J]. Accounting Horizons, 2013, 28: 331 – 352.

[136] Barth, M. E. , Beaver, W. H. , and Landsman, W. R.. The Relevance of the Value Relevance Literature for Financial Accounting Standard Setting: Another View [J]. Journal of Accounting and Economics, 2001, 31: 77 – 104.

[137] Barth, M. E. , Kasznik, R. , and McNichols, M. F.. Analyst Coverage

and Intangible Assets [J]. Journal of Accounting Research, 2001, 39: 1 – 34.

[138] Barth, M. E.. Fair Value Accounting: Evidence from Investment Securities and the Market Value of Banks [J]. Accounting Review, 1994, 69: 1 – 25.

[139] Barton, J., Hansen, T. B., and Pownall, G.. Which Performance Measures Do Investors Around the World Value the Most—and Why? [J]. Accounting Review, 2010, 85: 753 – 789.

[140] Bartov, E.. Foreign Currency Exposure of Multinational Firms: Accounting Measures and Market Valuation [J]. Contemporary Accounting Research, 1997, 14: 623 – 652.

[141] Bernard, V. L.. The Feltham – Ohlson Framework: Implications for Empiricists [J]. Contemporary Accounting Research, 1995, 11: 733 – 747.

[142] Bhattacharya U., Daouk H., and Welker M.. The World Price of Earning Opacity [J]. Accounting Review, 2003, 78: 641 – 678.

[143] Bhattacharya, N., Black, E. L., Christensen, T. E., and Larson, C. R.. Assessing the Relative Informativeness and Permanence of Pro forma Earnings and GAAP Operating Earnings [J]. Journal of Accounting and Economics, 2003, 36: 285 – 319.

[144] Bhattacharya, U., Daouk, H., and Welker, M.. The World Price of Earnings Opacity [J]. Accounting Review, 2003, 78: 641 – 678.

[145] Bhushan, R.. Firm Characteristics and Analyst Following [J]. Journal of Accounting and Economics, 1989, 11: 255 – 274.

[146] Biddle, G. C., and Choi, J. H.. Is Comprehensive Income Useful? [J]. Journal of Contemporary Accounting and Economics, 2006, 2: 1 – 32.

[147] Bisgay, L.. Comprehensive Income [J]. Management Accounting 1995, 77: 57.

[148] Black, D. E.. Other Comprehensive Income: A Review and Directions for Future Research [J]. Accounting and Finance, 2016, 56: 9 – 45.

[149] Black, D. E.. Returns Volatility and Other Comprehensive Income Components, Working Paper, Duke University, 2014.

[150] Bloomfield, R. J., Nelson, M. W., and Smith, S. D.. Feedback

参考文献

Loops, Fair Value Accounting and Correlated Investments [J]. Review of Accounting Studies, 2006, 11: 377 – 416.

[151] Badertscher, B. A., Burks, J. J., and Peter D. E.. The Market Pricing of Other – Than – Temporary Impairments [J]. Accounting Review, 2014, 89: 811 – 838.

[152] Bradshaw, M. T., and Sloan, R. G.. GAAP versus the Street: An empirical Assessment of Two Alternative Definitions of Earnings [J]. Journal of Accounting Research, 2002, 40: 41 – 66.

[153] Bratten, B., Causholli, M. and Khan, U.. Usefulness of fair values for predicting banks' future earnings: evidence from other comprehensive income and its components [J]. Review of Accounting Studies, 2016, 21: 280 – 315.

[154] Brauchle, G. J., and Reither, C. L.. SFAS No. 130: Reporting comprehensive income [J]. CPA Journal, 1997, 67: 42.

[155] Brennan, M. J., Hein, J., Poon, S. H.. Tranching and Rating [J]. European Financial Management, 2009, 15: 891 – 922.

[156] Byard, D., and Shaw, K. W.. Corporate Disclosure Quality and Properties of Analysts' Information Environment [J]. Journal of Accounting, Auditing & Finance, 2003, 18: 355 – 378.

[157] Cahan, S. F., Courtenay, S. M., Gronewoller, P. L., and Upton, D. R.. Value Relevance of Mandated Comprehensive Income Disclosures [J]. Journal of Business Finance and Accounting, 2000, 27: 1273 – 1301.

[158] Campbell, L., Crawford, D., and Franz, D. R.. How Companies are Complying with the Comprehensive Income Disclosure Requirements [J]. Ohio CPA Journal, 1999, 58: 13 – 20.

[159] Cataldo, J. M.. A Framework for Assessing Comprehensive Income Risk Exposure over Varying Time Horizons [J]. Review of Quantitative Finance and Accounting, 2015, 45: 819 – 844.

[160] Cauwenberge, P. V., and Beelde, I. D.. On the IASB Comprehensive Income Project: An Analysis of the Case for Dual Income Display [J]. Abacus, 2007, 43: 1 – 26.

[161] Chambers, D., Linsmeier, T. J., Shakespeare, C., and Sougianis, T.. An Evaluation of SFAS No. 130 Comprehensive Income Disclosures [J]. Review of Accounting Studies, 2007, 12: 557 – 593.

[162] Cope, A. T., Johnson, L. T., and Reither, C. L.. The Call for Reporting Comprehensive Income [J]. Financial Analysts Journal, 1996, 52: 7 – 12.

[163] Cready, W., Lopez, T. J., and Sisneros, C. A.. The Persistence and Market Valuation of Recurring Nonrecurring Items [J]. Accounting Review, 2010, 85: 1577 – 1615.

[164] Dhaliwal, D., Subramanyam, K. R., and Trezevant, R.. Is Comprehensive Income Superior to Net Income as a Measure of Firm Performance? [J] Journal of Accounting and Economics, 1999, 26: 43 – 67.

[165] Datar, S., Kulp, S. C., and Lambert, R. A.. Balancing Performance Measures [J]. Journal of Accounting Research, 2000, 39, 75 – 92.

[166] Davila, A., and Foster, G.. Management Control Systems in Early – Stage Startup Companies [J]. Accounting Review, 2007, 82: 907 – 937.

[167] Dechow, P. M., Kothari, S. P., and Watts, R. L.. The Relation Between Earnings and Cash Flows [J]. Journal of Accounting and Economics, 1998, 25: 133 – 168.

[168] Dechow, P. M., Sloan, R. G., and Sweeney, A. P.. Detecting Earnings Management [J]. Accounting Review, 1995, 70: 193 – 225.

[169] Denise A. J., and Kimberly J. S.. Comparing the Value Relevance, Predictive Value, and Persistence of Other Comprehensive Income and Special Items [J]. Accounting Review, 2011, 86: 2047 – 2073.

[170] Devalle, A., Onali, E., and Magarini, R.. Assessing the Value Relevance of Accounting Data After the Introduction of IFRS in Europe [J]. Journal of International Financial Management & Accounting, 2010, 21: 85 – 119.

[171] Dichev, I. D., and Tang, V. W.. Earnings Volatility and Earnings Predictability [J]. Journal of Accounting and Economics, 2009, 47: 160 – 181.

[172] Dikolli S. S., Kulp S. L., and Sedatole K. L.. The Use of Contract Adjustments to Lengthen the CEO Horizon in the Presence of Internal and External Mo-

参考文献

nitoring［J］. Journal of Management Accounting Research，2013，25：199－229.

［173］Dikolli，S. S.，Hofmann，C.，and Kulp，S. L.. Interrelated Performance Measures，Interactive Effort，and Incentive Weights［J］. Journal of Management Accounting Research，2009，21：125－149.

［174］Dong，M.，Ryan，S.，Zhang，X. J.. Preserving Amortized Costs within a Fair－Value－Accounting Framework：Reclassification of Gains and Losses on Available－for－Sale Securities Upon Realization［J］. Review of Accounting Studies，2014，19：242－280.

［175］Easton，P. D.，Harris，T. S. and Ohlson，J. A.. Aggregate Accounting Earnings Can Explain Most of Security Returns：The Case of Long Return Intervals［J］. Journal of Accounting and Economics，1992，15：119－142.

［176］Easton，P. D.，and Zmijewski，M. E.. Cross－Sectional Variation in the Stock Market Response to Accounting Earnings Announcements［J］. Journal of Accounting and Economics，1989，11：117－141.

［177］Easton，P.，and Zhang，X. J.. Mixing Fair－Value and Historical－Cost Accounting：Predictable Other－Comprehensive－Income and Mispricing of Bank Stocks［J］. Review of Accounting Studies，2017，22：1732－1760.

［178］Emerson，Re：File Reference No. 1790－100，Comprehensive Income，Comment Letter，2010，70.

［179］Emrick，C.，Wasden M，and Young R . Moody's Approach to Other Comprehensive Income Items when Calculating Effective Leverage for Finance Companies［J］. Social Science Electronic Publishing，2007.

［180］Evans，M.，Hodder，L.，and Hopkins，P.，The Predictive Ability of Fair Values for Future Financial Performance of Commercial Banks and the Relation of Predictive Ability to Banks' Share Prices［J］. Contemporary Accounting Research，2014，31：13－44.

［181］Fairfield，P. M.. Discussion of "The Persistence of Earnings and Cash Flows and the Role of Special Items：Implications for the Accrual Anomaly"［J］. Review of Accounting Studies，2006，11：297－303.

［182］Fairfield，P. M,，and Sweeney，R. J.. Accounting Classification and the

Predictive Content of Earnings [J]. Accounting Review, 1996, 71: 337 – 355.

[183] Feltham, G. A., and Ohlson, J. A.. Valuation and Clean Surplus Accounting for Operating and Financial Activities [J]. Contemporary Accounting Research, 1995, 11: 689 – 731.

[184] Financial Accounting Standards Board (FASB). Reporting comprehensive income. Statement of Financial Accounting Standards No. 130, Norwalk, CT, FASB, 1997.

[185] Financial Accounting Standards Board (FASB). Accounting for derivative instruments and hedging activities. Statement of Financial Accounting Standards No. 133, Norwalk, CT, FASB, 1998.

[186] Financial Accounting Standards Board (FASB). Employers' accounting for defined benefit pension and other postretirement plans. Statement of Financial Accounting Standards No. 158, Norwalk, CT, FASB, 2006.

[187] Financial Accounting Standards Board (FASB). Conceptual framework for financial reporting. Statement of financial accounting concepts No. 8, Norwalk, CT, FASB, 2010.

[188] Financial Accounting Standards Board (FASB). Accounting standards update no. 2011 – 05: comprehensive income (topic 220), Norwalk, CT, FASB, 2011.

[189] Financial Accounting Standards Board (FASB). Statement of financial accounting standards No. 130 (SFAS130): Reporting comprehensive income. Stamford, CT, FASB, 1997.

[190] Financial Accounting Standards Board (FASB). Qualitative Characteristics of Accounting Information. Statement of Financial Accounting Concepts No. 2 [R], Norwalk, CT, FASB, 1980.

[191] Financial Accounting Standards Board. Elements of Financial Statements of Business Enterprises. Statement of Financial Accounting Concepts No. 3 [R]. Norwalk, CT, FASB, 1980.

[192] FASB. SFAC6 Elements of Financial Statements. www. fasb. org, 1985 – 12 – 7.

参考文献

[193] FASB. SFAC8 Notes to Financial Statements. www. fasb. org, 2018 – 8.

[194] FASB. Statement of Financial Accounting Standards No. 130 [R], Norwalk: [s, n], 1997.

[195] Finger, C. A.. The Ability of Earnings to Predict Future Earnings and Cash Flow [J]. Journal of Accounting Research, 1994, 32: 210 – 223.

[196] Flannery, M. J., Kwan, S. H., and Nimalendran, M.. Market Evidence on the Opaqueness of Banking Firms' Assets [J]. Journal of Financial Economics, 2004, 71: 419 – 460.

[197] Gibbs, M.. Determinants and Effects of Subjectivity in Incentives [J]. Accounting Review, 2004, 79: 409 – 436.

[198] Goncharov, I., and Hodgson, A.. Measuring and Reporting Income in Europe [J]. Journal of International Accounting Research, 2011, 10: 27 – 59.

[199] Grabner, I.. Incentive System Design in Creativity – Dependent Firms [J]. Accounting Review, 2014, 89: 1729 – 1750.

[200] Graham, R. C., and Lin, K. C.. The Influence of Other Comprehensive Income on Discretionary Expenditures [J]. Journal of Business Finance and Accounting, 2018, 45: 72 – 91.

[201] Graham, J. R., Harvey, C. R., and Rajgopal, S.. The Economic Implications of Corporate Financial Reporting [J]. Journal of Accounting and Economic, 2005, 40: 3 – 73.

[202] Gu, F., and Wang, W.. Intangible Assets, Information Complexity, and Analysts' Earnings Forecasts [J]. Journal of Business Finance and Accounting, 2005, 32: 1673 – 1702.

[203] Hemmer, T.. LEN CONgruity [J]. Journal of Management Accounting Research, 2010, 22: 175 – 185.

[204] Hirst, D. E.. Discussion of "Cherry Picking, Disclosure Quality, and Comprehensive Income Reporting Choices: The Case of Property – Liability Insurers" [J]. Contemporary Accounting Research, 2006, 23: 693 – 700.

[205] Hirst, D. E., and Hopkins, P. E.. Comprehensive Income Reporting and Analysts' Valuation Judgments [J]. Journal of Accounting Research, 1998,

36: 47 – 75.

[206] Hirst, D. E. , Hopkins, P. E. , and Wahlen, J. M. . Fair Values, Income Measurement, and Bank Analysts' Risk and Valuation Judgments [J]. Accounting Review, 2004, 79: 453 – 472.

[207] Hodder, L. D. , Hopkins, P. E. , and Wahlen, J. M. . Risk – Relevance of Fair – Value Income Measures for Commercial Banks [J]. Accounting Review, 2006, 81: 337 – 375.

[208] Hodder, L. D. , Hopkins, P. E. , and Wood, D. A. . The Effects of Financial Statement and Informational Complexity on Cash Flow Forecasts [J]. Accounting Review, 2008, 83: 915 – 956.

[209] Holmstrom, B. , and Milgrom, P. . The Firm as an Incentive System [J]. American Economic Review, 1994, 84: 972 – 991.

[210] Holmstrom, B. , and Milgrom, P. . Multitask Principal – Agent Analyses: Incentive Contracts, Asset Ownership, and Job Design [J]. Journal of Law Economics and Organization, 1991, 7: 24 – 52.

[211] Holmstrom, B. , and Milgrom, P. . Aggregation and Linearity In the Provision of Intertemporal Incentives [J]. Econometrica, 1987, 55: 303 – 328.

[212] Holthausen, R. W. and Watts, R. L. . The Relevance of the Value – Relevance Literature for Financial Accounting Standard Setting [J]. Journal of Accounting and Economics, 2001, 31: 77 – 104.

[213] Hong, H. , and Kubik, J. D. . Analyzing the Analysts: Career Concerns and Biased Earnings Forecasts [J]. Journal of Finance, 2003, 58: 313 – 351.

[214] Howe, J. S. , and Stephen, H. K. . Are Banks Opaque? [J]. International Review of Accounting, Banking and Finance, 2012, 4: 51 – 72.

[215] Huang, H. – W. , Steve, L. , and Raghunandan, K. . The Volatility of Other Comprehensive Income and Audit Fees [J]. Accounting Horizons, 2016, 1: 195 – 210.

[216] Hughes, J. , Liu, J. , and Su, W. . On the Relation Between Predictable Market Returns and Predictable Analyst Forecast Errors [J]. Review of Accounting Studies, 2008, 13: 266 – 291.

参考文献

[217] Hunton, J., Libby, R., and Mazza, C.. Finaicial Reporting Transparency and Earning Management [J]. Accounting Review, 2006, 81: 135 –157.

[218] Hutton, A. P., Marcus, A. J., and Tehranian, H.. Opaque Financial Reports, R2, and Crash Risk [J]. Journal of Financial Economics, 2009, 94: 67 –86.

[219] IASB, FASB. The Conceptual Framework for Financial Reporting, 2010.

[220] IASB. Conceptual Framework for Financial Reporting. Exposure Draft. www. ifrs. org, 2015 –3.

[221] IASB. Conceptual Framework for Financial Reporting. www. ifrs. org, 2018 –3.

[222] Ikuo, N., Takao, K., and Yasunobu, K.. The Definitions of Net Income and Comprehensive Income and Their Implications for Measurement [J]. Accounting Horizons, 2016, 30: 511 –516.

[223] Imhoff, E. A., Lipe, R. C. and Wright, D. W.. Is Note Disclosure an Adequate Alternative to Financial Statement Recognition? [J]. Journal of Financial Statement Analysis, 1995, Fall: 70 –81.

[224] Indjejikian, R. J.. Performance Evaluation and Compensation Research: An Agency Theory Perspective [J]. Accounting Horizons, 1999, 13: 147 –157.

[225] Indjejikian, R., and Nanda, D.. Dynamic incentives and Responsibility Accounting [J]. Journal of Accounting and Economics, 1999, 27: 177 –201.

[226] International Accounting Standards Board (IASB), A review of the Conceptual Framework for Financial Reporting. Discussion Paper DP/2013/1, IFRS Foundation, 2013.

[227] International Accounting Standards Board, Conceptual Framework for Financial Reporting, Exposure Draft, 2015.

[228] International Accounting Standards Board, the Conceptual Framework for Financial Reporting, 2010.

[229] Ittner, C., and Larcker, D.. Are Nonfinancial Measures Leading Indicators of Financial Performance? An Analysis of Customer Satisfaction [J]. Account-

ing Research, 1998, 36: 1 - 35.

[230] Ittner, C. D. , Larcker, D. F. , and Rajan, M. V.. The Choice of Performance Measures in Annual Bonus Contracts [J]. Accounting Review, 1997, 72: 231 - 255.

[231] Ohlson, J. A.. Accounting Data and Value: The Basic Results [J]. Contemporary Accounting Research, 2009, 26: 231 - 259.

[232] Jin, L. , and Myers, S. C.. $R^2$ Around the World: New Theory and New Tests [J]. Journal of Financial Economics, 2006, 61: 257 - 292.

[233] Johnson, L. T. , Cheri L. R. and Robert J. S.. Towards Reporting Comprehensive Income [J]. Accounting Horizons, 1995, 9: 128 - 137.

[234] Jones, D. A. , and Smith, K. J.. Comparing the Value Relevance, Predictive Value, and Persistence of Other Comprehensive Income and Special Items [J]. Accounting Review, 2011, 86: 2047 - 2073.

[235] Jung, B. , Soderstrom. N. , and Yang, Y. S.. Earnings Smoothing Activities of Firms to Manage Credit Ratings [J]. Contemporary Accounting Research, 2013, 30: 645 - 676.

[236] Kim, J. H.. Value Relevance of Other Comprehensive Income After Accounting Standards Update 2011 - 05 [J]. Research in Accounting Regulation, 2016, 28: 118 - 122.

[237] K. Murphy, "Executive Compensation," in O. Ashenfelter and D. Card (eds), . Handbook of Labor Economics, 3 (Amsterdam: North - Holland, 1999), pp. 2485 - 563.

[238] Kanagaretnam, K. , Mathieu, R. , Shehata, M.. Usefulness of Comprehensive Income Reporting in Canada [J]. Journal of Accounting and Public Policy, 2009, 28: 349 - 365.

[239] Khan, S. , and Bradbury, M. E.. The Volatility of Comprehensive Income and Its Association with Market Risk [J]. Accounting and Finance, 2016, 56: 727 - 748.

[240] Khan, S. , and Bradbury, M. E. Volatility and Risk Relevance of Comprehensive Income [J]. Journal of Contemporary Accounting and Economics,

参考文献

2014, 10: 76 – 85.

[241] Kiger, J. E., and Williams, J. R.. Emerging Concept of Income Presentation [J]. Accounting Historians Journal, 1977: 63 – 77.

[242] Kim, J. – B., Li, Y., and Zhang, L.. CFOs Versus CEOs: Equity Incentives and Crashes [J]. Journal of Financial Economics, 2011, 101: 713 – 730.

[243] Kim, J. – B., Li, Y., and Zhang, L.. Corporate Tax Avoidance and Stock Price Crash Risk: Firm – Level Analysis [J]. Journal of Financial Economics, 2011, 100: 639 – 662.

[244] Kim, M., and Kross, W.. The Ability of Earnings to Predict Future Operating Cash Flows Has Been Increasing – Not Decreasing [J]. Journal of Accounting Research, 2005, 43: 753 – 780.

[245] Koonce, L., Nelson, K. K. and Shakespeare, C. M.. Judging the Relevance of Fair Value for Financial Instruments [J]. Accounting Review, 2011, 86: 2075 – 2098.

[246] Kormendi, R., and Lipe, R.. Earnings Innovations, Earnings Persistence, and Stock Returns [J]. Journal of Business, 1987, 60: 323 – 345.

[247] Lambert, R.. Contracting Theory and Accounting [J]. Journal of Accounting and Economics, 2001, 32: 3 – 87.

[248] Landsman, W. R., Miller, B. L., Peasnell, K., and She, Y.. Do Investors Understand Really Dirty Surplus? [J]. Accounting Review, 2011, 86: 237 – 258.

[249] Lang, M. H., Lins, K. V., and Miller, D. P.. ADRs, Analysts, and Accuracy: Does Cross Listing in the United States Improve a Firm's Information Environment and Increase Market Value? [J] Journal of Accounting Research, 2003, 41: 317 – 345.

[250] Lang, M. H., and Lundholm, R. J.. Corporate Disclosure Policy and Analyst Behavior [J]. Accounting Review, 1996, 71: 467 – 492.

[251] Lee, Y., Petroni, K. R. and Shen, M.. Cherry Picking, Financial Reporting Quality, and Comprehensive Income Reporting Choices: The Case of Prop-

erty – Liability Insurers [J]. Contemporary Accounting Research, 2006, 23: 665 – 700.

[252] Lev, B.. On the Usefulness of Earnings: Lessons and Directions from Two Decades of Empirical Research [J]. Journal of Accounting Research, 1989, 27: 153 – 192.

[253] Leverage for Finance Companies [M]. Moody's Investors Service, New York.

[254] Li, N.. Negotiated Measurement Rules in Debt Contracts [J]. Journal of Accounting Research, 2010, 48: 1103 – 1144.

[255] Libby, R., Bloomfield, R. and Nelson, M.. Experimental Research in Financial Accounting [J]. Accounting, Organizations and Society, 2002, 27: 755 – 810.

[256] Lin, S. W., Ramond, O. J., and Casta, J.. Value relevance of comprehensive income and its components: Evidence from major European capital Markets, Working Paper, Florida International University, Paris Dauphine University, 2007.

[257] Linsmeier T. J, Gribble, J., Jennings, R. G., Lang, M. H., Penman, S. H.. and et al. An Issues Paper on Comprehensive Income [J]. Accounting Horizons, 1997, 97: 120 – 126.

[258] Lipe, R. C.. The Information Contained in the Components of Earnings [J]. Journal of Accounting Research, 1986, 24: 37 – 64.

[259] Louis, H.. The Value Relevance of the Foreign Translation Adjustment [J]. Accounting Review, 2003, 78: 1027 – 1047.

[260] Lourenç O, S. M.. Monetary Incentives, Feedback, and Recognition—Complements or Substitutes? Evidence from a Field Experiment in a Retail Services Company [J]. Accounting Review, 2016, 91: 279 – 297.

[261] Lynn, L. R. and Philip, B. S.. Academic Research and Standard – Setting: The Case of Other Comprehensive Income [J]. Accounting Horizons, 2012, 26: 789 – 815.

[262] Maines, L. A., and McDaniel, L. S.. Effects of Comprehensive In-

参考文献

come Characteristics on Nonprofessional Investors' Judgments: The Role of Financial Statement Presentation Format [J]. Accounting Review, 2000, 75: 179 – 207.

[263] Marilena, M. , and Maria C. H. . Study of the Congruence between Accounting Numbers and Stock Market Variables through Comprehensive Income: Empirical Evidence for Romania Companies Quoted on the Regulated Market [J]. Accounting and Management Information Systems, 2016, 15: 498 – 521.

[264] McClain, G. , and McLelland, A. J. . Shaking up Financial Statement Presentation [J]. Journal of Accoutancy, 2008, 206: 56 – 64.

[265] Merton R. C. . On the Pricing of Corporate Debt: the Risk Structure of Interest Rates [J]. Working Papers, 1973, 29: 449 – 470.

[266] Michael, L. E. , Yang X. , and Yi, H. S. . Fair Value Measurements and Audit Fees: Evidence from the Banking Industry [J]. A Journal of Practice and Theory, 2014, 33: 33 – 58.

[267] Mikhail, M. B. , Walther, B. R. , and Willis, R. H. . Does Forecast Accuracy Matter to Security Analysts? [J] Accounting Review, 1999, 74: 185 – 200.

[268] Morgan, D. P. . Rating Banks: Risk and Uncertainty in a Opaque Industry [J]. American Economic Review, 2002, 92: 874 – 888.

[269] Nagar, V, and Rajan, M. . The Revenue Implications of Financial and Operational Measures of Quality [J]. Accounting Review, 2001, 76: 495 – 513.

[270] Nichols, D. C. , and Wieland, M. M. . Do Firms' Nonfinancial Disclosures Enhance the Value of Analyst Services?, Working Paper, Cornell University, University of Georgia, 2009.

[271] Nir N. . Reporting on Financial Derivatives – A Law and Economics Perspectives [J]. European Journal of Law and Economics, 2006, 21: 285 – 314.

[272] O'Hanlon, J. F. , and Pope, P. F. . The Value Relevance of U. K. Dirty Surplus Accounting Flows [J]. British Accounting Review, 1999, 31: 459 – 482.

[273] Ohlson, J. A. . Earnings, Book values, and Dividends in Security Valuation [J]. Contemporary Accounting Research, 1995, 11: 661 – 687.

[274] Ohlson, J. A.. On Transitory Earnings [J]. Review of Accounting Studies, 1999, 4: 145 – 162.

[275] Pandit, G. M., and Phillips, J. J.. Comprehensive Income: Reporting Preferences of Public Companies [J]. CPA Journal, 2004, 74: 40 – 41.

[276] Paton, W. A., and Littleton, A. C.. An Introduction to Corporate Accounting Standards: Statement [J]. American Accounting Association, 1940.

[277] Penman, S. H., and Zhang, X. – J.. Accounting Conservatism, the Quality of Earnings, and Stock Returns [J]. Accounting Review, 2002, 77: 237 – 264.

[278] Pinto, J. A.. How Comprehensive is Comprehensive Income? The Value Relevance of Foreign Currency Transition Adjustments [J]. Journal of International Financial Management and Accounting, 2005, 16: 97 – 122.

[279] Pinto, H., and Widdicks, M.. Do Compensation Plans with Performance Targets Provide Better Incentives [J]. Journal of Corporate Finance, 2014, 29: 662 – 694.

[280] Piotroski, J. D., and Roulstone, D. T.. The Influence of Analysts, Institutional Investors, and Insiders on the Incorporation of Market, Industry, and Firm – Specific Information into Stock Prices [J]. Accounting Review, 2004, 79: 1119 – 1151.

[281] Pronobis, P., and Zülch, H.. The Predictive Power of Comprehensive Income and Its Individual Components Under IFRS [J]. Problems and Perspectives in Management, 2011, 9: 72 – 88.

[282] Rees , L. L., and Shane, P. B.. Academic Research and Standard Setting: The Case of Other Comprehensive Income S. A. Ross, R. W. Westerfield and J. Jaffe, Corporate Finance, 7th edn (New York: McGraw – Hill, 2005) .

[283] Rees , L. L., and Shane, P. B.. Academic Research and Standard – Setting: The Case of Other Comprehensive Income [J]. Accounting Horizons, 2012, 26: 789 – 815.

[284] Ryan, S. G.. Risk Reporting Quality: Implications of Academic Research for Financial Reporting Policy [J]. Accounting and Business Research,

参考文献

2012, 42: 295 – 324.

[285] Schipper, K.. Analysts' Forecasts [J]. Accounting Horizons, 1991, 5: 105 – 121.

[286] Scott, W. R.. Financial Accounting Theory (5th edition) [M]. Prentice Hall: Canada, 2009.

[287] Skinner, D. J.. How Well Does Net Income Measure Firm Performance? A Discussion of Two Studies [J]. Journal of Accounting and Economics, 1999, 26: 105 – 111.

[288] Soo, B. S., and Soo, L. G.. Accounting For the Multinational Firm: Is the Translation Process Valued by the Stock Market? [J]. Accounting Review, 1994, 69: 617 – 637.

[289] Sutton, M. H. and Johnson, J. A.. Current Values: Finding a Way Forward [J]. Financial Executive, 1993, 9: 39 – 43.

[290] Zoubi, T. A., Salama, F., Mahmud Hossain, and Alkafaji, Y. A.. The Value Relevance of Components of Other Comprehensive Income When Net Income Is Disaggregated [J]. Review of Pacific Basin Financial Markets and Policies, 2016, 19: 1 – 36.

[291] Tarca, A., Hancock, P., Woodliff, D. and et al.. Identifying Decision Useful Information With the Matrix Format Income Statement [J]. Journal of International Financial Management and Accounting, 2008, 19: 184 – 217.

[292] Thinggaard, F., Wagenhofer, A., Evans, L., and et al.. Performance Reporting the IASB's Proposed Formats of Financial Statements in the Exposure Draft of IAS 1 [J]. Accounting in Europe, 2006, 3: 35 – 63.

[293] Thomas, S.. Audit Quality and Properties of Analyst Earnings Firm Diversification and Asymmetric Information: Evidence from Analysts' Forecasts and Earnings Announcements [J]. Journal of Financial Economics, 2002, 64: 373 – 396.

[294] Suzuki, T., Kochiyama, A.. Impact of Fair Value Measurement on Corporate Investment: Other Comprehensive Income [J]. Hitotsubashi Journal of Commerce and Management, 2017, 51: 17 – 37.

[295] Venkatachalam, M.. Value – Relevance of Banks' Derivatives Disclosures [J]. Journal of Accounting and Economics, 1996, 22: 327 –355.

[296] Vuong, Q. H.. Likelihood Ratio Tests for Model Selection and Non – Nested Hypotheses [J]. Econometrica: Journal of the Econometric Society, 1989, 57: 307 –333.

[297] Wang, Y., Buijink, W. and Eken, R.. The Value Relevance of Dirty Surplus Accounting Flows in the Netherlands [J]. International Journal of Accounting, 2006, 41: 387 –405.

[298] Yen, A. C., Hirst, D. E., and Hopkins, P. E.. A Content Analysis of the Comprehensive Income Exposure Draft Comment Letters [J]. Research in Accounting Regulation, 2006, 19: 53 –79.

[299] Zhang, H.. Effect of Derivative Accounting Rules on Corporate Risk – Management Behavior [J]. Journal of Accounting and Economics, 2009, 47: 244 –264.